装备体系韧性
分析理论与技术

陈志伟　焦　健　赵廷弟　胡雨晴　著

电子工业出版社
Publishing House of Electronics Industry
北京·BEIJING

内 容 简 介

本书系统探讨了装备体系韧性分析、评估与优化相关问题。首先，详细介绍了装备体系和装备体系韧性的概念内涵；其次，论述了可行的复杂装备系统韧性分析与优化设计方法；再次，阐述了装备体系韧性建模分析与优化设计方法，并通过应用案例充分印证了这些技术的合理性与有效性；最后，对装备体系韧性技术研究及其在相关领域工程中的应用提出了相应建议，对实际装备体系建设和安全稳定运行具有重要的科学意义和应用价值。

本书可作为高等学校系统工程、体系工程、管理科学与工程、安全工程与质量可靠性等专业高年级本科生和研究生教材，同时也适合从事相关领域研究的科研人员阅读参考。

未经许可，不得以任何方式复制或抄袭本书之部分或全部内容。
版权所有，侵权必究。

图书在版编目（CIP）数据

装备体系韧性分析理论与技术 / 陈志伟等著.
北京：电子工业出版社，2024.8. -- ISBN 978-7-121-48689-0
Ⅰ．E145
中国国家版本馆 CIP 数据核字第 2024Q24M70 号

责任编辑：满美希
印　　刷：三河市龙林印务有限公司
装　　订：三河市龙林印务有限公司
出版发行：电子工业出版社
　　　　　北京市海淀区万寿路 173 信箱　邮编：100036
开　　本：720×1000　1/16　印张：14.5　字数：284 千字　彩插：2
版　　次：2024 年 8 月第 1 版
印　　次：2024 年 8 月第 1 次印刷
定　　价：98.00 元

凡所购买电子工业出版社图书有缺损问题，请向购买书店调换。若书店售缺，请与本社发行部联系，联系及邮购电话：（010）88254888，88258888。
质量投诉请发邮件至 zlts@phei.com.cn，盗版侵权举报请发邮件至 dbqq@phei.com.cn。
本书咨询联系方式：manmx@phei.com.cn。

前　言

随着信息技术与体系工程、系统工程领域的日益融合，针对装备体系的研究与应用也在迅速发展。在要素协同作战框架下，装备体系具备可动态重构的特性，这不仅增加了装备体系的复杂性和交互性，使其具备更为明显的韧性特征，还提升了装备体系面对内外部干扰的响应和恢复能力。所谓韧性，是指系统在面对缺陷或干扰时，能够做出反应并恢复的能力，即装备体系在遭受干扰时仍能持续完成既定任务的能力。装备体系韧性研究具有重要意义和广阔应用前景，主要体现在以下几个方面。

创新的装备体系韧性作战概念具备快速重构的能力，包括全域机动、随机接入重组和能力涌现等典型特征。这些韧性体系能够自组织、自适应和自恢复，具备动态重构的能力，从而推动装备体系在实战中的应用和发展。这种方法能够实现多种武器系统、通信系统和多兵种的一体化联合作战，显著提高机动性和智能化水平，以达到最佳的作战效果。

装备体系的实战化能力可以通过体系化作战来实现，即利用强大的通信网络将地理上分散的作战单元集成为一体化的作战体系。这种方法通过自动化的资源调度与分配、信息资源的共享以及传感器与火力通道的配对等，实现各作战单元和要素之间的战场态势共享，将信息优势转化为决策和行动优势。通过物理资源与信息资源的共享与融合，显著提升装备体系应对内外部干扰的韧性能力，从而提高装备体系在实战中的作战效能。

装备体系韧性研究可增强装备体系的战备完好性。体系化、信息化作战在本质上仍然是联网作战、体系作战。当作战功能单元遭到破坏后，不仅要确保完整的杀伤链能够快速重建，还要保障装备体系的高可靠性和易连接的指挥通信能力。这使得分散的作战体系能够实现有效重构，并通过协同任务规划、智能决策技术、动态重构与韧性评估等技术应对内外部干扰和破坏，从而提升装备体系的韧性能力。这对于快速恢复战损和保持战备持续完好具有重要意义。

装备体系具备涌现性、网络特征、任务时序性和并发性等复杂特性，尽管装备体系的韧性受到其组成系统的可靠性、维修性、鲁棒性及相互依赖性等因素的影响，但应用当前的系统工程与可靠性工程方法已经无法有效解决相关问题。因此，深入探讨装备体系韧性问题具有重大意义和挑战性。

为了帮助读者全面理解装备体系韧性的概念、发展现状及未来趋势，本书以韧性理论为基础，深入探讨复杂装备系统和装备体系在内外部扰动下的建模、评估与优化设计方法。阅读本书需要读者具备随机过程、复杂网络理论和可靠性数学等专业知识背景。本书共分为6章：第1章介绍了装备体系的概念内涵；第2章详细论述了装备体系韧性的相关概念、韧性机理及评价方法；第3章探讨了复杂装备系统韧性分析与优化设计；第4章着重介绍了武器装备体系韧性建模分析，分别从资源层和能力层进行韧性分析，并给出韧性综合分析方法；第5章论述了武器装备体系韧性优化设计；第6章对全书进行了总结，并对未来装备体系韧性技术的发展提出建议。

本书的出版和所涉及的研究内容得到了国家自然科学基金项目（72101270，U2341213，72471192）、中国博士后科学基金面上资助项目（2023M732834），以及西北工业大学高水平教材建设基金的资助，在此表示感谢。由于作者水平有限，书中难免存在疏漏之处，欢迎广大读者批评指正。

目 录

第 1 章 装备体系 ·· 1
1.1 体系与体系工程 ································· 3
1.1.1 体系 ·· 3
1.1.2 体系工程 ····································· 6
1.2 体系特性与分类 ································· 10
1.3 体系与其他系统的比较 ························· 14
1.3.1 体系与复杂系统 ····························· 14
1.3.2 体系与信息物理系统 ······················· 15
1.3.3 体系与复杂网络 ····························· 17
1.4 武器装备体系 ···································· 19
1.4.1 武器装备体系的概念内涵 ················· 19
1.4.2 装备体系结构 ································ 21
1.4.3 装备体系建模 ································ 23
1.5 本章小结 ··· 28

第 2 章 装备体系韧性 ··································· 29
2.1 韧性与韧性工程 ································· 31
2.1.1 韧性 ·· 31
2.1.2 韧性工程 ····································· 34
2.1.3 韧性恢复策略 ································ 35
2.2 基于韧性三角形的韧性机理 ················· 38
2.2.1 韧性三角形概念模型 ······················· 38
2.2.2 韧性与工程通用特性的关联 ············· 47
2.3 复杂装备系统韧性与评价方法 ·············· 52

  2.3.1 复杂装备系统韧性 ·· 52
  2.3.2 复杂装备系统韧性建模评价 ··························· 54
 2.4 装备体系韧性内涵 ··· 60
  2.4.1 体系韧性 ··· 60
  2.4.2 装备体系韧性概念 ······································· 62
  2.4.3 装备体系重构策略 ······································· 63
 2.5 本章小结 ·· 65

第3章 复杂装备系统韧性分析与优化设计 ······························ 67
 3.1 面向复杂装备系统的韧性要素分析 ···························· 69
 3.2 复杂装备系统韧性量化模型 ······································ 72
  3.2.1 系统韧性量化指标——生存概率 ···················· 72
  3.2.2 系统韧性量化指标——时间迅捷性 ················· 75
  3.2.3 系统韧性量化指标——预算成本 ···················· 76
 3.3 韧性驱动的复杂装备系统优化设计 ···························· 78
  3.3.1 复杂装备系统韧性优化模型 ·························· 78
  3.3.2 复杂装备系统韧性优化求解算法 ···················· 80
  3.3.3 复杂装备系统韧性优化示例 ·························· 84
 3.4 韧性驱动的复杂装备系统资源配置优化 ······················ 90
  3.4.1 基于资源池概念的综合化系统资源配置与
      管理 ··· 91
  3.4.2 基于韧性的综合化系统资源配置优化模型 ······· 92
 3.5 典型综合化复杂装备系统资源配置优化示例 ················ 94
 3.6 本章小结 ·· 99

第4章 装备体系韧性建模分析 ··· 101
 4.1 装备体系层级结构与韧性建模 ································· 103
  4.1.1 装备体系资源层结构分析 ··························· 103
  4.1.2 装备体系韧性多层级评价框架 ····················· 109
  4.1.3 基于性能阈值的韧性量化模型 ····················· 111

目　录

  4.2　装备体系资源层韧性分析 ·················· 114
    4.2.1　干扰策略分析 ·················· 114
    4.2.2　体系演化网络模型的构建 ·················· 115
    4.2.3　同构装备体系演化网络韧性分析 ·················· 118
    4.2.4　异构装备体系演化网络韧性分析 ·················· 129
  4.3　装备体系能力层韧性分析 ·················· 144
    4.3.1　雷达网韧性分析 ·················· 145
    4.3.2　指控系统通信时延韧性分析 ·················· 154
    4.3.3　武器系统火力网韧性分析 ·················· 163
  4.4　装备体系韧性综合分析 ·················· 176
    4.4.1　装备体系韧性指标分析 ·················· 177
    4.4.2　ADE 组合赋权法 ·················· 179
    4.4.3　案例研究 ·················· 187
  4.5　本章小结 ·················· 194

第 5 章　装备体系韧性优化设计 ·················· 195
  5.1　面向装备体系的韧性因子与韧性要素分析 ·················· 197
    5.1.1　装备体系韧性因子分析 ·················· 197
    5.1.2　装备体系韧性要素分析 ·················· 200
  5.2　以韧性为驱动的装备体系优化设计 ·················· 201
    5.2.1　基于韧性因子的装备体系韧性量化 ·················· 201
    5.2.2　面向韧性的装备体系费用模型 ·················· 207
    5.2.3　装备体系韧性优化模型 ·················· 209
  5.3　典型装备体系的韧性优化示例 ·················· 210
    5.3.1　编队作战体系韧性优化模型 ·················· 210
    5.3.2　数值解算与结果分析 ·················· 212
  5.4　本章小结 ·················· 215

第 6 章　发展建议 ·················· 217
参考文献 ·················· 221

第1章

装备体系

第 1 章 装备体系

在现代军事装备领域，装备体系已经成为一个非常重要的概念和研究方向。装备体系是由若干具备独立作战能力的复杂装备系统通过"资源与信息共享"，形成的以网络为纽带的、具有协同作战能力的复杂"巨系统"。随着体系和系统工程与信息技术的日益融合，针对武器装备体系的研究也取得了充足而迅猛的发展，以解决军事装备多系统集成、高维度、可变元素多、具有复杂涌现性和演化性特征等问题。

本章主要介绍复杂系统与装备体系的相关知识，共包括 5 节，分别介绍体系与体系工程、体系特性与分类、体系与其他系统的比较，以及武器装备体系等内容。首先，介绍复杂系统与装备体系的基本概念、特性和分类方法，并探讨它们与其他系统的联系和区别。接着，详细介绍武器装备体系的概念内涵、结构和建模方法，帮助读者更好地理解和应用这些知识。

1.1 体系与体系工程

1.1.1 体系

随着人类对客观世界认知的不断深化与技术进步，越来越多复杂的"巨系统"在各个领域相继出现。然而，现有的复杂系统与系统工程方法往往难以有效处理这些复杂"巨系统"带来的挑战。为了解决这一问题，20 世纪 90 年代，"体系"一词被广泛地应用于军事、航空航天、环境系统、社会技术系统等领域。"体系"最早在文献中出现的时间是 1964 年，在讲述有关纽约市的《城市系统中的城市系统》一文中提出了"System within Systems"（系统中的系统）的概念。随着这一术语在不同领域的应用和发展，出现了一系列词汇如 Federated Systems（联合系统）、Super Systems（超级系统）、Ultra-Scale Systems（超大规模系统）等，用以表述"体系"的不同含义。

体系也被称为系统中的系统（System of Systems，SoS），现阶段多数的

装备体系韧性分析理论与技术

大规模集成体（如集成系统、生态体系、物联网和基础设施等）都以体系为对象进行研究。最早由 Eisner 在研究多系统集成问题时提出体系的概念及其特性。Boulding 在 1956 年将体系视作一种"形态"，即创造出一个整体的理论范围大于其各部分之和的"形态"，这凸显了体系涌现性的特征。1971 年，Ackoff 将体系定义为作为一个系统概念的"统一的或综合的整体"。之后，体系在不同领域形成了多种定义和表述。本书梳理出如下几种较为典型的定义。

在个人企业领域，Kotov 在 1997 年提出体系由一组大规模并发和分布式的复杂系统组成，主要应用于信息系统领域。Carlock 和 Fenton 在 2001 年提出企业体系的构成是将传统的系统工程活动、企业的战略规划活动和投资分析活动联系起来，并称这类工程为"企业体系工程"，主要面向信息密集系统领域。

在教育领域，Lukasik 在 1998 年提出了教育工程化的概念，指明系统的教学是工程教育的核心。该研究还指出工程教育应该注意系统以及系统之间的相互影响，而将系统综合为体系有利于社会基础结构的发展。

在军事领域，体系得到了最早、最典型和最为广泛的应用，通常被称为军事体系（Military SoS）或武器装备体系（Weapon SoS）。1996 年，Manthorpe 在结合军事领域特征的基础上，对体系进行了定义：在未来联合作战的背景下，体系由 C4ISR 系统［指挥（Command）、控制（Control）、通信（Communication）、计算机（Computer）、情报（Intelligence）、监视（Surveillance）、侦察（Reconnaissance）］相互联系而成，具备互操作性和协同作战能力。

美国空军的相关技术机构根据空军现代化战争的特点和挑战进一步指出：体系是由一系列组成系统构成的，这些系统可以根据作战需求动态加入或退出。每个组成系统都具备一定的功能，并且在集成后具备独立管理能力，这样的集成可以演化出更为强大的能力。该体系定义主要适用于军事系统，主要分为强制型体系和协作型体系。强制型体系要求各组成系统虽然具备独立使用和管理的能力，但在必要时需进行集中式管理，甚至可以分解成更小的部分。协作型体系则要求各组成系统能够独立使用和管理，但也能够在需

第 1 章 装备体系

要时相互协作，以增强整体的战斗力。知名系统工程学者 Maier 在 1996 年基于对综合防空体系和互联网的特征分析，提出了体系的新定义。他认为，体系是为完成共同的计划而集合在一起的大系统的集合或网络。1998 年，他进一步发表了 *Architecting Principles of Systems-of-Systems* 一文的升级版本，强调体系是由多个组成系统组合而成的，这些组成系统可能被视为系统，并且在要素的演化性和涌现性之外还具有组成系统的独立运作和独立管理两个额外的特点。Maier 的定义主要用来描述系统间的信息流动性和通信标准。

Sage 和 Cuppan 在 2001 年提出了体系必须满足的五个特性，即组成系统的独立运行性、管理独立性、地理分散性，以及体系的涌现性与演化性，这五个特性也是现阶段公认的体系中最重要的特性。

本书选出现阶段人们较为认可的体系定义进行分析对比，如表 1.1 所示。

表 1.1 体系定义分析对比

出处	体系定义	重点描述	应用领域
Maier（1996 年）	体系是为完成共同的计划而集合在一起的大系统的集合或者网络	系统间的信息流动性和通信标准；根据是否存在集中管理和共同的目标来划分体系	主要应用于军事系统，以强制型体系和协作型体系为主。前者要求各组成系统虽然具备独立使用和管理的能力，但在必要时需进行集中式管理，甚至可以分解成更小的部分；后者则要求各组成系统能够独立使用和管理，但也能够在需要时相互协作，以增强整体的战斗力
Cook（2001 年）	体系是包含人类活动的社会—技术复杂系统，通过组成系统之间的通信和控制实现整体涌现行为	体系分类：专用体系（Dedicated SoS）；临时体系（Virtual SoS）	两类军事体系：①专用体系，即在设计阶段就考虑到组成系统的协作，以满足共同的目标而构建的体系；②临时体系，即在设计阶段没有考虑日后的协作，在短期（数周）内为完成特定使命而构建的体系。如联合国维和行动的指挥控制体系，它的组成系统之间从未进行过互联测试。这类体系将会在行动完成后自动解体

续表

出处	体系定义	重点描述	应用领域
Sage 和 Cuppan，（2001年）	体系是具有以下五个特征的复杂系统：组成系统的独立运行性、管理独立性、地理分散性，以及体系的涌现性与演化性	复杂系统的演化开发	军事领域
Maryland-ScoltSelberg	体系是具有一定功能的独立系统的集合，这些系统聚合在一起获得更高层次的整体涌现性	—	一般通用领域
美国国防部	相互关联起来具备指定能力的独立系统集合或阵列，其中任意组成部分的缺失都会使得整体能力严重退化；能够以不同方式进行关联，具备多种能力的独立系统集合或阵列	—	军事体系
美国电气电子工程师学会	在多个独立机构的指挥下，能够提供多种独立能力来支撑完成多项使命的大型、复杂的独立系统的集合体	—	一般领域
现代汉语词典（第7版）	若干有关事物或某些意识互相联系而构成的一个整体	与系统含义相近，强调对于某项事物的整体认识	理论、知识等抽象层面，如思想体系、科学体系、学科体系等

综上所述，各个体系定义都突出了体系的形成是以任务使命为驱动的，由各种系统组成，并表现出一定的涌现性。这些组成系统在功能上满足任务需求，在运营上独立运行与管理，在地理上具有一定的分散性，同时实现了资源和信息的交换。整个体系会随着任务的演进不断进行适应和进化。

1.1.2 体系工程

体系工程（System of Systems Engineering，SoSE）是为了解决体系问题而形成的一套设计和应用方案，它致力于分析与处理独立运行的复杂大系统

第 1 章 装备体系

之间的互协调与互操作问题。表 1.2 列举了一些研究人员从不同角度对体系工程的定义。

表 1.2 体系工程定义

研究人员	不同角度的体系工程定义
Sage 和 Cuppan （2001 年）	当存在以下五个特征时体系就会存在：组成系统的独立运行性、管理独立性、地理分散性，以及体系的涌现性与演化性。 主要焦点：复杂适应性系统的进化发展。 应用领域：军事领域
Carlock 和 Fenton （2001 年）	企业体系工程关注于传统的系统工程活动与企业的投资分析活动、战略规划活动之间的联系。 主要焦点：信息集成系统。 应用领域：个人企业
Pei （2000 年）	体系综合追求系统的发展、综合、交互操作性以及优化，从而加强系统在未来战场上的优势。 主要焦点：信息集成系统。 应用领域：军事领域
Lukasik （1998 年）	提出教育工程化的概念，指明系统的教学是工程教育的核心。 主要焦点：指出工程教育应该注意系统以及系统之间的相互影响。 应用领域：教育界
Kotov （1997 年）	体系由一组大规模并发和分布式的复杂系统组成。 主要焦点：信息系统。 应用领域：个人企业
Manthorpe （1996 年）	在未来联合作战的背景下，体系由 C4ISR 系统相互联系而成。 主要焦点：信息监督。 应用领域：军事领域

在解决复杂系统设计问题方面，系统工程已被证明是一种行之有效的方法。体系工程应当在系统工程的基础上，扩展其内涵和实践范围，以解决不断涌现的复杂系统问题。体系工程从三个方面扩展了传统系统工程的关注范围：首先，传统系统工程无法解决复杂系统问题中高层次的模糊性和不确定性问题。其次，虽然传统系统工程在系统问题的定义、分析和决策中并未完全忽略环境影响因素，但这些因素通常被置于次要位置，而在体系工程研究中，环境因素是不可忽视的重要问题之一。最后，通过持续的研制过程，在传统系统工程的指导下成功地部署了"完整的"系统解决方案，体系工程因

此成为传统系统工程的扩展和演进。

谭跃进和赵青松对系统工程与体系工程进行了对比分析,如表 1.3 所示。据此分析可知,系统工程主要以单个复杂系统为对象进行研究,而体系工程则关注多个复杂系统的集成,包括现有复杂系统、设计中的系统以及新旧系统间的协同作用。系统工程的目标是使系统性能达到最优,而体系工程的目标通常是找到一个"满意的"解决方案,因为体系环境的不确定性和复杂性使得体系工程几乎无法实现"最优化"指标。系统工程强调对约束条件的简化,进而更加注重相关技术因素的突破,而体系工程不仅关注特定的技术领域,还必须对人员、环境、任务剖面和政策等相关因素进行综合的考量。系统工程需要目标系统具有固定性、可定义性、单一性等特征,而由于体系工程面对的目标通常情况下很难给出明确的定义,所以具有显著的不确定性和多目标共存特性,即多元的目标。在技术领域方面,系统工程表现出弱演化性和紧耦合性的特点;相比之下,体系工程具有强演化性,其组成系统可以随时加入或退出,具有不确定边界和松耦合性的特征。这种特性使得体系工程能够随着新技术和新需求的出现而不断演进。

表 1.3 系统工程与体系工程的对比

区别	系统工程	体系工程
研究对象	单个复杂系统	多个复杂系统的集成
研究目标	使系统性能达到最优	找到一个"满意的"解决方案
体系结构	在系统的全寿命周期中保持相对稳定	根据需要动态配置,使用面向服务的体系结构方法
宗旨	针对确定的性能指标或需求进行一般系统的分析设计	针对使命需求与能力空间范围的匹配进行体系问题的分析
优化分析	追求性能最优化以满足具体的性能标准	追求局部性能指标最优与全局最优的平衡,静态性能最优与动态演化性能的平衡
技术领域的特点	弱演化性和紧耦合性	松耦合性
研究范围的边界	固定的边界	不确定的边界
目标类型	单一目标	多元的目标

目前,国内的体系研究仍然处于对概念和框架的初步研究阶段,尚未形

成处理体系问题的完整工程化方法框架。谭跃进教授在《体系工程的研究与发展》一文中详细阐述了体系的基本概念和研究框架，分析了体系的需求及其开发问题，并总结了当前体系研究的十大热点问题：①韧性；②成功的案例；③系统与体系特性的差异性；④模型驱动的体系结构；⑤体系结构多视图产品；⑥处理复杂性问题中人类的局限性；⑦网络中心的脆弱性；⑧演化与进化；⑨导向性涌现行为；⑩无单个所有者的体系（No Single Owner SoS）。

2005 年，美国成立了依托国防采办大学的体系工程中心和依托欧道明大学的国家体系工程研究中心，标志着专业化体系工程研究机构的正式成立。与此同时，美国麻省理工学院和普渡大学分别从工程系统领域和智能交通系统领域开展相关的体系研究。荷兰代尔夫特理工大学也在能源开发和电力网络传输等领域开展了相关的体系结构设计研究。2006 年，卡内基梅隆大学发布了体系导航。同年，致力于体系研究的第一届体系工程会议（IEEE SoSE）在洛杉矶召开，并同时创办《体系工程》杂志。

国内的部分高校和军工研究所正在积极开展装备体系相关研究。国防科技大学系统工程学院的复杂系统与体系工程管理研究团队的谭跃进和杨克巍等，针对装备体系开展了装备体系结构、体系需求工程、装备体系建模分析与仿真评价、网络体系建模与分析方法、体系优化设计理论与方法和体系贡献度等方面的研究。国防科技大学信息系统工程重点实验室的罗爱民、刘俊先和张萌萌等针对装备体系开展了军事架构技术、体系结构建模、军事信息系统综合集成和装备体系分析评价等研究。可以说，国防科技大学在装备体系及体系工程领域的研究走在国内前沿，并在相关理论研究的基础上开发了相应的仿真与分析工具，为装备体系的研究做出了巨大贡献。北京航空航天大学可靠性与系统工程学院的赵廷弟和潘星等针对装备体系开展了相关技术研究，包括保障体系流程建模与优化、保障效能评估以及装备体系的韧性与贡献度等方面。北京航空航天大学计算机学院的夏晓凯和刘超等开展了面向效能评估的体系结构建模、仿真与优化技术研究，利用仿真模型获取评估所需数据，实现体系的效能评估与优化设计。中国人民解放军空军工程大学的李建华和钟季龙等针对装备体系开展了基于复杂网络的装备体系建模与优化技术、指挥信息系统抗毁性、战场态势综合评估等方面的研究。此外，还有西北工业大学等多所院校，以及中国人民解放军军事科学院、中国电子科技集团公司第二十研究所、中国电子科技集团公司第二十八研究所和中国航天标准化研究所在内的众多军工类研究院所，也在进行相关的体系研究工作。

由国防科技大学系统工程学院主办，《系统工程与电子技术》编辑部承办的"2019年新一代智能技术与体系工程学术会议"在海南省海口市召开，此后每年定期举行。这些由高等院校和研究院所开展的专业化体系工程相关研究，以及专业杂志和学术会议的设立和举办，对于我国体系工程的发展起到了重要作用。它们积极推广和应用体系工程理论与方法，特别是在军事领域和国防军工系统建设中。

根据对体系工程研究现状的分析和调研，当前体系工程的研究主要涵盖以下几个方面：体系架构的研究、对体系风险成本等因素的预测和评估、仿真建模技术、体系工程方法论、基于能力规划的研究、系统并行工程与优化设计、体系可靠性和韧性评价技术，以及体系效能评估与决策技术研究等。同时，这些研究也指导了相关应用工具的开发和应用，促进了体系工程在实践中的有效应用和进步。

1.2 体系特性与分类

关于体系特性有很多相关研究，Sage和Cuppan通过将体系与复杂大规模的单一系统进行比较提出了体系的五大特性，这也是现阶段被广大学者普遍接受的体系特性。他们认为体系和复杂系统的区别是该系统的组成系统是否具有独立运行、操作和管理能力。2006年Boardman和Sauser也提出了体系判别的五种特性：自治性、附属性、连通性、多样性和涌现性。在此基础上，也有学者认为体系还具有协同性等特性。目前，学术界普遍认同对体系特性的以下分析：

（1）独立运行性。

如果将体系的组成系统进行分解，各个系统都可以保持独立运行。

第1章　装备体系

(2) 独立管理性。

在体系形成之前，各个部分可以分别被采购或者开发；在体系形成之后，各部分也仍然保持独立管理的特性。

(3) 地理分散性。

体系的各个组成部分广泛地分布于多个地理位置，通过各组成部分之间的信息交流实现各部分的融合。

(4) 涌现性。

体系的涌现性指若干系统组合形成体系后，出现了单个系统所不具备的特性，且该特性只在从低层次向高层次发展时才会出现。需要注意的是，涌现性展示了体系的整体性，但并非所有体系的整体性都是通过涌现产生的，只有当体系中各组成系统之间相互影响产生非加和性时，才能够称之为体系的涌现性。

装备体系是不同装备系统或平台的综合集成，在它的整个发展过程中，必定出现明显的涌现性。现代装备体系研究的核心在于探索其内部各组成部分之间的相互关系及由此产生的涌现效应。装备体系所展示的能力，直接体现了其涌现性的特点。首先，涌现性可以理解为"1+1≠2"，即体系级的作战能力不等于各分系统或平台作战能力的总和，不是简单的叠加关系，而是存在着正向的倍增效应和负向的饱和效应。其次，涌现性还表现出非线性特征，即装备体系的各能力组成部分的地位和影响呈现不均衡的非线性特性。

(5) 演化性。

由于体系的形成受到任务使命的驱使，因此体系不是以固定的形态或者模式出现和发展的，而是随着任务需求的改变，环境状态、技术成熟度及组成系统等因素的变化而不断演化。综上，可将装备体系的演化总结为以下两类：一是由任务需求或系统缺陷导致的体系架构改变或动态重构；二是由于组成系统的升级换代而引发的体系演化。

综合专家学者的调查研究，除上述主要特性之外，体系还具有自主性、归属性、连通性、多样性、复杂性、异构性、网络中心性等特性，如图 1.1 所示。

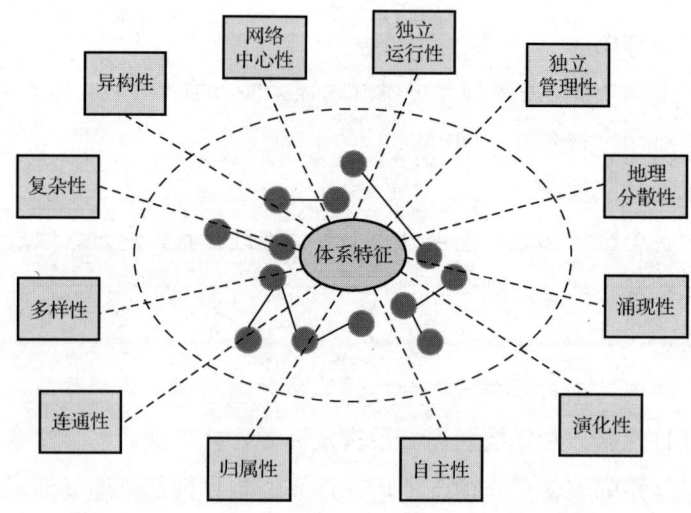

图 1.1 体系的重要特性

（6）自主性。

组成系统在行为和管理上具有一定的自主性。这意味着体系中的各个组成系统拥有独立的功能结构和选择能力，包括使用和管理方面的自主性。尽管各系统可以自由地追求其个体目标，但这种自由通常会受到限制，以确保不压制或违反系统所表现出的自然特性。需要指出的是，任何给定的系统在实现其功能时都可能会面临失败，然而这种失败通常并非由于自主性本身，更可能是由系统效能或者不确定性行为等原因引起的。

（7）归属性。

构成系统有权利和能力来选择是否归属于体系，这些选择取决于它们的需求或者执行目标。此外，体系的存在增强了系统的实用价值和角色分量，构成系统归属于体系有助于更好地实现体系的主要目标，并体现了整体体系的特性。

（8）连通性。

构成系统之间的连通性，即它们的互联性，依赖于信息网络的建立与运作。这是体系构建中最关键的组成要素之一。当部分要素或子系统之间的连通性很强时，需要将它们作为系统要素一起封装起来。这种封装可以简化管理，并使离散的要素之间的关系更容易管理。此外，封装在一起的系统还需要设定一些接口，以便与其他系统进行互连。

（9）多样性。

体系的多样性首先体现在其需求的多样性。首先，为了在运行过程中保持稳定，体系必须具备与其运行环境同等多样的自由度或维度。其次，体系内部的系统类型各异，而且各系统功能的多样化进一步增强了体系的多样性，彰显了体系的复杂性。最后，体系的发展变化具有多样性，其边界模糊不清，导致其扩展变化的轨迹难以预测。

（10）复杂性。

在体系环境中，复杂性源自多个组成系统、多层级结构以及复杂的层次间相互关系。在任意给定层次上的连接具有不确定性，而组成要素之间的差异也增加了体系的复杂性。尤其是在体系设计中，各层次间的相互影响可以迅速升级到难以管理的程度。

（11）异构性。

异构性指的是组成系统之间的差异程度，主要包括目标与需求差异、行为特征差异、功能差异、应用领域差异等。组成系统之间的差异越大，异构性越强。例如，如果组成系统都是相同类型的无人机编队体系，则属于同构体系，无差异性。而万维网、互联网或交通网等体系则具有较高的异构性。

（12）网络中心性。

网络中心性是指利用强大的通信网络将地理上配置分散的组成系统，以任务使命为驱使，集成为一体化的体系。通过对资源调度与分配、信息资源的共享与融合等方式，实现各种组成单元和要素之间的信息共享，以此将信息优势转化为决策和行动优势，最大限度地发挥体系效能。

根据装备体系的结构特征，从复杂性与涌现性来看，在进行装备体系建模时，细粒度模型能抓住事物细节，体现其复杂性，而粗粒度模型能更好地揭示事物宏观属性，体现其涌现性。因此，模型的粒度既不能过粗，以免丢失有效信息和细节，也不能过细，以免增加系统负担和计算复杂度，同时使实体间的涌现性难以表达。在共享性方面，应注意实现实体作战装备要素或系统之间信息和资源的共享。在协同性方面，不同系统之间要达到作战协同和自同步。从灵活性角度看，系统结构的灵活性决定了其功能，是实现"随遇接入、柔性重组"的基础。从时效性角度看，系统要具备在规定时间内完成作战任务的能力。综上，装备体系因为综合具备上述复杂的属性，所以具有一定的容错能力，即装备体系在自身发生故障、失效或遭受人为的、有目的的恶意攻击等情况下，具备对其资源和能力进行重新配置的动态重构能力，从而使得装备体系在内外部干扰情况下可以持续、良好、有效运行，并完成任务使命，这体现了装备体系的韧性。

1.3 体系与其他系统的比较

由于系统的定义具有广泛性，从微观粒子到宇宙星空都有对应的系统论。从某种程度上讲，体系也是一类特殊的系统，其表现出的涌现性、整体性等也是系统所具有的特征。下面对体系与复杂系统、信息物理系统和复杂网络这三个概念的区别与联系进行比较论述。

1.3.1 体系与复杂系统

本书研究的系统通常指由许多可能相互作用的组成部分构成的复杂系统。系统与体系之间的区别在于"聚在一起"的含义和重要性。当这些部分聚集在一起时，它们共同形成了体系的特性，这也是将体系描述为系统的原因。然而，体系比单一系统更大，因为体系的各个部分相互作用导致了新的涌现性的增强，有些组成部分即使满足功能需求，也被认为与体系本身分离。复杂系统与体系的对比如表 1.4 所示。

表 1.4 复杂系统与体系的对比

	复杂系统	体系
基础结构	复杂、动态	动态演化

续表

	复杂系统	体系
组成单元的独立性	系统整体具有独立性	在同一环境中，组成系统具有独立性
组成单元的耦合性	紧耦合、相互依赖	松耦合、非重叠
生命周期	有具体的生命周期（可延长生命周期）	没有定义或者无时限
自主性	为保障系统自治权，各组成单元放弃了自治权	自主性由组成系统行使，以实现体系目标
连通性	存在复杂的交互，但子系统间不具备连通的基础结构	通过以网络为中心的体系结构，各组成系统间具有动态的连接结构
多样性	具有相对稳定的功能或模式	具有较强的功能和能力多样性，源于组成单元有自主性和连接的开放性
复杂性	能够实现解决问题的最优化方法	高度复杂，几乎没有最优化的解决途径
使用环境	通过设计和开发使用环境来满足使用目标	系统需要满足一组使用目标，但是这些系统的使用目标与体系目标存在差异
测试和评估	系统的测试和评估是可实现的	不同系统寿命周期难以同步的问题为测试带来了挑战；对测试和评估过程中可能产生的各种变化与潜在风险要有足够准备，以免产生预期外的结果
性能和行为	系统的性能旨在满足特定的使用目标	系统的性能贯穿于整个体系，要确保使用功能满足需求，并在此过程中平衡各种不同的需求

根据调研分析，体系与系统的主要区别是其形成的目的不同。系统的形成是为了完成或实现某种具体的功能，是以功能为导向的；而体系的形成则是为了完成或实现某种特定的任务使命，是以任务为导向的。因此，体系也表现出了一定的松耦合性、组成系统边界模糊性，以及根据任务使命的改变进行灵活调整与重组的特性，而系统则表现出紧耦合的特性。

1.3.2 体系与信息物理系统

信息物理系统（Cyber Physical Systems，CPS）是复杂分布式系统、物联网、移动互联网、大数据、云计算、工业控制等技术融合的产物，是一个综合计算、网络和物理环境的多维复杂系统。CPS 的应用领域涉及航空航天、石油化工、电力电网、公路与轨道交通、先进制造等民用和军用关键基础设施领域。"信息物理系统"一词最早由伯克利大学的研究人员在 2006 年提出。CPS 的概念可以定义为利用传感器和通信渠道收集物理环境中的信息,并通过控制器分析这些信息,再通过制动器对物理环境和相关过程进行影响,从而实现操作过程中的明确目标。CPS 是一种特殊的机电一体化系统。与传统的机电一体化系统相比,CPS 不仅包括集成组件与子系统,还可以和其他 CPS 互连。

自 CPS 概念作为一个基于系统科学的抽象概念被提出以来,专家学者根据各自领域的知识赋予了它诸如"网络化""分布式""复杂"等特征属性。通常人们认为,CPS 是一种"在环境感知基础上,深度融合了计算、通信和控制(3C 技术)能力的可控、可信、可扩展的网络化物理设备系统,它通过计算进程与物理进程相互影响的实时反馈循环实现信息世界与物理世界的深度融合与实时交互"。CPS 的典型逻辑架构包含物理层、网络层和决策层三个层面,因此它被视为典型的"System of Systems"。与一般系统不同,CPS 具有独有的特征,主要体现在信息物理高度融合、系统功能交互涌现、动态结构自主演化、内外状态深度感知、网络实时适应控制等方面。未来 CPS 的发展仍将关注其在不同系统间协同处理、CPS 建模与模型融合、CPS 集成、CPS 验证与测试等方面的诸多挑战。

目前,CPS 已经在多个领域得到广泛应用和发展,包括汽车系统、航空电子系统、国防系统、制造系统、过程控制系统、交通监控系统、海事系统,以及机器人技术、智能医疗设备、智能家居应用等。学者们通常将 CPS 的应用分为以下三大类(尽管这些类别之间可能存在重叠):

(1)自主 CPS,包括工业化先进机器人和自主导航系统等。

(2)网络化 CPS 或信息物理体系,这些是大型分布式系统,例如智能电网和铁路系统等。

(3)工业自动化和控制系统,主要应用于石油天然气工业、核工业等需要进行物理过程控制的领域。

通过对现有各国科研机构及学者的观点进行全面系统的研究,在工业和信息化部信息化和软件服务司、国家标准化管理委员会工业标准二部指导下，由中国电子技术标准化研究院和中国信息物理系统发展论坛组织编写的《信息物理系统白皮书（2017）》中对 CPS 进行了明确的层次分析和定义，并将 CPS 分为三个层次，即单元级、系统级和体系级（SoS 级），如图 1.2 所示。

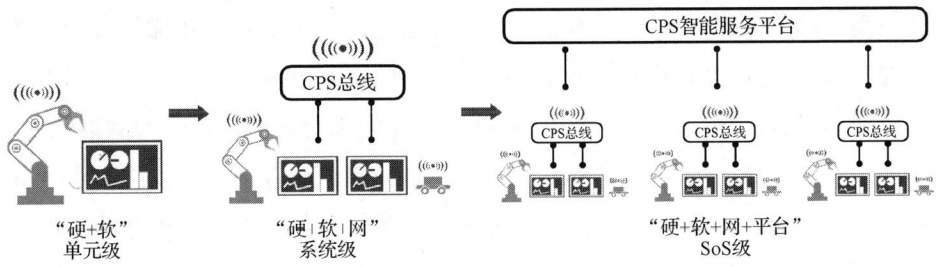

图 1.2 《信息物理系统白皮书（2017）》中的 CPS 层次定义

体系级 CPS 是在系统级 CPS 的基础上，通过构建 CPS 智能服务平台，实现系统级 CPS 之间的协同优化。在这一层级上，多个系统级 CPS 构成了体系级 CPS，例如在实际的生产制造中，多条生产线或多个工厂之间的协作，可以实现产品生命周期全流程和企业全系统的整合。

综上所述，体系也在一些领域的研究中被视作一种特殊的 CPS。针对 CPS 和体系的研究应在思路和目标上有所区别。体系的研究侧重于探索其核心任务使命、架构及其所能展现出的涌现性现象。而通常情况下，对于 CPS 的研究则侧重于关注信息收集、软硬件开发、信号处理和算法优化等方面。

1.3.3 体系与复杂网络

1998 年和 1999 年，*Nature* 与 *Science* 上分别发表了一篇关于复杂网络的重要文章，揭示了许多实际网络具有既不同于规则网络也不同于随机网络的共同拓扑统计性质，即"小世界性"与"无标度性"。"小世界性"描述了实际网络系统的平均节点间距离远低于规则网络，而平均集群系数远高于随机网络，表征了一部分基本单元间相互作用的远程性、跳跃性和随机性；"无标度性"描述了实际网络系统节点度分布的幂率特性，表征了一部分基本单元

装备体系韧性分析理论与技术

建立相互作用的"优选"(或称为"富者更富")法则。这两篇文章深化了物理学家们关于"复杂性介于规则和随机之间"的理解。这些研究成果不仅在数学、物理学、计算科学、管理科学、系统科学和社会科学等学术领域引发了广泛讨论,也在交通运输、通信工程、能源传输等应用科学领域引起了研究热潮。这些领域开始越来越多地利用复杂网络理论来解释和优化实际系统的结构和功能,推动了科学研究和应用技术的深入发展。

现实世界的很多高度技术化、高度智能化的系统都可以抽象为网络结构,如现代交通系统、智能电网系统、互联网系统等。实际上,人们将现实世界的许多系统看作网络由来已久,并且在上百年前就已经有学者运用数学的一个分支——"图论"对这些系统进行研究。这些系统为技术进步和人类生活带来了巨大便利和革新,然而复杂网络系统也面临着重要的挑战,其中最突出的是其风险与安全性问题。在一个网络系统中,局部的危险、故障或扰动可能通过多米诺效应、级联影响或涟漪效应迅速传播至整个网络,造成大规模灾难。在过去的十几年中,许多事实都证明了这种问题确实存在,且已经对人类生命财产造成了巨大的威胁,如 2003 年美国东北部大规模停电事故、2003 年的 SARS 病毒蔓延、2008 年全球金融危机以及近几年的新冠疫情等。此外,除了网络系统自身的拓扑结构,诸如系统组件节点的异质性、内部交互功能与规则、放大效应、自愈性和多反馈回路等因素,也使得系统表现出复杂的非线性、动态和自适应行为。这些因素共同对系统在面对危险、故障和扰动时的应对能力提出了严峻挑战,直接影响系统的稳定性和性能。因此,现代系统的互动特性及其随时间演变的规律已远超出了简单的图论描述范畴。有效解决复杂网络系统在风险与安全性方面的挑战,需要综合运用复杂网络理论、网络科学、可靠性工程、系统安全科学以及风险管理理论等多学科研究方法。同时,随着信息技术的广泛应用,系统之间的联系和交互变得更加频繁与紧密。在这一背景下,无论是在交通、科技、生态、航空、航天、能源、军事等领域,还是在国家安全和社会经济领域,体系与复杂网络都已经成为新的研究热点。网络科学专注于分析复杂网络的特性,并涉及复杂网络建模、网络结构设计、网络性能优化以及复杂网络的定性与定量评估等方面。当前,军事科学领域对复杂网络的研究主要集中在攻击策略、算法和作战模型上。例如，自 2004 年以来，谭跃进等学者基于复杂网络理论进行了对装备体系重要性、抗毁性和贡献度的相关研究。同年，Cares 等人利用复杂网络理论构建了信息作战模型，将战场兵力抽象为决策、传感器、响应和目标四种节点，并根据节点之间的关系构建关系环和影响环，进行复杂网络特性分析。此外，许多学者还将复杂网络理论应用于体系对抗仿真中，通过对装备体系结构进行网络抽象，建立仿真分析模型，并评估网络的度、介数和聚类系数等复杂网络指标，赋予这些指标军事领域的物理意义。这种通过仿真建立装备体系的网络模型并分析其复杂网络特性的方法，对研究装备之间的关联关系及其影响具有重要的借鉴意义。

正如复杂网络研究的先驱之一 Barabási 在第三届国际网络科学大会上所强调的，"在我们弄清楚系统各组成部分的连接关系之前，我们不可能完全理解复杂系统"。这里所讲的复杂系统指的就是体系，即 System of Systems。利用复杂网络理论对装备体系的建模与描述，是从装备体系结构与拓扑特性出发，分析体系中各组成系统之间的关联关系及其对体系能力和效能的影响。越来越多的学者开始关注体系工程与复杂网络，并运用复杂网络理论方法来研究体系工程相关问题。复杂网络理论也成为解决装备体系相关问题的重要方法，应用复杂网络理论对装备体系结构所具有的网络特性进行研究，对分析其可靠性、安全性、抗毁性及韧性等都具有重要意义。

1.4 武器装备体系

1.4.1 武器装备体系的概念内涵

武器装备体系即军事体系，是现代化作战的核心，具有较高的军事地位，也是国防科技领域的研究热点之一。几种典型的装备体系定义如表 1.5 所示。

表 1.5　几种典型的装备体系定义

出处	定义
《中国军事百科全书》	现代装备体系是武器装备从机械化迈向信息化过程中所出现的新形态,是武器装备在高度机械化基础上,通过数字化、系统集成及网络化等高新技术的改造,整体结构与功能实现一体化的结果。装备体系是由功能上相互关联的各类武器装备系统构成的有机整体。具有明显信息化特征的现代装备体系,由战斗装备、综合电子信息系统装备和保障装备三个部分构成
中国人民解放军总装备部	装备体系是根据军事需求、经济和技术能力,由一定数量和质量相互关联、功能互补的多种装备,按照装备的优化配置和提高整体作战能力的要求,综合集成的装备类别、结构和规模的有机整体。装备体系由战斗装备、保障装备组成。装备体系随着军事需求的变化和科学技术的发展而演变
Shenhar 和 Bonen	装备体系是在一定的战略指导、作战指挥和保障条件下,为完成一定的作战任务,由功能上相互联系、相互作用的各类武器系统组成的更高层次的系统
美国国防部发布的体系工程指南	装备体系涵盖一系列系统,这些系统在独立运作时能够发挥各自的功能,同时也能集成为一个更大的系统,从而实现特定的能力和功能
谭跃进	装备体系作为典型的体系类型,已经成为军事领域体系研究的重要对象。装备体系需求指在特定条件下,为完成预设的任务使命,实现既定效果,对装备性能、组成、作战能力等各方面的详细要求

装备体系是体系领域最早的研究对象之一,其中,C4ISR 系统是最为典型的装备体系。Levis 和 Wagenhals 最早提出了 C4ISR 体系结构的开发及设计流程,他们采用多视图建模方法描述了 C4ISR 系统,并开发了体系结构的设计方法。随后,他们与 Bienvenu 等相继发表了两篇关于 C4ISR 体系结构研究的论文。这些工作首次提出了基于结构化分析的 C4ISR 体系结构开发过程,展示了如何通过可执行模型分析体系结构的逻辑和行为特征,建立了一种基于 UML 的面向对象的体系结构设计方法。Campbell 等研究人员在"体系建模与分析"方面提出了相关报告,并提出了一个体系集成的建模与仿真环境。他们介绍了一种静态分析方法,有助于在指定使用条件下分析体系的平均性能状态建模,并建立了包含时间模拟的封装状态模型。另外,Griendling 和 Mavris 回顾并总结了使用 DoDAF 创建可执行体系结构环境的方法,并详细描述了构建可执行框架所需的过程和信息。Mordecai 等学者在基于模型的互操作工程的基础上,开发了一个面向体系的概念建模框架,该框架对体系的多层互操作性规范、建模、架构、设计和测试进行了集成。

综合分析以上概念定义及研究成果,本书中对装备体系的定义是:为了完成或实现既定的作战计划或使命而组成的,具有一定的涌现性的多种系统的集合。这些组成系统在功能上满足目标任务的需求,在运营上具备独立运转与管理的能力,在地理上具有一定的分散性,能够实现系统间的资源与信息交换,同时整个装备体系能随着任务进程不断进行适应与进化。

1.4.2 装备体系结构

体系的结构是指一个体系的组成元素及其组成结构。体系结构框架及其定义的体系结构产品构成了体系结构设计的基本语法规则。体系结构框架(Architecture Framework)是一种规范化的描述和建模方法,旨在确保系统利益相关者能够基于统一标准对体系结构进行理解、比较和集成。

1) Zachman 架构

Zachman 架构于 1987 年提出,强调对企业信息技术应用架构进行开发和设计时的对称性和秩序性。这种结构框架定义了一组规则和工具,用于描述企业系统体系结构。其核心理念在于从多个利益相关者的视角来审视企业系统的复杂性。Zachman 架构将这些视角组织为六个维度:什么、如何、何时、何人、何地以及为何,每个维度都解答了特定的问题。总体而言,Zachman 架构提供了 36 个模块,用于定义系统结构框架,以便在整体与部分、概念与实现之间建立平衡关系。这种架构具有逻辑清晰、易于理解、描述和表达的特点,适用于对各种复杂对象进行详细描述。

吴彩丽和林家骏研究了基于 Zachman 架构的复杂信息系统的系统安全架构。他们结合 Zachman 架构和《GB/T 20274—2008 信息系统安全保障评估框架》,设计了复杂信息系统的分层划分及安全评估架构。Blackwell 应用 Zachman 架构构建了用于事故分析的司法框架,采用社会、逻辑和物理三层事件分析框架对安全事故进行了系统化分析。Wu 及其团队运用 Zachman 架构对网络安全进行了评估与分析。他们从技术、战略和管理角度出发,提出了网络攻击与防御的综合框架,并应用管理方法解决了网络安全管理和测量方面的问题，为网络防御管理提供了新的理论基础。此外，他们还设计了一套完整的网络防御管理流程，并对网络防御的定量评估进行了初步探讨。

2）美国国防部体系结构框架 2.0 版

美国国防部体系结构框架 2.0 版（DoDAF 2.0）是现阶段应用最为广泛的军事架构技术，为多个利益相关者提供各种视图以完整和明确地描述各种体系结构。DoDAF 2.0 作为体系结构开发的顶层、全面的架构和概念模型，为构建、分类和组织架构提供了指导和规范。DoDAF 2.0 以数据为中心，引入了国防部体系结构元模型（Meta-model）的概念，元模型由概念数据模型（Conceptual Data Model）、逻辑数据模型（Logical Data Model）和物理交换规范（Physical Exchange Specification）组成，是构成国防部体系结构框架的重要组成部分。DoDAF 2.02 是对 DoDAF 2.0 的进一步修订和改进，DoDAF 2.02 聚焦于 6 类利益攸关方、6 个标准疑问、可遴选的 8 个视点和 52 个模型，提供解决人员、流程和技术一体化、结构化、深层次问题的（建模）方法集。

美军在海湾战争后意识到，实现战场空间态势的绝对优势需要依赖一体化、互操作和高效的 C4ISR 系统能力，以满足复杂的任务需求。刘俊先等在《军事架构技术》一书中指出，美国国防部希望军事部门、装备研究部门和工业制造部门在开发架构时采用适用且统一的结构框架，以确保各部门信息的共享和对体系结构的共同理解。基于这一认识，美军转变了传统的孤立开发策略，转向开放系统工程方法，并指定《信息管理技术体系结构框架》《联合技术体系结构》《C4ISR 体系结构框架》和《国防部体系结构框架》为发展综合电子信息系统的主要指导文件。在这些体系结构指导文件的牵引下，美军的装备从采用开放式客户机/服务器模式的分布式结构，发展到 C4ISR 体系结构 1.0/2.0 版、DoDAF 1.0/2.0 版以及面向服务的体系结构等。在这些体系结构框架的指导下，美军在指挥控制和通信网络方面，经历了从全球指挥控制系统网络到全球信息栅格的发展，最终形成了如今的联合信息环境。

3）其他体系结构框架

英国、澳大利亚、挪威等国家根据自身需求，基于美军的 C4ISR 体系结构框架，各自提出了独特的 C4ISR 体系结构框架。例如，英国国防部体系结构在借鉴美军 DoDAF 主要成果的基础上，增加了"战略视图"和"采办视图",并对作战视图和系统视图进行了若干修改,从而形成了英国国防部体系结构框架(MODAF)。其目的是满足"网络赋能能力"需求和本国的作战任务,以及与盟军间的兼容互通。

澳大利亚国防军对美军 C4ISR 体系结构框架开展了大量研究,并基于该框架开发了演示性的体系结构。他们还针对自己的实际情况,以美军 C4ISR 体系结构框架和 Meta 公司的企业体系结构战略为基础,制定了国防体系结构框架。

挪威国防研究中心提出了体系结构驱动的方法,用于开发军队的指挥、控制和信息系统。他们指出,体系结构的关键在于对分布、安全和信息模型等方面的详细描述,而美军 C4ISR 体系结构框架并不完全满足这些需求。因此,挪威国防研究中心在美军 C4ISR 体系结构框架的基础上,引入了国际标准化组织制定的开放分布式处理系统参考模型的部分概念。他们提出了一个名为 MACCIS(Minimal Architecture for CCIS in the Norwegian Army)的初步体系结构框架,该框架包括企业视图、信息视图、计算视图、工程视图和技术视图等五类视图。挪威国防研究中心通过对每类视图定义的模型(产品),分析研究了 MACCIS 中的模型与美军 C4ISR 体系结构框架中的产品之间的对应关系。

北约为了解决系统的互操作问题,制定了 C3 系统体系结构框架 NAF。该框架提供了描述和开发体系结构所需的规范和模板,以确保各同盟国在理解、比较、开发和整合体系结构时采用通用的原则。NAF 是北约强制要求执行的体系结构框架,其最新版本 NAF 3.0 参考美国国防部体系结构框架,定义了四类体系结构:顶层结构、参考结构、目标结构和基线结构。每类体系结构都包含作战、系统和技术三种视图,同时制定了技术体系结构以补充和完善 C3 系统体系结构框架。此外,NAF 3.0 还规定了在 C3 系统全寿命周期不同阶段制定相关的参考体系结构和目标体系结构,以保证系统的持续互操作性。

1.4.3　装备体系建模

体系结构建模技术能够精确地表达和描述系统的结构。体系结构设计方

装备体系韧性分析理论与技术

法作为体系结构设计的技术手段,指导和管理体系结构设计和开发的基本活动,确保系统开发过程的可行性。体系结构度量和验证方法则用于评估体系结构设计的成果是否符合需求,并评估设计的质量。它们的主要任务是验证系统体系结构设计的正确性,确定体系结构设计是否满足功能需求和非功能需求。

1. 多视图建模

多视图建模是一种复杂系统建模的重要策略,通过多个视图描述系统的不同侧面,从任何一个视角都能全面理解系统的整体结构和功能。这种方法能够有效地展示系统各方面的信息及其相互关系。多视图建模理论最早由Mullery在第四届软件工程国际会议上提出,并广泛应用于软件系统的需求分析中。通过不同的视角建立子模型或视图模型,并确立各模型之间的联系,可以实现模型的综合整合。这种方法能够深入理解作业流程的功能、组成结构以及流程中信息资源等资源的交互、影响和约束。在此基础上,可以进行作业流程的危险分析、结果验证和评估,为安全风险评估和设计改进提供理论支持和指导。众多体系结构框架,如Zachman框架、联邦企业体系结构框架(FEAF)以及军事领域的C4ISR和DoDAF等,都采用多视图建模作为核心方法论,用于系统的全面描述和分析。

随着信息技术的迅猛发展和信息服务需求的多样化与复杂化,信息系统建设涉及的信息技术越来越多,功能越来越复杂,规模也越来越大。单一和简单的模型很难完整描述复杂体系结构的各个方面。为了清晰地展现体系结构的全貌,必须从多个视角对其进行描述,这就是多视图体系结构描述的核心思想。Stolz利用多视图建模方法在软件领域提出了一个潜在的可重排序模型转换的概念,它可以帮助开发人员完成设计过程,并跟踪不同建模步骤的语义依赖性。Amsweerde则在模型驱动的工程中构建了多视图模型,集成了系统的目标、结构、功能和行为。西北工业大学的吴坚和孙树栋以可重构制造单元为研究对象,利用多智能体建模方法构建了模型,通过可重构技术提高了制造单元对实际生产需求的适应性。海军工程大学的曹哲豪等应用多视图建模方法,通过建立装备、资源、组织、过程和任务等五类视图,分析各视图之间的逻辑与关联关系,优化了舰船装备保障系统的设计。清华大学的周永华和李瑞敏等利用统一建模语言进行多视图建模，根据智能交通系统的设计需求通过 Rational Rose 软件建立组织、功能、过程、信息和资源五种视图模型，以支持智能交通系统设计。国防科技大学的方程利用多视图建模方法构建了数据模型、行为模型、位置模型、人员和组织模型、事件和时序模型与目的模型六种视图模型，对军事指挥信息系统进行建模描述，使系统的设计更好地适应需求的变化。

2．形式化方法

形式化方法是在计算机科学，特别是在软件工程和硬件工程中，进行形式规约、开发和验证的一种基于严格数学基础的特定技术。其中，形式规约在计算机科学领域表示利用形式化语言构建软件开发的规约。如今，形式化方法已广泛应用于工程领域，形式规约通过对不同系统或对象进行建模，实现了模型的统一化。同时，应用适当的数学分析方法有助于提升设计的可靠性和鲁棒性。接下来，我们将详细介绍几种常见的形式化建模语言。

1）统一建模语言

统一建模语言（Unified Modeling Language，UML）在 1997 年被国际对象管理组织采纳为面向对象的建模语言的国际标准。UML 以面向对象的方式描述各种类型的系统，能够可视化地描述具有静态结构和动态行为的系统，为系统或体系结构从不同视角构建不同的视图（View）。每种视图都是表达系统某一方面特征的 UML 建模构件的子集，在每一类视图中均可使用一种或两种特定的视图来可视化地表达各种概念。其中，"用例视图"定义了系统的外部行为；"设计视图"描述了支持用例视图所确定的系统功能的逻辑结构；"实现视图"描述了组成系统的物理组件；"处理视图"处理系统中的并发性问题；"配置视图"描述物理组件在物理环境中是如何分布的。

UML 作为一种可视化的建模语言，其主要表现形式就是将模型进行图形化表示。UML 用多种图来描述所建立的模型，包括用例图、对象图、类图、顺序图、协作图、活动图、状态图、构件图和部署图等。其中，用例图建立起系统的功能模型，对象图和类图建立起系统的静态模型，顺序图、协作图、活动图、状态图构成面向对象建模中的动态模型。我们把可以在图中使用的基本概念统称为模型元素。UML 规范严格定义了各种模型元素的符号，以及这些模型和符号的抽象语法和语义，一般把模型元素分为对面向对象的事物的描述和对事物关系的描述。在软件工程和其他工程领域，UML 已被广泛应用。Ciccozzi 等人对多个领域的可执行 UML 模型进行了分析和总结，形成了复杂而多样的科学知识体系。他们首先建立了分类框架，对可执行 UML 模型进行了分类、比较和评估解决方案；其次系统评估了现有技术和实践案例；最后讨论了未来研究中可能遇到的挑战。此外，Knapph 和 Mossakowski 研究了 UML 和对象约束语言 OCL 的多视图模型一致性问题，通过文献调研对 UML 和 OCL 进行一致性检查，并分类讨论了一致性规则、系统模型方法和元模型构建等技术方法。Mahali 和 Mohapatra 研究了基于模型的测试用例优先级方法。中国人民解放军陆军装甲兵学院的邢彪和宋太亮等基于多智能体和 UML 的体系建模方法，采用分层结构对装备保障体系进行了建模仿真研究和效能评估。康传国利用 UML 对军事信息系统一体化作战体系的维修保障行动进行了建模。乔李明等结合 UML 和面向对象 Petri 网模型构建了武器装备体系任务可靠性建模方法，建立了从 UML 到面向对象 Petri 网的视图映射和转换关系，解决了传统可靠性模型对装备体系建模描述能力不足的问题。江金龙以 C4ISR 系统为对象，通过对 UML 和 Petri 网进行适应性改进，研究了基于对象时间 Petri 网的死锁检测算法。

2）系统建模语言

为了满足系统工程领域的需要，系统工程国际委员会和对象管理组织在 UML 2.0 的子集基础上进行了重用和扩展，提出了一种新的系统建模语言（System Modeling Language，SysML），作为系统工程的标准建模语言。SysML 是一种多功能的标准建模语言，能够详细描述、分析、设计、确认和验证各种复杂系统，涵盖硬件、软件、信息、过程、人员和设施等多个方面。

SysML 是一种先进实用、功能强大的标准建模语言，适用于解决系统工程中的各种问题。它包含多种图形元素，这些元素可以相互组合形成图表，每种图表都代表一个建模要素。通过多视图展示系统，SysML 支持软硬件系统、人员设施以及具体的过程信息等各类系统的说明、分析和验证活动。尽管已有成熟的基于 UML 和传统安全性分析方法相结合的研究，但大多数集中在软件系统领域。面对硬件结构和软件结构更加复杂的系统，传统的 UML 显得不太适用。因此，SysML 为基于模型的安全性建模和分析提供了便利，填补了这一领域的空白。

国防科技大学的石福丽等人利用 SysML 需求图提出了武器装备需求描述的方法与步骤，详细分析了需求基本模型、需求导出模型、需求满足模型和需求验证模型等四类需求子模型。以无人侦察机需求为例，他们基于 SysML 需求图描述了无人机的顶层需求及其与设计参数之间的关系。张学波等人采用 SysML 及其建模工具从任务角度对 TacSat-3 系统进行了建模与仿真，以展现系统任务行为的可视化效果。国防科技大学的陈洪辉等人则应用 SysML 对 C4ISR 系统的组成、接口与通信关系、系统功能、状态转移及事件跟踪进行了描述，并详细分析了基于 SysML 的 C4ISR 系统建模过程。陆法等人提出了一种基于模型驱动的体系设计方法，包括能力需求分析、黑盒分析和白盒分析三个步骤。他们研究了 SysML 在体系层面的建模应用，并利用 SysML 工具与仿真工具实现了装备体系结构的设计与仿真分析。此外，崔乃刚和胡建等人提出了以模型为中心的系统工程分析方法。他们通过 SysML 建模、参数图表示、分析模型生成、需求建模及仿真等过程，分析了空射弹道导弹控制系统的过程集成与设计优化框架。

3）UPDM

DoDAF 和 MODAF 统一配置文件（The Unified Profile for DoDAF and MODAF，UPDM）是基于 DoDAF 和 MODAF 的 UML 概要文件，支持利用 UML 开发符合 DoDAF 和 MODAF 架构的可视化建模标准。UPDM 为 DoDAF 和 MODAF 提供了一个通用模型，已被美国国防部与英国国防部认定为统一的标准文件，它为两个体系结构框架的核心概念指定了通用术语，使跨结构程序边界的互操作成为可能。使用 UPDM，架构师可以以一致的方式对体系结构进行高层次的抽象。UPDM 基于 UML 2.0、SysML 和面向服务的体系架构建模语言（SoaML），确保了多个工具供应商可以广泛实施该标准。虽然 DoDAF 和 MODAF 最初是为军事领域开发的，但是它们所处理的企业架构问题同样适用于许多通用业务和公共服务系统。因此，UPDM 在应用 DoDAF 和 MODAF 的政府或企业机构中同样具备广泛的应用前景。

Hause 对 UPDM 进行了介绍，并探讨了如何提升架构师建模技术水平的方法，他还研究了实现体系结构信息交互的策略。此外，他对 UPDM 视图、视点和语言概念进行了总结，并应用 UPDM 进行了基于模型的系统工程构建。Sanduka 和 Obermaisser 基于 UPDM 开展了针对实时性需求的研究，采用混合整数线性规划（Mixed Integer Linear Programming，MILP）优化方法验证体系是否满足实时性要求，并将优化结果反馈到 UPDM 模型中。他们的方法在体系结构建模的早期设计阶段进行时间规范和时序分析，避免了由于体系结构无法满足时序要求而需在后期进行修改的情况。随后，他们还扩展研究了具有可靠性要求的体系，通过 MILP 优化方法同时满足实时性和可靠性需求，并将结果反馈到 UPDM 需求中。孙岩等人从装备体系论证出发，采用 MBSE 方法对 UPDM 进行系统性分析，研究了基于 UPDM 的装备体系建模方法，建立了基于时序的能力与任务描述模型，并对其时序逻辑进行了形式化测试与验证。张萌萌等人基于 UPDM 对具有时效性需求的防空反导体系进行了建模与仿真，研究了时延效应对任务成功率的影响，并提供了时延分配和作战流程优化的建议。陈超利用基于可执行模型的系统工程方法和 UPDM 对空天协同观测体系结构进行了建模与仿真分析，分析了空天协同观测体系对海上目标观测流程的可靠性。

需要注意的是，UML 和 SysML 目前不具备直接创建可执行体系结构模型的能力，因为它们缺乏可执行语义的支持。尽管 UML 和 SysML 能够提供一种公共语言用于传递建模和仿真等重要信息，但不能直接支持可执行体系模型的构建。因此，形式化模型到可执行模型的转换成为体系建模的一个重要研究方向。

1.5 本章小结

本章首先讨论了体系与体系工程的概念内涵及其发展现状，接着介绍了体系特征与分类，并分析了体系与复杂系统、信息物理系统和复杂网络这三个概念的区别与联系，最后介绍了武器装备体系相关概念。

第 2 章

装备体系韧性

第 2 章　装备体系韧性

在现代军事领域中，战争形态已经从平台化作战转变为体系化作战，因此，当装备系统在作战中失效时，可以通过动态重构调整其物理资源的配置模式，从而提升其作战效能，使装备体系具备持续完成任务使命的韧性能力。本章主要介绍装备体系韧性的相关知识，共包括 5 节，分别介绍了韧性与韧性工程、基于韧性三角形的韧性机理、复杂装备系统韧性与评价方法、装备体系韧性内涵等内容。本章内容将有助于读者深入了解装备体系韧性的特点和机理，掌握装备体系韧性的概念内涵。

2.1　韧性与韧性工程

2.1.1　韧性

韧性（resilience）一词源自拉丁语"resiliere"，最早在英文中的使用可追溯到 17 世纪初，意为"反弹的动作"（Act of Rebounding）。起初，它主要用于描述材料在外力作用下发生形变后恢复原状的能力，即回弹或弹性的概念。直到 19 世纪初，这一术语才逐渐演变成为技术上的专业术语。韧性一词最早在学术领域的应用始于材料力学，用以表示材料在受力后的恢复能力。随后，韧性的概念被引入生态学、社会学、经济学、心理学以及工程学等多个领域中。

Holling 是第一位将韧性概念引入生态学领域的学者。他认为，韧性是生态系统的一个重要属性，使得生态系统能够在面对各种扰动和变化时保持存在，并保持种群状态的平衡。这一概念奠定了韧性研究在科学研究中的基础。Holling 通过综述生态学领域的相关文献，提出了两种韧性特征的定义，即工程灵活性和生态灵活性。工程灵活性将生态系统视为具有单一的平衡态，而生态灵活性则认为生态系统可能具有多个平衡态，这为进一步探讨生态系统的复杂性、动态性和可持续性提供了基础。

装备体系韧性分析理论与技术

在社会学领域，Adger 将社会韧性定义为群体或社区应对由社会、政治和环境变化引起的外部压力和干扰的能力。而 Allenby 则将韧性定义为社会系统在面对内外部干扰和变化时，保持其功能结构并在必要时平滑地调整其性能的能力。加强社会系统的韧性意味着增强其应对恐怖袭击、自然灾害、传染性疾病以及其他外部压力和干扰的能力，尤其是在无法准确预测灾难发生可能性、时机和过程细节的情况下。

在经济学领域，Rose 定义经济韧性为对灾害本能的适应性反应，使个人和群体能够避免一些潜在的损失。Perrings 认为经济韧性是系统在面对市场冲击时仍能有效进行资源配置的能力。他还深入探讨了经济韧性与可持续经济发展的关系，并指出最具韧性的系统不一定在短期内具有最高的生产力。

韧性的概念最初从材料力学领域扩展到生态学、经济学、心理学和社会学等多个领域，并不断被重新定义。随着韧性在不同领域的广泛研究和关注，其实质概念更接近于描述一个物体或系统对干扰和变化做出响应并从中恢复的能力。在工程领域，随着工程系统韧性和韧性工程理论等概念逐渐被研究人员广泛接受、辨析和认可，韧性的应用迅速成为研究的热点，继而涌现出大量的研究成果。

Hollnagel、Woods 和 Leveson 最早对工程领域的韧性概念和理论进行了研究，并于 2004 年在瑞典举行了第一次韧性工程研讨会，成立了第一个韧性工程协会（Resilience Engineering Association），将韧性定义为"系统或组织在早期阶段对干扰做出反应和从干扰中恢复的能力"。此后，韧性及其在工程领域的应用才开始引起学术界的广泛关注，许多工程学科的研究人员开始对韧性的需求、定义、度量、应用和仿真展开探索。然而，与非工程背景下的韧性研究相比，工程领域的韧性研究仍然只占韧性研究总体的一小部分。

各领域的研究人员经过长时间的思辨过程，从不同角度提出了典型的韧性定义，如表 2.1 所示。

第 2 章　装备体系韧性

表 2.1　典型的韧性定义

时间	研究人员	韧性定义
1988	Wildavsky	韧性是系统在面对非预期危险时进行应对和恢复的能力
1996	Grotberg	韧性是指使人员、组织或团体能够避免、减少或克服负面影响的通用能力
2003	Bruneau	定义了韧性的四个维度：①鲁棒性，系统阻止伤害传播的能力；②迅捷性，系统在破坏性事件发生后恢复至初始状态或可接受功能水平的速度；③资源充沛性，利用物资与人力资源响应破坏性事件的能力水平；④冗余性，系统为降低破坏性事件的影响与发生概率所采取措施的程度与范围
2006	Hollnagel	韧性是系统在变化或扰动发生之前、之中或之后调整其功能，即使在重大事故或持续压力下仍能维持所需运行能力的固有属性
2009	Woods	韧性作为适应能力的一种形式，是当发生信息改变、环境变化、新事件或任何对之前模型、假设提出挑战时，系统做出适应性动作的潜质
2015	Woods	从四个方面定义韧性：①从创伤中恢复回平衡态；②与鲁棒性同义；③作为脆性的对立面，即当系统边界受到意外影响时仍能展现良好的延展性；④随着环境变化，网络架构能够保持适应意外情况发生的能力

在工程系统韧性领域，根据不同工程应用环境的特征，研究人员提出了多种韧性的定义。美国国家基础设施咨询委员会将关键基础设施的韧性定义为减小破坏性事件的影响程度和缩短事件持续时间的能力，评估基础设施或企业的韧性有效性取决于其预测、吸收、适应能力以及从潜在破坏性事件中快速恢复的能力。美国机械工程师协会将韧性定义为系统在遭受外部或内部干扰时仍能正常运行的能力，或者在正常运行中断后迅速恢复的能力。Haimes 将韧性定义为系统在可接受的参数退化范围内能够承受重大破坏的极限，并能在可接受的时间、成本和风险范围内进行恢复的能力。Patriarca 等则将韧性视为复杂社会基础系统的安全管理范例，强调处理复杂问题和平衡生产力与安全性的能力。

根据 Holling 和 Hollnagel 等提出的经典定义及相关研究工作，韧性可总结为系统在面对干扰或降级状态时仍能持续运行，并具备以最小支持度恢复到新的或原先状态的能力。此外，韧性的概念定义也与许多概念有一定的重叠，如适应性、鲁棒性、脆弱性、灵活性、迅捷性、冗余性、资源充沛性、可扩展性、生存性及可恢复性等。其中，鲁棒性和生存性与韧性的概念易于混淆，鲁棒性强调系统或组织抵御或克服不利条件的能力，而生存性更侧重当系统面对干扰时完成任务的能力。系统韧性则强调系统在面对内部或外部干扰时的抵抗、适应和恢复能力。对于装备体系而言,韧性更强调其在面对干扰后完成任务使命能力的回升。

综上所述,本书将韧性定义为体系的一种固有属性和能力,由体系的组成结构和维护资源共同决定装备体系的韧性能力。因此,用韧性来描述装备体系在内部失效和外部恶意攻击情况下继续完成任务使命的能力具有重要的研究意义。

2.1.2 韧性工程

2006年Hollnagel、Woods和Leveson等安全领域的专家联合举办了一次学术研讨会,讨论了韧性工程的现状与未来发展,并在此次会议的基础上合编了《韧性工程:概念与规则》一书。该书明确了韧性对于解决风险评估与安全性评估问题的作用,并概述了韧性工程这一概念。韧性工程相关概念如表2.2所示。

表2.2 韧性工程相关概念

时间	研究人员或机构	韧性工程定义
2006	Woods和Hollnagel	韧性工程是一种范例,旨在帮助人们面对复杂性挑战,强化复杂社会技术系统适应或吸收扰动、破坏或变化的能力
2009	美国机械工程师协会	韧性工程是指系统在遭受外部或内部干扰时仍能正常运行的能力,或者在正常运行中断后迅速恢复的能力
2013	Anderson等	韧性工程是一种主动性过程,关注组织如何在运行环境中适应变化需求。这一理念为安全科学带来了哲学上的转变
2014	Fairbanks等	韧性工程是针对具备韧性能力的系统进行精细设计和建设的过程
2014	韧性工程协会	韧性工程是在组织面对破坏和持续的生产与经济压力时,通过在组织的各个层面寻找方法来创造具有鲁棒性和灵活性的监控和修正风险模型的过程

从各类研究人员或机构对韧性工程的定义可以看出,韧性工程旨在通过系统设计和权衡决策,确保系统具备足够的韧性能力。这种方法强调对韧性

进行科学化、系统化的研究与应用，属于一套系统工程方法论。一般而言，韧性工程涵盖系统韧性的识别、量化、评估以及权衡决策等关键步骤。

2.1.3 韧性恢复策略

值得关注的是韧性在工程领域的应用状况。工程领域涵盖了与人、技术乃至社会生活密切相关的多个行业和系统，如电力网络系统、水运输系统、交通系统等，通常这些系统被称为社会—技术系统。目前，故障预测与健康管理、视情维修和动态重构等技术最能展示系统的韧性特征。在工程技术系统的韧性研究中，这些技术应受到重视。

1）故障预测与健康管理

故障预测与健康管理（Prognostics and Health Management，PHM）技术通过预知将要发生故障的时间和位置，预测系统的剩余使用寿命（Remaining Useful Life，RUL），从而提高系统的运行可靠性，降低维修成本，提升维修准确性。PHM通常包括故障检测和诊断、故障隔离、故障预测、健康管理以及寿命追踪等功能。对于复杂设备和系统，PHM技术能够实现多层次、多级别的综合诊断、预测和健康管理。目前，美军F-35战斗机上的机载智能实时监控系统和地面综合管理系统就是一个成熟的PHM技术应用的例子。这种多级系统信息综合的方法能有效评估飞机的安全性，实施技术状态管理和维护保障。

当前，对PHM技术的研究主要集中在系统状态监测和故障预测技术两大方向。系统状态监测依赖传感器信号和相关的健康监测技术来诊断系统的健康状态。早期的系统状态监测设计致力于最大化传感器网络的监测覆盖率，并设定最小化电能消耗的目标。例如，Castro-Triguero利用模态分析方法，评估模型参数的不确定性对传感器网络布局优化方法的影响。随着PHM技术的进步，研究重点转向了系统状态监测方法的多样化研究，如基于信号处理的故障诊断方法（如小波变换和主成分分析）、基于数学解析模型的方法（如状态估计法和等价空间法）、基于规则的专家系统诊断方法、基于神经网络的诊断方法、基于模糊数学的诊断方法以及其他人工智能诊断方法。而故障预测技术则侧重于对系统剩余使用寿命的建模方面，目前主流的技术和应用研究工作主要可以分为以下几种：基于模型的故障预测技术、基于数据驱动的故障预测技术和基于统计可靠性的故障预测技术。

2）视情维修

视情维修（Condition-Based Maintenance，CBM）是指在系统使用寿命内，将技术状况作为维修时机控制标准，为发现潜在故障而进行的维修活动，可以分为监控可靠性水平的视情维修和监控参数的视情维修。在 PHM 技术的基础上，开展视情维修可以有效保障系统的战备完好性与任务成功率，同时降低运营与维护成本。视情维修的优势在于通过加强和完善监测与控制手段，实时掌握设备的工作状态，及时发现问题并采取相应对策。这样可以预防一些故障的发生，及时控制和消除潜在问题，从而有效降低设备失效率，节约维修成本，缩小维修范围，减少维修工作量，提高设备的可用率，使维修工作变被动为主动。视情维修的研究主要集中在决策方法的确定上，主要包括基于数理统计的视情维修决策和基于随机过程的视情维修决策。

3）动态重构

动态重构是一种典型的装备体系韧性恢复策略，也是体系韧性的主要表现形式。动态重构最初由美国国家航空航天局（NASA）于 1982 年提出，是一种软件容错技术。现阶段，重构技术已被广泛应用于工业自动化和控制系统、自动化信息物理系统和体系当中。其核心思想是，当系统的任务或功能需求发生变化时（这种变化可能是主动的任务模式调整，也可能是被动的故障影响规避），系统通过重新组织资源的使用模式来保证任务和功能的持续有效运行。换言之，系统通过调整其自身配置来响应环境中的不同情况以改变其状态。

动态重构技术有时被看作功能硬件冗余技术的一种延伸，后者主要通过不同的体系结构（硬件互连结构）来支持系统的故障和容错性能力。这种技术的实施影响体现在系统成本、复杂性、可用性和硬件冗余等方面的平衡中。因此，动态重构技术也可以被视为可靠性技术的一种扩展，是系统主动对故障影响进行应对，以确保系统持续有效运行的重要手段。

第 2 章 装备体系韧性

动态重构和适应性可被定义为系统通过调整自身配置来响应环境中的不同情况以改变其状态的能力。动态重构和适应性也可以用故障容差来表示。在信息物理系统中，动态重构能力在很大程度上依赖于智能预测和诊断技术的支持，并允许系统发生安全失效，避免事故。因此，需要确保重新配置功能、预测和诊断功能能够正常运作，同时需要考虑到物理过程的复杂性和系统随时间的演变情况。

在民航领域，可重构技术主要应用于航空电子系统。Montano 和 Burger 分别探讨了重构过程中涉及的人员和软件因素，并提出了一些度量和约束要求。近年来，研究人员在动态重构系统的设计验证方面也进行了多次尝试。例如，他们基于统一体系结构分析与设计语言对重构过程进行了建模与分析。然而，这些研究大多处于方法探索阶段，难以实现对航空电子系统的整体验证，并且其重构设计主要限于可预见事件的规范化重构动作，未充分考虑重构时间、配置等效率问题，无法有效指导重构系统的宏观设计。针对复杂装备系统或体系，Si 等人研究了可重构系统中组件重要性的影响，分析了系统结构变化对组件重要性的影响。随着组件可靠性的变化，系统最优结构和配置也可能随之调整，同时组件的重要性受系统结构的影响。Li 和 Peng 对具有随机动态重构特性的串并联系统进行可用性建模与优化设计，应用马尔可夫奖励模型和通用生成函数提出了一种计算系统可用性和运行成本的方法。Monnin 等人构建了可用于装备体系结构的可再生系统可用性评估模型，他们利用状态空间和蒙特卡罗仿真方法，分析了系统在失效或被破坏后功能恢复的可用性。此外，Xia 等人为可重构制造系统开发了新的动态机会维修策略，提出了一种可重构维修时间窗方法，该方法能够实时调度系统级机会维修，显著提升了维修策略的响应速度和成本效益。George-Williams 和 Patell 分析了多状态可重构系统的可用性，考虑到系统的复杂拓扑结构、多状态性质以及相互依赖关系，提出了一种基于载荷流的仿真分析方法，用以评估系统的可用性。

随着对重构技术的深入研究，研究人员发现越来越多的系统或体系具备在自身发生故障、失效或遭受人为有目的的恶意攻击时，通过重构策略重新配置体系资源的能力，使得系统能够在干扰情况下继续完成任务使命，确保体系任务持续稳定运行。武器装备体系就是典型的具有动态重构特征的体系之一。随着体系规模的增大和能力需求的增加，各组成系统功能需求不断提升，各组件资源支持对象增多，导致系统状态空间显著扩展，各功能和资源之间的关联关系变得更加复杂。

2.2 基于韧性三角形的韧性机理

机理多指事物运行变化的缘由与过程原理。对韧性机理的研究旨在明确实现系统韧性所需的措施与原则。如果说可靠性工程是一门与"故障"作斗争的学科，那么安全性工程则是一门与"风险"作斗争的学科，其核心便是开展以"理解风险并控制风险"为主要任务的风险管理工作。韧性工程为分析系统安全、风险管理问题提供了一个新的视角。这种视角的转变不仅促使研究人员对系统安全、安全风险等概念重新进行审视，同时也对相应的分析、评价和管理方法提出了新的要求。

2.2.1 韧性三角形概念模型

为使系统具备韧性特质，需要先搭建一套有效的概念模型。目前，对韧性概念的定义存在多种方法，各自根据其领域特征提取出可反映韧性特质的要素或核心指标，在此基础上，进行系统韧性的分析研究。然而，目前的研究多集中在系统级的宏观评估，而未将韧性概念分解至可实施设计的具体层面。不能只关心系统输出性能的好坏，还要进一步分析影响性能输出的因素，这样才能通过设计提高输出的质量。

韧性机理反映了实现系统韧性能力的主要途径和技术方法，在对韧性能力提出需求的同时，更应加强对如何实现韧性的研究。然而，相比于企业组织、社会生态、经济等领域，韧性概念在工程领域仍属于一个较新的概念。

本节提出的韧性三角形概念模型建立在韧性三阶段概念基础上，而韧性

第 2 章 装备体系韧性

三阶段概念的划分参考了系统全过程内不同破坏性影响阶段的分类结果。下面将详细阐述韧性三阶段概念。

1. 韧性三阶段概念

在系统韧性的定义和识别工作中，破坏性事件通常是一个关键元素。根据这些事件发生的时刻，可以将系统的韧性周期划分为三个阶段：破坏性事件发生之前、期间和之后。这种划分方式有助于在不同的韧性阶段规划如何增强系统的韧性水平，从而为面向系统全过程的韧性设计提供指导。

图 2.1 所示为典型的面向系统全过程的韧性作用图。为直观表征破坏性事件 D 对系统的影响，此处以系统的性能曲线 $P(t)$ 描述韧性作用规律，并据此识别出韧性过程中的各典型时间节点。

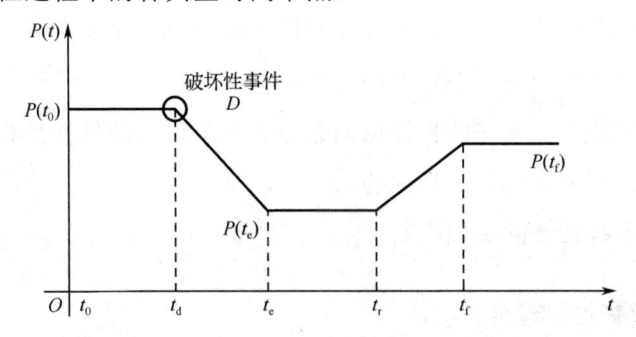

图 2.1　典型的面向系统全过程的韧性作用图

值得注意的是，在某些情况下，系统的性能曲线 $P(t)$ 可能并不存在明显的波动，此时则需要根据特定的行为事件，如故障检测成功、恢复事件执行等，定义各典型的时间节点，进而划分各韧性阶段。引起系统性能变化的破坏性事件 D 可以以多种形式存在，如内部软硬件的故障、外部黑客攻击、环境扰动等。根据韧性作用图，系统的整个运行过程可被分为三个阶段：

（1）事前阶段（Pre-disaster phase）：从 t_0 时刻到 t_d 时刻所表征的破坏性事件发生前的阶段。在此阶段，由于系统自身具备多种抵御性能力，如可靠性、鲁棒性等，系统可以保持在一个相对稳定的状态。

（2）事中阶段（During-disaster phase）：从 t_d 时刻到 t_e 时刻所表征的系统遭受破坏性事件影响的阶段。在这个阶段，通常系统的性能水平会由 $P(t_0)$ 下

降到 $P(t_e)$,同时由于系统自身具备一定的抗毁和容错能力,所以系统的性能水平下降到一定程度后便维持在一个相对较低的水平,即系统仍可以某种降级状态继续工作,只是工作能力大打折扣。然而,系统也可能由于脆性或薄弱环节被完全激发而彻底失去工作能力,即性能水平下降至 0。对于某些系统而言,无法用性能曲线 $P(t)$ 来表征破坏性事件的影响,如配备冗余备件的工程技术系统,即使某些备件失效,系统的性能水平也并不一定下降,但增加了系统功能失效的风险。

(3)事后阶段(Post-disaster phase):从 t_e 时刻起表征的破坏性事件影响结束之后,系统开始恢复的阶段。特别地,从 t_e 时刻到 t_r 时刻的时间段代表开展恢复性动作之前的一段决策时间,在此阶段内系统处在一个相对稳定的受损状态,直到 t_r 时刻,系统开始执行恢复措施。此外,从 t_r 时刻到 t_f 时刻代表恢复措施开始执行后,系统性能开始逐渐恢复的阶段,直至 t_f 时刻,系统的性能水平重新回到一个相对稳定的状态。

如前文所述,将系统的韧性周期划分为三个阶段的目的是有针对性地识别韧性能力,明确实现系统韧性的切入点。基于这一韧性三阶段概念,下面将详细介绍系统韧性的实现机制。

2. 系统韧性机理分析

考虑到韧性定义方式的延承性,本节在韧性三阶段概念的框架下,结合韧性工程先驱者 Hollnagel 对韧性能力属性的规划框架进行详细探讨。Hollnagel 的论述强调了韧性概念在解决风险评估与系统安全性问题中的关键作用。各类关于韧性在系统工程中的研究性工作往往受到其核心属性规划的启发,围绕这些属性展开分析有助于保证研究的有效性与完备性。

Hollnagel 提出,一个韧性系统或组织应当具备四个基本韧性能力属性:
- 韧性能力属性 1:对常规或非常规的威胁可以做出灵活稳妥的回应。
- 韧性能力属性 2:对包含系统性能在内的各类态势进行监测。
- 韧性能力属性 3:对风险事件及其发生时机进行预测。
- 韧性能力属性 4:从各类经验中进行学习与反馈。

第2章 装备体系韧性

这些属性凸显了韧性概念的关键特征，即在强调前摄性的风险管理与预防的基础上，通过及时、灵活的应对措施来应对威胁，而非仅依赖事后的错误梳理或失效概率计算。然而，Hollnagel 的概念性指导并未具体阐明这些韧性能力属性的实现方式。因此，结合所研究对象的特点，提出有效的韧性实现方法成为后续研究的核心挑战。本部分的韧性机理研究重点在于分析如何在系统运行的全过程中，有效实现上述四个基本韧性能力属性。接下来将针对韧性的三个阶段逐一分析这些韧性能力属性的实现策略。

1）事前阶段的抵御能力

对于事前阶段，即系统在未受到破坏性事件影响之前，对于可能出现的破坏性事件应当具备相应的预判能力，即"韧性能力属性3"。一般而言，系统在运行过程中可能会面临以下两类破坏性事件影响：

（1）系统内部的软硬件故障、失效。针对此类破坏性事件的基本应对方式是提升系统自身的可靠性水平，即提高系统在规定条件、规定时间内，完成规定功能的能力。为了实现这一目标，可以采取主动和被动两方面的措施。在主动方面，可以综合提高系统的环境适应性、制造工艺和组件质量水平。在被动方面，则包括增加系统的冗余备件数量，以便在一个组件失效或发生故障时仍有备件用于支持系统运行。然而，无论采用哪种方式，都会增加系统的投入成本，需要额外考虑费用效益比问题。

（2）系统外部的蓄意破坏和环境扰动。针对此类影响，通常的应对策略是增强系统的外部防护措施。例如，在计算机系统中，可以采用强化的防火墙技术和更高保密性的密码协议来防止外部黑客攻击。需要注意的是，尽管外部破坏性事件与内部组件故障在最终的影响形式上相似（即功能、性能降级），但外部破坏性事件往往会同时影响系统内的多个组件单元。由于蓄意破坏具有策略性因素，可能会有选择性地针对系统内的关键薄弱环节，从而增大风险。

综上，为了提升系统的韧性能力，必须考虑到上述两种风险事件。尽管来源于内部和外部的各类破坏性影响的作用形式有所不同，但其最终均可反映为系统内某些组件功能的失效或性能偏差。因此，在一般的韧性分析中，可以将各类潜在的破坏性影响模式进行统一化处理，即在事前阶段，将系统预判、抵御、降低各类破坏性影响的能力统一定义为系统韧性能力的一个维度——抵御能力 C_d（Defensive Capability），并以一个统计性的参数——破坏性影响发生率，进行统一量化。

2）事中阶段的适应能力

在事中阶段，即破坏性事件已经发生后，系统的正常运行或功能性能受到影响。通常情况下，系统在此阶段会经历功能性能逐步降低的过程，而这种下降程度直接反映了系统的韧性水平，即认为韧性水平高的系统应具有阻止破坏影响程度加剧的能力。所以，在这一阶段，系统需要有效监测和反馈各种态势，包括系统性能的变化等，并及时发现所遭受的破坏性事件的影响形式，定位其所在位置，实现"韧性能力属性2"。

在现实环境中，系统遭受的初始破坏性影响可能只是来自外界的一个极小的扰动，但由于系统内部复杂的耦合关系，可能导致级联失效或故障传播，造成更大范围、更深程度的破坏性影响，进而加剧系统功能、性能的降级。所以，韧性系统也应充分考虑此类风险，通过采取故障检测、故障隔离、故障传播抑制等措施，充分降低故障传播的概率，缩小故障传播的范围。

此外，还可以从系统性能的角度分析事中阶段的适应能力。即从宏观上认为适应能力强的系统受破坏性影响而产生的性能降级比例应相应较低，或者是在造成同等比例的性能降级之后，适应能力强的系统仍能保持持续的安全有效运行。因此，在评估系统适应能力水平时，需要根据实际情况判定出一个类似于材料力学中由韧性变形到脆性变形临界值的性能降级极限。然而，并非所有系统都存在这种适应极限，相应也就没有必要从类似韧性极限的角度进行适应能力的度量。

综上所述，在事中阶段，系统需及时感知破坏性影响，并尽可能降低其对系统的影响，以保证系统能够维持一定的性能和安全水平。这部分能力被统一定义为系统韧性能力的一个维度——适应能力 C_a（Adaptive Capability），它综合表征了系统对所遭受的破坏性影响的适应能力，可从破坏性影响诊断/隔离率和时间两个维度进行综合量化。

第2章 装备体系韧性

3）事后阶段的恢复能力

对于事后阶段，即破坏性事件的影响已经趋于稳定，系统处在一种被破坏且性能降级的状态。此时，虽然系统仍可以继续运行，但是其能力相比被破坏之前已大打折扣，如果不采取措施恢复其性能水平，继续运转将存在较大的风险。因此，在这一阶段，必须迅速采取有效措施来恢复系统性能，以应对破坏性事件的影响，即实现"韧性能力属性1"。值得注意的是，虽然理论上在破坏性影响尚未结束之前就可以开展恢复性行动，但考虑到实际情况，这种做法可能带来较大的风险。例如，在地震发生后，如果在影响尚未完全消退之时就开始投入人力和设备进行恢复，可能会导致更大的人员伤亡和经济损失。因此，通常建议在破坏性影响结束后的适当时机开展恢复性工作。在实施具体的恢复性工作时，可以根据其特征进行以下两种区分：

（1）恢复性维修。对受到破坏的组件和设施，最直接的恢复方式是开展有效的维修工作，使其恢复到正常的功能水平。恢复性维修的效果可以从功能、性能恢复水平和所需恢复时间两个维度来衡量，但其进展受到人力和物力等条件因素的制约。

（2）恢复性重构。通常情况下，维修工作需要在系统部分或全部停止运行的情况下进行。然而，对于某些需要持续在线运行的系统而言，在遭受破坏性事件后，系统仍需继续运行一段时间。这时恢复性重构技术就显得尤为重要。通常系统的冗余配置技术是在线重构的基本技术途径，但恢复性重构不仅限于更换和加载功能单元，还包括任务重组、软硬件配置重分配等技术理念，这些理念为恢复性重构提供了新的思路和方法。总体而言，恢复性重构的效果衡量方式类似于恢复性维修，可从功能、性能恢复水平和所需恢复时间两个维度进行评估。

综上所述，在事后阶段，系统的性能恢复属性是系统韧性特征的充分体现，而性能恢复的效率也直接影响了系统韧性水平的高低。将此部分能力统一定义为系统韧性能力的一个维度——恢复能力 C_r（Recovery Capability），它综合表征了系统在遭受破坏性影响后的恢复能力，可从恢复率（如维修率、重构成功率）和时间两个维度进行综合量化。

此外，对于"韧性能力属性4"，通常认为在各阶段构建韧性能力的过程中，对过往经验进行总结和积累至关重要。这包括对各种常规或非常规威胁的分析总结，以及在系统态势监测技术、风险预测技术等方面的技术积累。对于工程技术系统而言，积累知识和经验是不可或缺的环节，但通常需要在制度、文化等方面进行落实和加强。具体方法包括建立必备的数据库、定期开展经验交流会以及制定企业文化制度等。

综合以上基于韧性三阶段概念的韧性能力属性分析，本书进一步明确了韧性应属于一种系统级的属性。在实现机理上，韧性应包含相对于特定破坏性事件或扰动发生之前、之中和之后的三方面能力：抵御能力、适应能力和恢复能力。基于这一理念，提出如图 2.2 所示的韧性三角形概念模型，以综合表征韧性实现的机理问题。

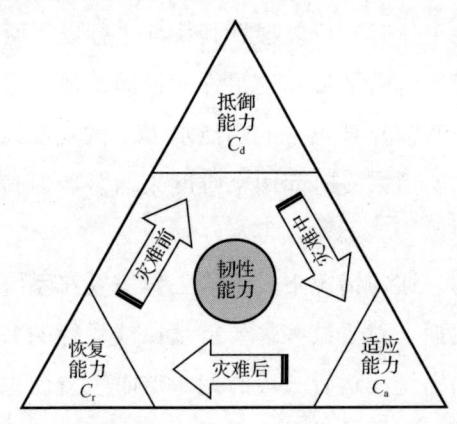

图 2.2　韧性三角形概念模型

3. 韧性维度关系分析

韧性三角形概念模型基于韧性周期内的三阶段概念，探讨系统在持续不确定的运行环境中如何有效应对预期和非预期的破坏性事件，以实现持续有效运行的能力。相对于其他关于韧性机制的论述，该模型通过时间维度上的连续性，确保了韧性能力分析的完整性，并可用于指导韧性指标的制定，以支持系统韧性设计工作的实施。

通过将韧性三角形概念模型与一些典型的基于维度概念的韧性定义方式（如表 2.3 所示）进行比较，可以进一步验证本书提出的模型的有效性和完整性。

第 2 章　装备体系韧性

表 2.3　典型的基于维度概念的韧性定义方式

定义者	事前的抵御能力 C_d	事中的适应能力 C_a	事后的恢复能力 C_r
Bruneau	鲁棒性，冗余性	—	恢复迅捷性、资源充沛性
Sterbenz	抵御	检测，诊断	治愈，修正，恢复
Youn	主动的可靠性	—	被动的恢复能力
Ayyub	鲁棒性	—	资源充沛性
Dinh	最小化失效率	尽早检测，限制影响	管理性的控制行为/规程，灵活性，可控性
美国国家基础设施咨询委员会	对破坏进行预测	适应破坏	从破坏中尽快恢复

通过对比可知，基于韧性三阶段概念的韧性三角形模型能够兼容各类韧性能力预期，并从全局角度指导韧性能力的识别工作，囊括多方面韧性识别的角度。而原有的基于维度概念的韧性定义方式则由于缺乏概念框架以指导韧性需求分析，只能提供零散的韧性需求，完整性较差。

前文对韧性机理进行了详细分析，但未充分阐述各韧性维度之间的连接形式和影响关系。为进一步比较和分析本概念模型中三个韧性维度之间的关系及其对韧性的影响机制，下面从韧性曲线形态的角度，以几类典型的系统韧性模式为例，对韧性维度关系进行进一步探讨。

参照面向系统全过程的韧性曲线示意图，图 2.3 绘制了三类典型韧性曲线的对比分析（以 4 类事件为连接点，即破坏性事件 D、适应事件 E、恢复事件 R、恢复结束事件 F），韧性曲线分别为 $D_3 \to E_3 \to R_2 \to F_2$、$D_1 \to E_1 \to R_1 \to F_1$、$D_2 \to E_2 \to R_2 \to F_2$。

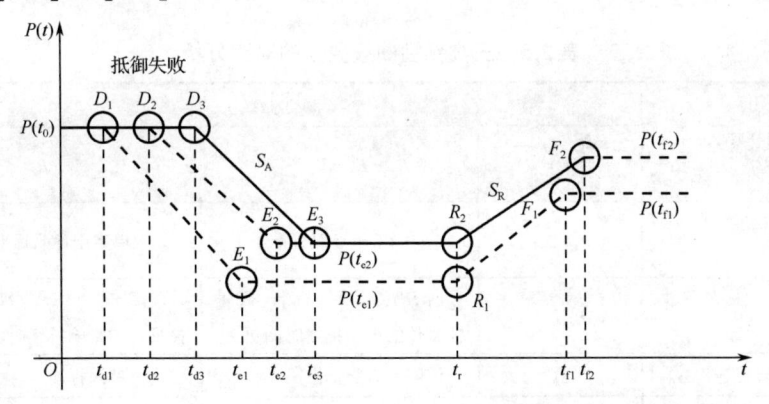

图 2.3　三类典型韧性曲线的对比分析

装备体系韧性分析理论与技术

为实现基于韧性曲线的韧性分析,首先要明确韧性曲线要素及其作用形式,如表 2.4 所示。

表 2.4 韧性曲线要素及其作用形式

韧性能力	韧性曲线要素	作用形式
抵御能力 C_d	破坏性(抵御失败)事件 D 发生时刻 t_d	在同样的外界环境影响下,具有高抵御能力的系统可使破坏性事件发生得更晚
适应能力 C_a	适应(性能降级)事件 E 结束时刻 t_e	在抵御能力 C_d 相同,即同样的破坏性事件影响下,适应能力强的系统具有较短的破坏性影响持续时间
	性能降级速率 S_A	性能降级缓慢代表系统适应能力较强,反之则较差
	性能降级水平 $P(t_e)$	适应破坏性影响之后,系统仍具有较高的性能水平,代表系统适应能力强,反之则较差
恢复能力 C_r	恢复事件 R 执行时刻 t_r	在适应能力 C_a 相同的前提下,可以尽早落实恢复策略,说明系统的恢复能力较强
	性能恢复速率 S_R	性能恢复迅速代表系统恢复能力较强,反之则较差
	性能恢复水平 $P(t_f)$	系统恢复到较高的性能水平,代表系统恢复能力强,反之则较差
	恢复结束事件 F 时刻 t_f	面对相同的破坏性影响结果,较短的恢复时间代表系统恢复能力强,反之则较差

在明确韧性曲线要素的基础上,下面以三类典型的系统韧性曲线为对象,说明如何根据韧性曲线形态分析韧性模式与水平,并以图 2.3 中的韧性曲线($D_3 \rightarrow E_3 \rightarrow R_2 \rightarrow F_2$)作为参照标准进行对比,阐释韧性维度间的作用与联系。表 2.5 列出了三类韧性曲线要素的对比分析。

表 2.5 三类韧性曲线要素的对比分析

对比要素	韧性曲线		
	$D_3 \rightarrow E_3 \rightarrow R_2 \rightarrow F_2$(参照标准)	$D_1 \rightarrow E_1 \rightarrow R_1 \rightarrow F_1$	$D_2 \rightarrow E_2 \rightarrow R_2 \rightarrow F_2$
破坏性事件 D 发生时刻 t_d	$t_{d3}(D_3)$	$t_{d1}(D_1)$ 劣于参照标准	$t_{d2}(D_2)$ 劣于参照标准
适应事件 E 结束时刻 t_e	$t_{e3}(E_3)$	$t_{e1}(E_1)$ 劣于参照标准,破坏性事件的影响持续时间更久	$t_{e2}(E_2)$ 劣于参照标准,破坏性事件的影响持续时间更久
性能降级速率 S_A	S_A	等同于参照标准	优于参照标准
性能降级水平 $P(t_e)$	$P(t_{e3})$	$P(t_{e1})$ 劣于参照标准	$P(t_{e2})$ 等同于参照标准

续表

对比要素	韧性曲线		
	$D_3 \to E_3 \to R_2 \to F_2$（参照标准）	$D_1 \to E_1 \to R_1 \to F_1$	$D_2 \to E_2 \to R_2 \to F_2$
恢复事件 R 执行时刻 t_r	t_r	恢复策略明确时间较长	恢复策略明确时间较长
性能恢复速率 S_R	S_R	优于参照标准	等同于参照标准
性能恢复水平 $P(t_f)$	$P(t_{f2})$	$P(t_{f1})$劣于参照标准	$P(t_{f2})$等同于参照标准
恢复结束事件 F 时刻 t_f	t_{f2}	t_{f1}恢复时间优于参照标准	t_{f2}等同于参照标准

综合各韧性曲线要素的对比结果可以看出，相比于参照标准曲线，$D_1 \to E_1 \to R_1 \to F_1$ 曲线的抵御能力与适应能力均较差，破坏性事件出现得非常早，且系统经受了较长时间的破坏影响，对性能水平影响较大，尽管其性能恢复速率较高，但由于前期受破坏较严重，影响了决策时间与性能恢复水平；$D_2 \to E_2 \to R_2 \to F_2$ 曲线的抵御能力较差，虽然经历了较长时间的破坏影响，但性能降级速度较慢，相对的性能恢复消耗了较多的决策时间。此外，分析表明，"前位"能力水平将影响"后位"能力的发挥，即如果抵御能力较差则将对适应能力水平提出挑战，而适应能力的欠缺也会限制恢复能力的有效性。然而，从系统全过程的角度来看，系统的韧性水平不仅仅由单一维度的能力决定。在资源有限的情况下，单纯追求某一维度的属性可能会导致"长尾效应"，影响其他维度属性的提升。因此，对于系统韧性设计而言，须从系统工程思维的全局视角进行权衡分析。这样才能充分实现基于韧性三角形模型的设计工作，确保系统在面对不可预见的挑战时能够保持稳健的表现。

2.2.2 韧性与工程通用特性的关联

尽管韧性概念已经在多个领域引起了广泛关注和研究，但也存在一些不同的观点认为，韧性与现有许多概念存在重叠，并且本质上只是对这些概念的重新表述。然而，不可否认的是，在学术界，韧性已经成为一个公认的系统级非功能属性，能够有效指导系统优化设计。它能够有效整合现有典型非

装备体系韧性分析理论与技术

功能属性的优势,以确保系统功能性能的有效执行,并实现宏观的协同统筹。从这个角度来看,韧性概念的提出已经超越了原有的分散概念,赋予了它新的关键意义。

系统或体系级工程通用属性分析,如图 2.4 和表 2.6 所示,可以看出韧性概念具有更广泛的适用性。通过分析各领域学者对韧性的定义可以看出,这些定义分别适用于不同工程环境中对韧性的不同需求。综合考虑,不同领域对韧性的理解和定义也表现出一定的共性,即韧性本质上体现了体系或系统在面对干扰时的抵御能力、适应能力和恢复能力。因此,识别和评估装备体系的韧性需要综合考虑内外部因素的影响,并从装备体系对干扰的抵御、适应和恢复三个方面进行评估。

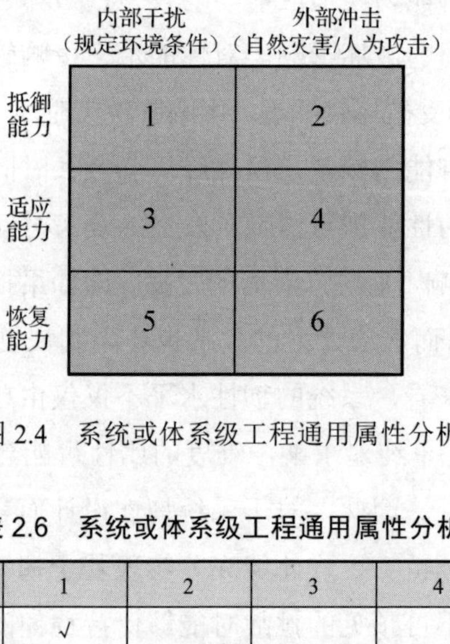

	内部干扰 (规定环境条件)	外部冲击 (自然灾害/人为攻击)
抵御能力	1	2
适应能力	3	4
恢复能力	5	6

图 2.4 系统或体系级工程通用属性分析

表 2.6 系统或体系级工程通用属性分析

属性	1	2	3	4	5	6
可靠性	√					
维修性					√	
测试性			√	√		
保障性			√		√	√
可用性	√					
脆性		√		√		
抗毁性			√		√	√
生存性		√		√		
鲁棒性						
韧性	√	√	√	√	√	√

第 2 章 装备体系韧性

在前述韧性三角形概念模型框架下，我们将韧性与系统工程领域内典型的非功能属性（六性：可靠性、测试性、维修性、保障性、环境适应性、安全性）进行对比，以进一步明确在具有工程化特性的系统工程研究中的韧性机理问题。

1. 韧性与可靠性

通常情况下，可靠性被定义为系统在规定时间和条件下，能够实现预定功能的能力。在典型的装备系统中，可靠性显得尤为重要。在韧性三角形概念模型中，系统在遭受破坏性事件之前的抵御能力被视为可靠性能力的一种体现。从这个角度来看，可靠性被认为是韧性的一个方面，综合反映了系统在面对内外部各类干扰和冲击时，避免故障或性能降级的能力。可靠性需求在系统韧性周期内的体现如图 2.5 所示。近年来，Henry、Youn 等学者在相关的韧性研究中开始重视可靠性能力的重要性。由于可以通过分析和试验等方法对系统或组件的可靠性水平进行量化评估，因此在具有工程特性的系统韧性研究中，可靠性能力显示出明显的优势。

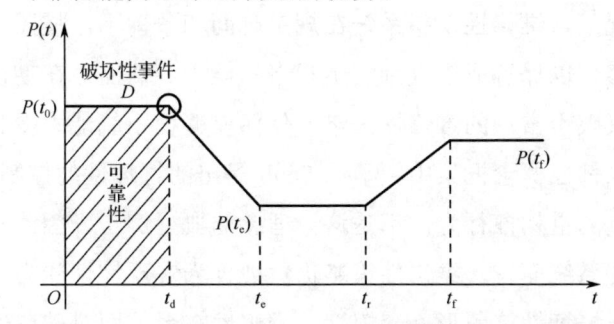

图 2.5 可靠性需求在系统韧性周期内的体现

2. 韧性与测试性

通常情况下，测试性被定义为系统能够及时、准确地确定其状态，并隔离其内部故障的能力。在韧性三角形概念模型中，尽管系统在整个韧性周期内都应具备充分的状态感知能力，但测试性的关键体现在当发生破坏性事件之后（例如组件故障）系统能够及时进行检测和隔离。Hollnagel、Sterbenz

和 Dinh 等在韧性相关研究中，均在不同程度上反映了类似的测试性需求，只是并未将其限定到"六性"能力中的测试性。因此，从这个角度出发，我们认为测试性需求应当包含在韧性能力的需求之中，并且其作用主要体现在破坏性事件发生之后的事中/适应阶段（系统适应破坏性影响的能力）。测试性需求在系统韧性周期内的体现如图 2.6 所示。

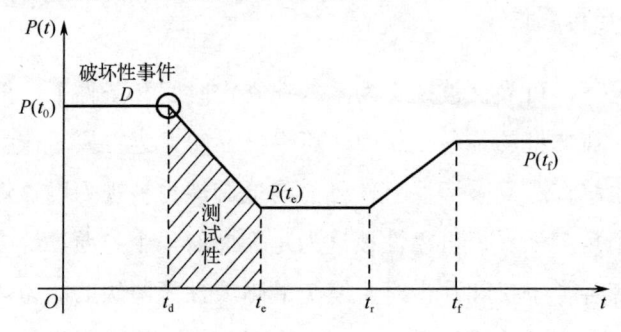

图 2.6　测试性需求在系统韧性周期内的体现

3. 韧性与维修性

通常情况下，维修性是指系统在规定时间和条件下，按照规定的程序或方法进行维修，以保持或恢复到规定状态的能力。然而，在韧性概念中，恢复能力并不仅限于常规的维修性策略，任何能够使系统能力得到恢复的行为都可以被纳入韧性概念框架中。例如，Dinh 提出的管理性的控制行为和规程，以及前面提到的重构性行为，都是这一理念的典型例子。因此，对于具有工程技术特征的系统而言，维修性策略仍然被视为实现韧性能力的重要维度和核心手段。根据韧性三角形概念模型，维修性在系统面对破坏性事件后的事后恢复阶段发挥关键作用，即影响系统从破坏性影响中恢复的能力。维修性需求在系统韧性周期内的体现如图 2.7 所示。

4. 韧性与保障性

通常情况下，保障性指系统的设计特性和计划的保障资源能够在各类任务场景下满足使用要求的能力。根据定义，保障性包含两个方面的特性：维修保障性和使用保障性，其中，维修保障性面向故障状态，使用保障性面向正常状态。在韧性三角形概念模型中，我们更倾向于将保障性归类为维修保障性的一部分，即系统能否根据特定的恢复策略有效地从破坏性事件中快速恢复。此外，保障性工作还涉及资源的储备与消耗问题，即在特定资源能力的限制下，系统的保障性能力会有所不同。相关研究提出的资源充沛性概念，也反映了类似的保障性资源能力需求。保障性需求在系统韧性周期内的体现如图 2.8 所示。

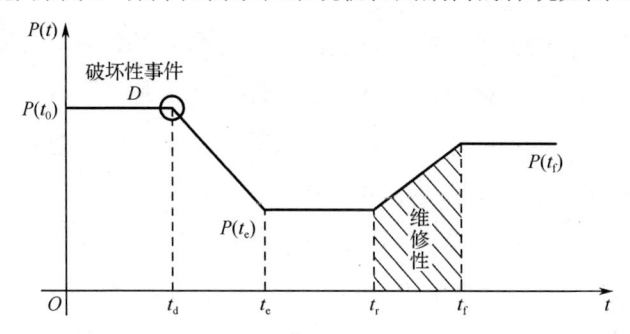

图 2.7 维修性需求在系统韧性周期内的体现

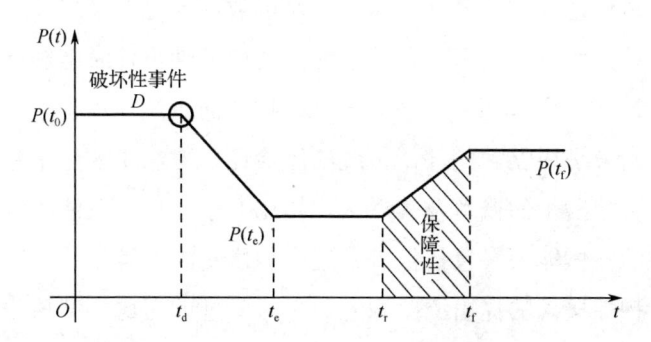

图 2.8 保障性需求在系统韧性周期内的体现

5．韧性与环境适应性

通常情况下，环境适应性是指系统在其寿命期内预计可能遇到的各种环境条件下，能够实现其所有预定功能和性能而不受损害。环境适应性概念强调的内涵与韧性非常相似。因此，根据韧性三角形概念模型，环境适应性能力与系统韧性周期内的抵御、适应和恢复是密切相关的。不同之处在于，环境适应性更加强调系统在预期的环境条件下能够实现预定功能的能力，而韧性关注的范围不仅限于外部环境的扰动或冲击，还包括内部故障的影响，以及后续一系列的规避和恢复措施。此外，环境适应性能力通常不使用定量指标来评估，而是基于系统能否在特定环境条件（如盐雾环境）下正常运行来进行评价。相比之下，韧性能力的评估则需要基于特定的量化模型。

6. 韧性与安全性

通常情况下，安全性指的是系统在操作过程中不会导致人员伤亡、不会对人员健康和环境造成危害，也不会引起设备损坏或财产损失。传统的安全性思维强调尽量规避潜在的危险条件，以降低风险。相比之下，韧性工程的理念则专注于寻找系统在遭受破坏性事件后仍能保持良好运行的能力。这是因为系统内在的安全风险通常难以完全预见和规避。此外，虽然传统的系统安全理论在系统全生命周期内进行事前分析和预防措施，但其核心仍是识别系统中的安全隐患，并采取措施控制风险，减少潜在的事故影响。即其重点仍在破坏性事件发生前的系列工作，而对事故后的应对策略关注相对较少。

从韧性的角度看，安全性是系统在面对破坏性事件时能够继续正常运行的一种动态特征。换言之，一个具备良好韧性的系统往往也具备较高的安全性，但反之则未必成立。此外，传统的风险评价方法主要用来分析潜在的危险性事件或事故发生的概率及其后果。相比之下，韧性关注的则是系统抵御破坏性事件的整体能力（包括抵御、适应和恢复能力等）。

总之，韧性概念的提出主要源于对风险管理的考虑，其核心目的在于控制风险，确保系统安全有效地运行。韧性概念为理解和分析系统安全及风险管理问题提供了一种新的视角。

2.3 复杂装备系统韧性与评价方法

2.3.1 复杂装备系统韧性

目前，国内外学者普遍认同"韧性"作为系统级能力属性的存在。在对

第 2 章 装备体系韧性

韧性概念的探讨中，存在广泛化的定义方式，同时也有特定的理论模型，例如 Bruneau 等人基于民用基础设施韧性损失三角模型提出的四维韧性概念模型。在这个模型中，资源充沛性与冗余性被视为提升系统韧性的关键手段，而鲁棒性和迅捷性则被看作是衡量韧性提升效果的途径，这些都对于实际应用韧性概念起到了重要推动作用。

目前大多数韧性概念强调其在应对系统复杂性及安全风险管理中的作用，进而将韧性归纳为"系统适应、吸收干扰的能力"或者"系统维持在功能界限内的能力"。换言之，系统在应对风险变量（例如压力或扰动）时的适应性能力备受重视。然而，关于适应能力的研究侧重点存在一定的差异，主要可以分为以下三类：

（1）强调韧性与任务或功能成功实现的联系。

许多文献认为，韧性与任务或功能的成功实现密切相关，这一观点常常源自 Rasmussen 的性能包络理论。例如，Costella 将韧性定义为"在面对故障、危险、权衡和多目标环境下，帮助系统实现安全性目标"的能力；而 Shirali 则将韧性视为"在压力下帮助人们应对复杂性并取得成功"的方式。将系统韧性与任务或功能的成功实现紧密联系具有理论基础，并且在各种韧性概念的定义中都可以找到其对保障任务或功能成功实现的强调。这些观点不仅丰富了人们对韧性概念的理解，也有助于进一步探索韧性在不同领域应用的可能性和实际效果。

（2）强调扰动或压力。

强调对扰动或压力的韧性研究基本上遵循了 Hollnagel 对韧性的定义方式，即系统适应或吸收扰动、破坏或变化的能力。这些研究在关注扰动特性的基础上对韧性特性进行深入研究。例如，Cornelissen 强调了扰动变量与性能变量之间的关系；Nemeth 将韧性与控制进行了区分，强调韧性是在系统超出正常运作范围后展现出的一种适应性能力。这些核心观点认为，在进行系统韧性研究时，首先应对可能引发系统韧性反应的各类（破坏性）事件进行系统梳理与分析，进而基于这些事件的特性研究和分析系统的韧性行为。

（3）强调把韧性作为一个规范性的系统框架。

此外，与前述侧重点不同，韧性也可作为一个规范性的系统架构来强调，认为系统的韧性属性应作为一种顶层规范，通过分解和设计各种韧性要素，可以实现系统的整体韧性能力。例如，Paltrinieri 将韧性归纳为 9 类指标属性；Johnsen 采用一种规划性的架构在组织的不同层级中提升韧性。这种观点进一步强调了韧性是一种系统级属性，并为如何进行韧性设计提供了指导方向。

系统韧性概念的定义过程反映了研究者在特定环境背景下分析特定对象时的不同侧重点，但其最终目标仍是指导如何将重要的韧性属性设计融入所分析的系统中。这也是"韧性工程"的核心所在，即在明确定义适合研究系统的韧性概念基础上，研究如何构建合适的韧性量化模型，通过设计、分析、评估、决策等过程，系统地构建系统韧性能力。

以上三类侧重点都为本书对韧性机理的研究提供了重要的参考。首先，任务或功能成功实现是系统的根本使命。因此，针对韧性机理的研究，需要面向任务或功能执行的全过程，分析系统在潜在破坏性事件影响下的典型行为阶段。必须明确在每个阶段采用何种韧性能力或措施，以有效规避影响、降低风险，保障任务或功能成功实现，并分析如何评估韧性能力的作用水平。其次，扰动或压力是影响系统任务或功能成功实现的核心威胁，因此韧性机理研究也必然与之紧密结合，应充分明确扰动或压力的影响形式，以此为基础规划韧性能力的设计和评估方法。最后，将所规划的韧性能力整合为一个统一的系统框架，实现从系统级出发、面向系统运行全过程的韧性能力设计。

2.3.2 复杂装备系统韧性建模评价

系统韧性评价方法可以分为定性评价、半定量评价和定量评价方法，其中定性评价方法多从概念角度出发对韧性进行定义与识别，而定量评价方法则深入系统内部特性，以数学公式或量化指标来体现韧性属性。

1. 定性评价

定性评价方法在进行韧性分析时不依赖具体数据，而是通过明确韧性研究的概念框架和分析韧性的影响要素对系统或社区的韧性进行定性分析。这

第 2 章 装备体系韧性

种方法目前广泛应用于社会生态系统和基础设施体系的韧性分析。例如，Uda 和 Kennedy 提出了一个用于分析社区或城市韧性的定性评估框架，并按照下述步骤对社区或城市进行韧性评估：①确定社区保持运行的基本需求；②确定社区可能面临的经济、技术、政治和社会环境等风险类型；③预测风险对社区可能造成的影响，并明确预防方案或最大化降低风险影响的行动方案；④若无法规避风险，则提前制定处理风险影响的应急预案。

Baek 等人提出了评估社区韧性的社会技术框架，旨在通过设计技术系统来提升社会系统的韧性。他们对米兰的一个农场进行了可行性分析与验证，并通过生产者协作网络分析诊断了其韧性，并制定了相应的改进策略。基于此，韧性联盟建立了一个通用的社会生态系统韧性评估框架，该框架包括以下 7 个步骤：①定义与了解评估对象；②明确韧性评估的范围与边界；③明确系统驱动力与内外部干扰；④识别系统关键要素，包括人员与管理；⑤建立必要的恢复活动的概念模型；⑥实施第⑤步，并向决策者汇报；⑦整合先前步骤的发现。

Labaka 等人通过与多个管理组织合作，提出了一个综合的韧性框架，包括内部韧性和外部韧性的韧性策略及子策略。Sterbenz 等人建立了面向通信网络的韧性与生存性分析框架，对韧性学科进行了深入研究，结果显示抵御、检测、诊断、改善和恢复等是影响韧性的主要因素。Bruyelle 等人更加关注行为管理与技术解决方案，以此提高大规模运输系统在面临炸弹袭击情况下的韧性。Patterson 等人进一步明确了实现药物输送系统韧性的三个关键要素：①先进的信息可视化技术；②基于场景的治疗与评估方案；③以需求为牵引的团队合作。

综上所述，定性评价研究从关注特定领域的概念框架，逐步转向关注通用的系统韧性评估框架与流程管理，以及技术解决方案的研究与应用。

2. 半定量评价

半定量评价是指通过主观获取数据来进行韧性评价的方法。这种评价通常涉及分析多个韧性属性和维度，以明确影响韧性的因素。评估过程包括利用问卷调查或专家评分，对各韧性要素或维度进行评分，最终构建模糊数学或综合评价模型来评估韧性。

Fox-Lent 等人在 2015 年提出了韧性矩阵方法，用于评估社区的韧性。韧性矩阵为韧性度量提供了一个框架，首先由利益攸关方选择系统指标与关键功能，然后根据韧性破坏事件的发展阶段进行评估，允许使用定性和定量数据。此外，韧性矩阵还可以与其他方法结合，将不同的度量指标整合到框架中，以充分利用各种韧性评估方法的优势。

Cutter 等人将社区韧性指标分解为生态、经济、基础设施、社会、社区资产和公共机构 6 个维度，并在各个维度下定义了面向自然灾害的 36 个社区韧性变量。他们通过政府提供的数据对每个变量赋予 0～100 的分数，并计算各变量的平均值，从而得到每个维度的评分，最后利用所有维度的分数求得社区的整体韧性评分。

Patriarca 将组织韧性描述为监测、响应、学习和预测四个类别的组合。他结合韧性分析网格和层次分析法，开发了一个半定量韧性分析框架，用于评估复杂社会技术系统中的组织韧性。他还建立了一个结构框架，定义和衡量不同层次的韧性配置，以帮助识别系统的优势和改进空间，提高系统的适应能力。

总体而言，半定量评价通过对韧性属性和影响因素进行赋分和建模统计，使韧性评估结果更加直观、明确和便于应用。然而，评价结果往往受评估者主观意愿影响较大。

3. 定量评价

韧性定量评价方法通过构建系统或体系的韧性量化指标或结构模型，并利用实际数据或仿真得到的数据对韧性进行量化。这种方法能够通过通用韧性指标和基于结构模型的两种方式，直观地展示韧性评价结果，并有助于分析和比较同类系统的韧性。

Henry 和 Ramirez-Marquez 提出了一种经典韧性过程系统状态转移图，如图 2.9 所示，揭示了系统在遭遇破坏性事件（干扰事件）的事前、事中、事后的抵御、适应和恢复过程，详细展现了系统的韧性过程。他们将系统韧性定义为一个与时间相关的函数 $\boldsymbol{Я}(t)$，并给出了韧性的计算公式。在已知系统性能函数 $F(t)$ 情况下，利用系统状态转移过程对韧性进行量化，并根据系统性能状态变化将韧性过程分为三个阶段：

抵御阶段：从 t_0 开始到 t_d 阶段，系统处于稳定工作状态、性能保持初始状态不变。

适应阶段：从 t_d 开始到 t_r 阶段，系统遭遇干扰事件后，性能会短期降低，随后系统适应干扰的影响，最终稳定在一个新的状态下。

恢复阶段：从 t_r 开始到 t_f 阶段，系统在适应干扰后采取恢复措施，性能可能恢复到初始水平或略低于初始水平，最终达到新的稳定状态。

针对此韧性过程，Henry 和 Ramirez-Marquez 提出了以下韧性度量公式：

$$\boldsymbol{Я}_F(t_r|e_j) = \frac{F(t_r|e_j) - F(t_d|e_j)}{F(t_0) - F(t_d|e_j)}, \quad \forall e_j \in D \tag{2-1}$$

式中，$\boldsymbol{Я}_F(t_r|e_j)$ 表示在 t 时刻系统所具有的韧性，$F(t_r|e_j)$ 表示在破坏性事件 e_j 影响下，系统在 t_r 时刻的性能，$F(t_0)$ 表示系统在初始运行时刻的性能，D 表示破坏性事件集合。

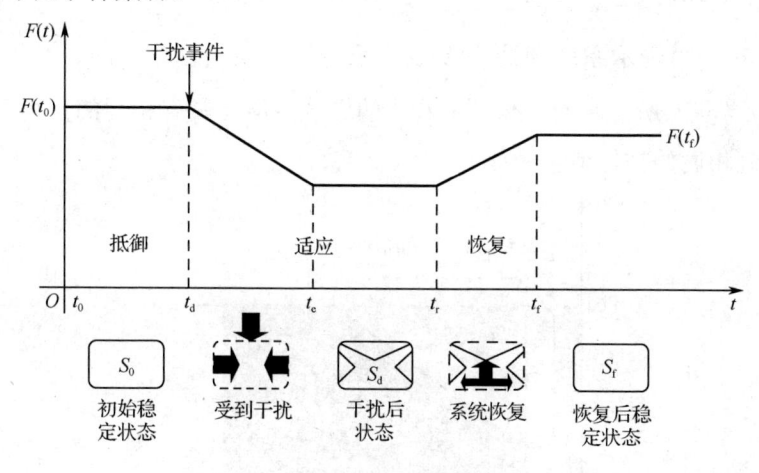

图 2.9 经典韧性过程系统状态转移图

Bruneau 等人在 2003 年提出了一种韧性三角形模型，如图 2.10 所示。该模型基于韧性三角形模型定义了民用基础设施韧性的鲁棒性、迅捷性、资源充沛性和冗余性等四个特性，并提出了一种韧性的确定性静态度量方法，用于评估社区韧性在面临地震发生时的损失。目前，该模型也已经被广泛应用于复杂交通网络韧性、组织结构韧性等多个领域。

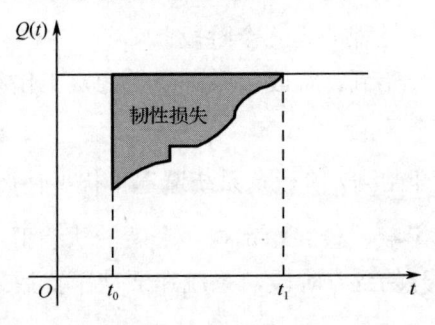

图 2.10　韧性三角形模型

随后，Zobel 等人对原有的韧性三角形模型进行了扩展，提出了单次灾难性事件韧性三角形扩展模型，如图 2.11 中所示。当系统恢复速率呈线性变化时，图 2.11 中的三角形区域面积表示系统随时间变化的韧性损失量，可通过计算在时间间隔$[0, T^*]$内的性能损失百分比来计算韧性，具体如下：

$$R(X, T) = \frac{T^* - XT/2}{T^*} = 1 - \frac{XT}{2T^*}, \quad X \in [0,1], \quad T \in [0, T^*] \tag{2-2}$$

式中，$R(X, T)$表示系统韧性，X表示系统性能损失百分比，T表示系统恢复"正常"状态所需时间，不同X和T的组合可能会具有相同的三角形面积，即可得到相同的韧性值。

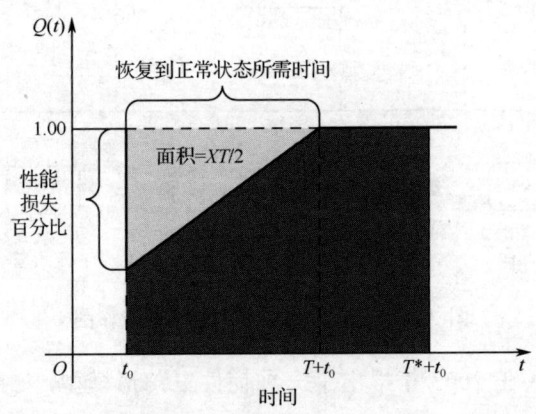

图 2.11　单次灾难性事件韧性三角形扩展模型

第 2 章　装备体系韧性

另外，Henry 等人提出的与时间相关的可量化韧性度量方法对应一个特定的度量图，并且能够在破坏性事件发生后评估特定时间段内的系统韧性。Dessavre 等人开发了新的韧性模型和可视化分析工具，通过扩展现有的时间相关韧性功能，显著提高了对复杂系统韧性行为的表征能力。Hosseini 等人利用静态贝叶斯网络模拟基础设施的韧性，并以内陆水路港口为案例验证了他们提出的方法的正确性和有效性。

冯强等人提出了一种考虑内部退化和外部冲击的基于元结构的韧性设计方法。该方法首先提出了基于系统附加性能的韧性度量方法，随后引入了一个一级元结构和两个二级元结构，分别对同构和异构系统单元进行了韧性建模。在提出直接影响韧性的设计因素的同时，他们还提出了元结构韧性评价的方法。

Francis 和 Bekera 对韧性的各种定义和评估方法进行了综述，并提出了一种韧性分析指标和框架，其中包含三种韧性能力，即自适应能力、吸收干扰能力和可恢复能力。其中，动态韧性评价指标为

$$\rho_i(S_p, F_r, F_d, F_0) = S_p \frac{F_r}{F_0} \frac{F_d}{F_0} \tag{2-3}$$

其中，

$$S_p = \begin{cases} \left(\dfrac{t_\delta}{t_r^*}\right) \exp[-a(t_r - t_r^*)], & t_r \geq t_r^* \\ \dfrac{t_\delta}{t_r^*}, & t_r < t_r^* \end{cases} \tag{2-4}$$

式中，S_p 为恢复速率因子，F_0 为初始稳态性能水平，F_d 为系统遭遇干扰后的性能水平，F_r 为系统恢复到新稳态的性能水平，$\dfrac{F_r}{F_0}$ 表示系统自适应能力，$\dfrac{F_d}{F_0}$ 表示系统吸收干扰能力，a 为控制衰减参数，t_δ 为系统遭遇干扰后最大可接受恢复时间，t_r 为最终恢复至稳态的时间，t_r^* 为完成初始恢复措施时间。

2.4 装备体系韧性内涵

在现代化军事作战中，随着以网络为中心的自同步指挥控制等工程技术的逐步应用，体系中各装备通过网络数据和通信系统实现互联、互通、互操作，实现了体系的网络化、协同化作战。其中，以"资源共享与信息融合"为核心的装备体系在遭受内外部干扰时，通过动态重构调整资源使用和配置模式，以保持继续完成任务使命的能力。因此，现阶段迫切需要研究装备体系韧性建模、评估和管理方法，使得装备体系不仅具备一定的作战效能，还具有动态重构的韧性恢复能力。举例来说，美军某类海上作战体系，由航空母舰、濒海战斗舰、无人水面舰艇、无人驾驶飞行器和直升机等系统组成，这些系统协同工作以探测并消灭敌方目标，如敌船、潜艇和鱼雷等。同时，该体系的每个组成系统都可以执行一个或多个功能，并通过系统之间的协作实现更高级别的功能。此外，装备体系的信息与资源共享特性使其具备在一定干扰下继续执行作战任务使命的能力，即在面临干扰时，体系组成系统具有进行自组织、自适应、自恢复的动态重构能力。

随着体系规模的增长和复杂性的提升，越来越多的研究人员开始关注开发工程韧性体系的方法。例如，美国国防部将工程韧性体系研究确定为战略投资优先事项，并将其纳入2013—2017年计划目标的一部分。此外，系统工程国际委员会成立了专门的韧性体系工作组，旨在通过体系工程实践推动韧性相关研究的发展。在这一研究背景下，尽管装备体系韧性的相关研究正在迅速发展，但已发表的文献研究成果显示，目前对装备体系韧性的定义、识别、评估和实现方法仍处于初级阶段。

2.4.1 体系韧性

作为对干扰做出反应并从干扰中恢复的能力，韧性因其重要性已成为众多领域研究的焦点。然而，由于体系结构的复杂性及其受到的内外部干扰因素众多，解决体系韧性问题仍然是一项巨大的挑战。尽管体系的韧性与其组成系统及其可靠性密切相关，传统的可靠性和风险评估方法却无法全面量化体系的韧性。

近年来，许多综述性文章讨论并总结了体系的韧性及其他相关特性。Uday 和 Marais 综述了体系韧性的设计度量和方法，详细列出了与体系韧性相关的几个研究热点问题，并指出了韧性与其他系统特性之间的差异。他们还提出了解决体系韧性问题的可靠性和风险评估方法，并探讨了多学科交叉领域研究如何指导体系韧性设计的最新进展。此外，他们还提出了一种根据组成系统对体系性能影响进行排序的方法，以更有效地整合各种异构系统以实现共同目标。

Engell 等人对信息物理体系技术进行了调研，并通过与工业界和学术界专家的深入讨论，确定了未来十年内关于 CPS 体系的三个核心研究和创新领域：①分布式、可靠、高效的 CPS 体系管理；②CPS 体系持续有效运行的工程设计；③CPS 体系认知，并给出初步研究的结论和建议。

Eusgeld 等人对相互依赖的关键基础设施体系进行了建模和描述，从系统级到体系级详细描述了关键基础设施，利用先进的建模和仿真技术对其进行了评估。Harvey 和 Stanton 在现有学术定义的基础上总结和讨论了体系的十个安全关键挑战，并以装备体系的"鹰式喷气导弹仿真作战活动"研究为例，详细探讨了这些关键挑战。

Mansouri 将海上运输系统定义为一个由相互依赖的组成系统集成的体系，并应用系统工具更有效地理解系统之间的相互依赖特性；在此基础上，还对海上运输系统的韧性和安全性进行了研究。

Madni 和 Sievers 总结了体系的一些独有特性，并研究了体系集成的关键因素与挑战。Ayyub 在社会技术体系韧性研究中，基于风险分析和管理的概念提出了成本—收益分析和体系评估方法。

Filippini 和 Silva 以基础设施体系为研究对象，根据组成部件之间的功能关系对体系进行了韧性评估及体系中的关键与脆弱部件识别，并模拟了系统对故障传播的响应，以检验其处理故障和恢复的能力。Ed-daoui 等人将韧性评估作为体系安全风险评估的基础，提出了风险监控设计和结构分析方法。

华中科技大学的洪流和欧阳敏等人，通过评估关键基础设施在自然环境灾害下的体系韧性，展开了相关研究和优化方案探讨。例如，通过分析谢尔比地区地震灾害后电路网络的韧性，设计了相关优化加固方案来减轻地震对电网的影响。同时，通过对公共交通体系建立脆弱性分析框架，开展在地震或洪水威胁下中国铁路体系的脆弱性相关研究。

美国国防部认为韧性是"抵御/抵抗/吸收能力、恢复能力、适应能力和广泛适用性"四个属性的体现，前三个属性与装备系统韧性观点一致，而第四个属性则揭示了美国国防部对其设备在不同环境下运行的要求。尽管美国国防部提出的韧性概念在理论上符合韧性工程的本质，但实际上，广泛适用性的涉及范围已经远远超出了工程应用领域的系统韧性要求。由此可见，随着体系的复杂性和互连性的增强，度量和提升体系韧性对体系安全和持续有效提供服务而言至关重要。

2.4.2 装备体系韧性概念

装备体系是具有典型动态重构特征的体系，随着其规模和能力需求的增加，对组成系统的功能需求也在不断提升。随着装备体系各组件资源支撑对象的增多，以及系统状态空间的显著扩展，其各功能和资源之间的关联关系变得更加复杂。在系统工程或体系工程研究领域，动态重构被视为一种软硬件冗余技术的延伸，即通过不同的体系结构和接口的重组能力，以保障系统或体系在面对干扰时的容错和恢复能力。随着对动态重构技术的深入研究，越来越多的系统或者体系被发现具备这种能力，它们能够在面对自身故障、失效或遭受人为、有意或恶意攻击等情况时，通过动态重构重新配置资源和能力，从而在干扰情况下维持持续、有效的运行，并完成任务使命。因此，动态重构可以说是装备体系通过调整自身资源配置以应对故障或干扰的动态响应机制，也是装备体系实现韧性的关键手段之一。

综上所述，动态重构可以被定义为：体系或系统通过调整其自身资源和结构配置来响应环境中不同情况，以改变其状态的能力。

动态重构定义中的环境条件变化可以理解为体系的规定时间、规定条件、规定任务及战场环境等的变化。将动态重构作为装备体系韧性研究的起点，分析装备体系在动态重构下的韧性变化。韧性主要源于体系的组织和拓扑结构属性，它有助于体系规避致命损害、在扰动中存活、从故障和失效中恢复，从而继续完成体系的任务使命。因此，装备体系的韧性本质上表现为其在遭受内外部干扰后的动态重构能力。根据装备体系结构特征和韧性机理，对装备体系韧性的定义如下：

在遭受内部干扰（系统或设备自身的故障、失效）和外部干扰（人为的、有目的的恶意攻击及环境条件变化）的情况下，装备体系能够通过动态重构调整资源配置模式，以维持持续完成任务使命的能力。

2.4.3 装备体系重构策略

由于装备体系具备资源共享特性，可重构的装备体系结构能够通过调整各平台的资源配置模式来应对不同类型和强度的外部干扰。当前阶段，对于体系重构策略的研究主要集中在重构策略及其约束条件（如经济和技术）等方面。

首先，在装备体系遭受重度损伤时，例如侦察探测系统、指控系统和武器系统等作战资源失效的情况下，由于装备体系的资源共享特性，各平台的作战资源可以相互补充。因此，可以采用降级使用的重构策略对装备体系的作战资源进行重构，以确保这些资源能够维持所需的性能水平，并保持其关键的作战能力。

其次，当装备体系遭遇致命损伤，导致单个或多个数据链通信系统或平台节点完全失效，丧失了协同作战能力时，相关平台需退出编队作战体系。在此情况下，需要通过地面基站进行结构重组的重构策略，重新构建通信协议并重新连接现有作战节点的数据链网络，或增加新的或已修复的作战平台节点，从而形成新的编队协同作战网，实现对装备体系网络的重构。

装备体系韧性分析理论与技术

资源层内所有感知与火力打击节点均围绕顶层任务进行多层决策,因此,一旦杀伤链中的某个节点遭到破坏,其决策机制能够快速反应,立即组织其他功能相似的节点进行重构,以形成新的杀伤链来对目标进行打击。基于这一分析,我们从装备体系的耦合拓扑和任务需求的角度提出了四类重构策略。

重构策略Ⅰ:平台内重构。当平台内节点失效时,同一平台内的同类节点可进行协同重构,这种策略允许体系在失效情况下进行降级使用,以保持在任务基线之上,该策略通常作用在图2.9所示的区间$[t_d, t_e]$内。

重构策略Ⅱ:平台间重构。当平台i内节点v_i失效时,相邻平台的同类节点可通过数据链进行协同作战,该策略允许体系在失效情况下进行降级使用,以保持在任务基线之上。该策略通常作用在图2.9所示的区间$[t_e, t_r]$内。

重构策略Ⅲ:修复或新增节点重构。当节点v_i失效时,可通过修复失效节点或新增节点进行重构,使平台恢复至完好状态。然而,这种策略可能会消耗额外的资源和费用,通常作用在图2.9所示的区间$[t_r, t_f]$内。

重构策略Ⅰ至Ⅲ为基于规则的体系动态重构策略,如图2.12所示。

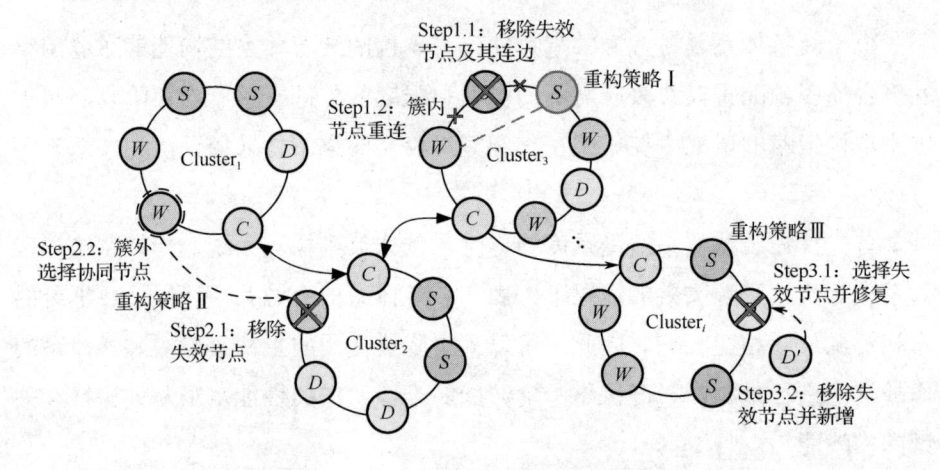

图 2.12 基于规则的体系动态重构策略

重构策略Ⅳ:基于任务时序逻辑的体系任务重构。根据顶层任务和战场态势变化,利用实时在线任务规划对体系拓扑结构进行调整,从而形成新的体系杀伤网。

2.5 本章小结

本章介绍了韧性理论的基础部分，包括以下内容：首先，总结和描述了韧性及韧性工程的核心概念，深入分析并概括了韧性的产生机理和其表现形式，并提出了韧性三角形模型。其次，详细阐述了韧性与其他工程通用特性的区别与联系。最后，分别探讨了复杂装备系统韧性与评价方法以及装备体系的韧性内涵。

第 3 章

复杂装备系统韧性分析与优化设计

第3章 复杂装备系统韧性分析与优化设计

复杂装备系统的韧性是指其在面对各种变化和破坏性事件威胁时,在事件发生之前、之中、之后能够识别、适应和吸收影响的能力。当前基于韧性理论的可靠性与风险管理方法主要依赖于建立符合系统特征的量化模型。然而,现有的韧性量化方法多以系统某一性能指标作为度量标准,缺乏对系统结构组成等其他要素的全面考量。考虑到复杂装备系统的工程化特征,仅从性能指标角度难以实现韧性能力的有效设计。

本章结合复杂装备系统在工程技术领域的应用背景,首先,分析了面向复杂装备系统的韧性要素;其次,基于韧性三角形概念模型提出了符合工程化特征的复杂装备系统韧性量化模型;最后,介绍了韧性驱动的复杂装备系统优化设计方法及资源配置优化方法,并给出了典型综合化复杂装备系统资源配置优化示例。

本章提出的以生存概率、时间迅捷性、预算成本为核心的复杂装备系统韧性多目标优化方法可权衡指导系统韧性的设计与优化。

3.1 面向复杂装备系统的韧性要素分析

韧性三角形模型属于韧性的概念性模型,可以不失一般性地从系统运行的三个阶段来分析和规划系统韧性能力。然而,在研究面向装备系统的韧性时,必须更进一步明确韧性能力的组成元素,即韧性要素。因此,本节基于韧性三角形概念模型开展面向复杂装备系统的韧性要素分析,为形成面向装备系统的韧性量化模型奠定基础。

韧性要素被定义为韧性能力的组成元素,是影响系统韧性能力的最基本元素。目前的韧性研究多从系统级的单一性能指标入手,并以系统遭受破坏性影响之后的性能损失作为评价标准。尽管这种方法可以从宏观角度客观评估系统韧性,但由于缺乏对影响系统性能的基础要素的深入分析,因此这种方法仅限于评估系统的韧性水平,而对提升和改善系统韧性能力有所不足。因此,进行韧性要素分析具有重要意义。

根据韧性三角形模型所规划的三方面能力:抵御能力、适应能力、恢复能力，在工程技术系统背景下，韧性要素主要包含以下四类：结构要素、随机要素、时间要素、成本要素。因此，本节将从这四个方面对韧性要素进行详细分析，并在此基础上制定各韧性要素的核心指标。

1）结构要素

系统的组织结构形式在很大程度上决定了系统的韧性水平。举例来说，典型的串联和并联结构可能对系统的抵御能力产生不同影响。在面对相同的破坏性事件时，串联系统由于某一关键组件失效可能导致整个系统彻底失效；而并联系统则能够在某些组件失效的情况下继续以降级状态运行。因此，在某种程度上，并联系统在抵御能力这一维度上具有先天的优势。然而，常规的系统通常是串并联混合的，因此需要在适应能力、恢复能力维度进行强化。

对于适应能力维度而言，需要从结构方面考虑故障检测传感器的部署配置等工作，以实现对潜在破坏性事件的检测、诊断和隔离。同时，系统的组织关联结构为故障的传播、扩散提供了潜在的路径，一般认为，"高内聚、低耦合"的设计有助于抑制故障传播，但这可能与系统综合性的要求相矛盾，因此在构建系统架构时必须充分分析潜在的风险并进行优化权衡。

对于恢复能力维度而言，首先，从结构方面需要考虑冗余备件的配置问题，如将冗余备件配置到什么位置、配置多少冗余备件等；其次，对于基于重构的恢复能力而言，如何在现有结构框架下重新配置功能和资源关系，也是需要重点研究的问题。

系统的结构形式直接影响设计结果，是系统设计工作中韧性考量的核心。然而，评估结构要素的优劣需要进一步结合其他韧性要素进行分析和量化，以便提供可供决策的数值结果反馈。

2）随机要素

从韧性的角度来看，当系统遭受破坏性事件影响后，系统能够安全有效地继续运行存在一定的随机性。这意味着，如果系统的韧性能力不足，它可能只能以一定的概率成功完成预期的任务剖面。

分析系统全过程的各阶段，首先，系统遭受破坏性事件本身具有一定的随机性。系统在运行过程中可能会出现随机故障，同时外界环境的扰动频率和程度也具有不确定性特征。其次，当破坏性事件发生后，系统可能面临难

第 3 章 复杂装备系统韧性分析与优化设计

以及时发现和定位破坏源的问题。这表明系统的故障诊断和检测能力也受到随机性影响。此外，系统恢复工作的成功概率也是随机的。

这些随机要素通常可以根据经验以概率（分布）的形式进行描述，然而，由于所依据的经验通常存在局限性，因此应辅以对不确定性的描述。正如 Terje Aven 的风险理论所指出的，虽然概率可以相对直观地量化随机事件在某段时间或区域内的发生频率，但具体概率水平的确定通常涉及多种前提假设和经验简化。这些因素均将导致概率确定的主观性，需要在具体工作中予以说明。

3）时间要素

时间要素的主要作用是表征各韧性能力中与时间相关的属性，如故障定位时间、系统重构时间等，这些时间要素直接反映了系统在各个韧性阶段中的韧性能力水平。韧性工程的一个关键目标是确保系统在遭受各类破坏性事件后能够持续有效运行。具有良好韧性的系统不会让其性能长时间处于低水平，因此这些时间要素成为影响韧性能力的关键因素，在韧性的量化和评估过程中应予以重视。

4）成本要素

如同任何技术应用都需要相应的成本投入一样，成本要素在韧性能力分析中也是至关重要的一环。尽管先进技术能显著提升系统的韧性能力，但在客观条件下，系统资源的配置不可避免地需要进行费效比的权衡。在工程技术领域，特别是在市场经济驱动的民营企业中，费效比的权衡工作至关重要，它直接决定了产品在市场竞争中的地位。

在很多安全关键产品的设计工作中，通常会优先考虑确保产品具有足够的安全裕度，即使这可能需要更多的成本投入。然而，任何工作都可能存在"长尾效应"，因此费效比分析仍是决策制定中的关键环节。

需要强调的是，系统中各个韧性要素通常会相互制约。例如，为了提升系统的故障检测率和降低重构时间，往往需要增加系统结构设计的成本投入。因此，系统设计成本与效能的权衡工作成为一个多目标规划问题，需要建立合适的数学模型，有效分析各个韧性要素之间的关联关系，以及它们对系统整体韧性的影响模式。这种综合分析有助于形成有效的系统韧性评估方法，从而支持系统韧性的评估和优化工作。

3.2 复杂装备系统韧性量化模型

针对系统韧性要素的分析明确了系统韧性设计的切入点,但尚未形成可以量化的韧性指标。本节考虑了系统运行全过程中各个阶段的韧性要素作用,建立了以生存概率、时间迅捷性、预算成本为量化指标的系统韧性量化模型。这三个指标分别体现了随机要素、时间要素、成本要素的核心关注点,同时充分结合了韧性三角形概念模型框架确保量化模型的一致性和完整性。此外,需要说明的是,系统的结构要素是系统设计的综合性结果,并且受韧性量化结果影响。因此,在韧性四要素中,随机要素、时间要素、成本要素将共同决定结构要素的形式。

3.2.1 系统韧性量化指标——生存概率

生存概率(Survival Probability)的概念源自生物和医学领域,用于评估某个时间段开始时存活的个体,在该时间段结束时仍然存活的可能性。在装备系统中,生存概率可用来衡量系统或产品在特定环境冲击或扰动影响下,在整个运行过程中仍能有效发挥功能,完成其任务使命的概率水平。这一观点与系统韧性的概念紧密相关,即系统在面对破坏性事件影响时,仍能持续有效运行的能力。因此,通过生存概率来量化系统的韧性在概念上具有较强的合理性。

在前文对面向系统全任务过程的韧性机理分析的基础上,基于生存概率的韧性量化也就是对系统抵御能力、适应能力和恢复能力的一种概率性考量。

对于装备系统而言,抵御能力通常可由综合化的可靠性能力进行表征,即系统自身抵御破坏性事件影响,并使系统性能水平维持在安全边界之上的能力。所以,系统的抵御能力可以通过一个概率性参数 r(单元可靠度)进行量化,并且可以以统计的方式表示为

第3章 复杂装备系统韧性分析与优化设计

$$r = \frac{N_P - N}{N_P} \times 100\% \tag{3-1}$$

式中，N_P 为单位时间内系统内可能发生的故障总数，N 则表示在此段时间内系统内实际发生的故障数。

对于系统的适应能力，在装备系统中体现为系统抵御故障失败后，对故障进行有效检测和隔离的一种故障诊断能力。根据定义，故障诊断是指利用各类检测和测试技术，基于系统状态信息，对系统故障状态进行综合分析和确认的过程。通常，故障诊断 E_D 可以分为故障检测 E_{DD} 和故障隔离 E_{DI} 两个环节，其概率关系为

$$P(E_D) = P(E_{DD} \cap E_{DI}) \tag{3-2}$$

式中，故障检测是分析和判断系统内是否存在故障的过程，通常以故障检测率（Fault Detection Rate，FDR）作为衡量指标；而故障隔离则是在故障检测的基础上，进一步对故障发生位置进行确认的过程，通常以故障隔离率（Fault Isolation Rate，FIR）作为衡量指标。但总体上，可以通过一个综合化的概率性参数 ρ 对系统的故障诊断能力进行量化，从而综合评估系统在面对破坏性事件影响时的适应水平：

$$\rho = \frac{N_D}{N} \times 100\% \tag{3-3}$$

式中，N_D 表示在单位时间内，系统或单元正确检测并定位的故障数，N 则表示在此段时间内系统或单元实际发生的故障总数。

在装备系统中，系统的恢复能力是在系统成功诊断故障后，对故障进行有效修复并恢复其性能水平的能力。根据定义，故障恢复是指在确定系统出现故障后（一个有效的故障检测、故障隔离事件 $E_{DD} \cap E_{DI}$），利用各类技术、资源对故障进行恢复和处理，以保持系统规定状态的过程。通常，故障恢复 E_{Re} 可根据实际条件分为维修 E_M 和重构 E_{RC} 两种策略，其概率关系为

$$P(E_{Re}) = P(E_M \cup E_{RC}) \tag{3-4}$$

当以一个综合化的概率性参数 γ 来度量维修或重构事件的成功率时，可将系统的故障恢复能力定义为

$$\gamma = \frac{N_{Re}}{N_D} \times 100\% \tag{3-5}$$

式中，N_{Re} 表示在单位时间内，系统或单元正确恢复的故障数，N_D 表示系统或单元所检测并定位的故障数。

综上，在完成系统抵御能力、适应能力、恢复能力的概率考量之后，即可形成系统韧性量化指标——生存概率的度量公式：

$$\Psi(\text{resilience}, SP) = r + (1-r) \cdot (\rho * \zeta_a) \cdot (\gamma * \zeta_{re}) \tag{3-6}$$

由式（3-6）可以看出，系统的韧性能力虽然可从三个维度进行概念解读，但又可进一步分为两个方面，即系统前摄性"破坏抵御能力"r，和系统反应性"破坏应对能力"$(1-r) \cdot (\rho * \zeta_a) \cdot (\gamma * \zeta_{re})$，即在系统自身抵御破坏失败后通过适应、恢复仍使系统性能保持在可接受水平之上。值得注意的是，基于生存概率的韧性量化维度一方面反映了纯生存概率的属性（r、ρ、γ 因子），另外一方面也涵盖了如图 3.1 所示的对系统性能水平下降的考量（ζ_a 为适应因子、ζ_{re} 为恢复因子）：

$$\begin{aligned} \zeta_a &= \frac{P(t_0) - P(t_e)}{P(t_0)} \times 100\% \\ \zeta_{re} &= \frac{P(t_f) - P(t_e)}{P(t_0)} \times 100\% \end{aligned} \tag{3-7}$$

式中，$P(t_0)$ 代表系统原始性能水平，$P(t_e)$ 代表系统遭受破坏后的性能降级水平，$P(t_f)$ 代表系统恢复之后的性能最终水平。需要指出的是，对性能 $P(t)$ 的度量需要结合具体系统特征选择合适的指标（如网络化系统的连通率、传输效能等），而对于某些只以生存概率为度量指标的系统（如纯串并联系统），则可忽略此因子，即设 $\zeta_a = \zeta_{re} = 1$。

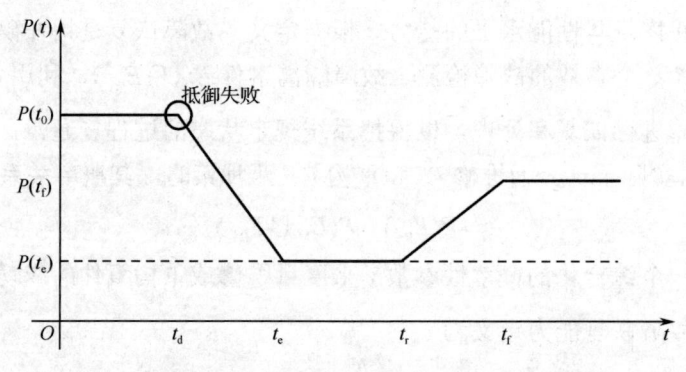

图 3.1 系统性能水平下降示例

3.2.2 系统韧性量化指标——时间迅捷性

从时间迅捷性（Timeliness）角度进行韧性量化是指从时间维度对系统的韧性水平进行研究。时间迅捷性被定义为系统在面对破坏性事件后，其应对、适应、恢复的能力在时间维度的表现。

根据如图 3.2 所示的面向系统全过程的韧性作用曲线，对系统韧性水平具有影响作用的时间点包括：

- t_d：破坏性事件作用时刻。
- t_e：系统性能损失结束（即遭遇破坏后达到稳定状态）时刻。
- t_r：恢复性事件作用时刻。
- t_f：恢复性事件结束（即修复后达到稳定状态）时刻。

对应地，有三个韧性时间阶段：

- $T_a = t_e - t_d$：伴随系统性能水平降级的适应破坏阶段。
- $T_s = t_r - t_e$：系统完成适应处于次稳定状态的阶段。
- $T_r = t_f - t_r$：伴随着系统性能水平恢复的恢复阶段。

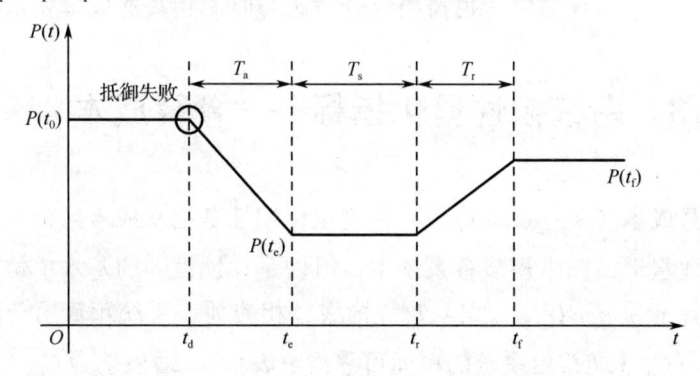

图 3.2 面向系统全过程的韧性作用曲线

值得注意的是，由于冗余组件的存在，装备系统的性能可能不会受到破坏性事件的影响。因而，T_a 通常可由系统的故障诊断时间 T_D 表示，以表征系统遭受未被诊断故障的影响时间。此外，T_s 可被视为系统选取合适的恢复策略（维修或重构）所需的决策时间，T_r 则代表了恢复策略的具体执行时间，即系统总的恢复时间 T_{Re} 包含两部分：$T_{Re}=T_s+T_r$，系统总的适应时间为 $T=T_a+T_s+T_r$。

进而，将系统韧性量化指标——时间迅捷性定义如下：

$$\Psi(\text{resilience},T)=a\left(\frac{1}{T_a}\right)+b\left(\frac{1}{T_s}\right)+c\left(\frac{1}{T_r}\right) \quad (3-8)$$

其中，$\left(\frac{1}{T_a}\right)$、$\left(\frac{1}{T_s}\right)$、$\left(\frac{1}{T_r}\right)$ 分别为各阶段的时间迅捷性，倒数形式的因子表示了消耗时间与时间迅捷性之间的反比关系。a、b、c 为对应的加权影响因子，且满足 $a+b+c=1$，其具体的数值可结合专家经验和决策偏好等进行量化。此外，将时间迅捷性的单位统一化为标准值，以保证基本分析单元的时间迅捷性值在 0 到 1 范围内。

从定义上看，时间迅捷性主要对应系统韧性能力中的适应能力和恢复能力，即主要考虑在系统抵御性能力失效之后[对应生存概率中的抵御失败概率 $(1-r)$]，系统遭受破坏性影响的持续时间。一般来说，人们认为破坏性事件的影响持续时间越短，系统的韧性水平越高，反之则越低。然而，过度追求时间迅捷性可能会增加系统在早期设计阶段的投入以及恢复过程中的资源投入。因此，在后续评估中，也需要综合考虑与时间相关的成本要素。

3.2.3 系统韧性量化指标——预算成本

从预算成本（Budgeted Cost）角度量化韧性是指从成本约束的角度考量系统的韧性水平。在常规装备系统中，组件是韧性设计的基本单位，通常由基本的设计变量 $\eta_i=(r_i,\rho_i,T_i^D,\gamma_i,T_i^{Re})$ 构成。相应地，系统预算用于配置系统的抵御能力 C_d（通常由系统的单元可靠度 r 表征）、适应能力 C_a（通常由系统的故障诊断概率 ρ 表征）和恢复能力 C_r（通常由系统的故障恢复概率 γ 表征）。综上所述，可以借鉴寿命周期费用（Life Cycle Cost，LCC）的概念，基于已有的 LCC 模型，提出系统韧性量化指标——预算成本的公式：

$$\Psi(\text{resilience},C)=C_R+C_D+C_{Re} \quad (3-9)$$

其中，$C_R=f(r)$ 表示用于系统抵御能力的开发成本，$C_D=f(\rho,T_D)$ 表示用于

第3章 复杂装备系统韧性分析与优化设计

系统适应能力的开发成本，$C_{Re} = f(\gamma, T_{Re})$ 表示用于系统恢复能力的开发成本。下面将分别针对这三部分成本建立详细的公式。

对于抵御能力的开发成本 $C_R = f(r)$，参考文献[146]认为系统的费用函数与单元可靠度 r 之间服从逆幂律关系：

$$C_R = \sum_{j=1}^{n} \alpha_j^R \left(-\frac{T_R}{\ln(r_j^t)} \right)^{\beta_j^R} \times \left[m_j + \exp\left(\frac{m_j}{4}\right) \right] \quad (3-10)$$

其中，m_j 代表系统内第 j 类相似/互为冗余备份的单元数，$\exp\left(\dfrac{m_j}{4}\right)$ 代表关联冗余备份单元所产生的额外费用，T_R 为系统所需的任务时间，r_j^t 为对应时间需求下的单元可靠度，α_j^R 和 β_j^R 为模型的常量参数，用以表征各组件的物理特征，通常可以根据相似产品或过往经验中的可靠性数据与费用数据间的关系拟合得到。

对于适应能力的开发成本 $C_D = f(\rho, T_D)$，通常认为其与故障诊断概率 ρ 成逆幂律关系，此外，当考虑故障诊断时间 T_D 的性能因素时，根据经验又认为其间存在着指数相关性，进而综合得到开发适应能力的费用函数：

$$C_D = \sum_{j=1}^{n} \alpha_j^D \left(-\frac{1}{\ln(\rho_j^t)} \right)^{\beta_j^D} \times \exp(-\mu_j^D T_j^D) \times m_j \quad (3-11)$$

其中，m_j 代表系统内第 j 类相似单元数，T_j^D 为配置于第 j 类单元内的诊断设备，如机内测试单元（Built-in Test，BIT）的预计诊断时间性能，ρ_j^t 为对应诊断时间性能下的诊断成功率，α_j^D、β_j^D 和 μ_j^D 为模型的常量参数，用以表征各诊断单元的物理特征，通常可以根据相似产品或过往经验中的诊断性能数据与费用数据间的关系拟合得到。

对于恢复能力的开发成本 $C_{Re} = f(\gamma, T_{Re})$，类似于 C_D，我们认为其与故障恢复概率 γ 成逆幂律关系，而与恢复时间 T_{Re} 存在指数相关性：

$$C_{Re} = \sum_{j=1}^{n} \alpha_j^{Re} \left(-\frac{1}{\ln(\gamma_j^t)} \right)^{\beta_j^{Re}} \times \exp(-\mu_j^{Re} T_j^{Re}) \times m_j \quad (3-12)$$

其中，m_j 代表系统内第 j 类相似单元数，T_j^{Re} 为对于第 j 类单元预计的故障恢复时间性能，γ_j^t 为对应恢复时间性能下的恢复成功率，α_j^{Re}、β_j^{Re} 和 μ_j^{Re} 为模型的常量参数，可以根据过往经验中的恢复性能数据与费用数据间的关系拟合得到。

综上，韧性三角形概念模型中的能力属性与韧性量化模型中量化参数之间的对应关系如表 3.1 所示。

表 3.1 韧性三角形概念模型中的能力属性与韧性量化模型中量化参数之间的对应关系

	事前的抵御能力 C_d	事中的适应能力 C_a	事后的恢复能力 C_r
生存概率	r	ρ	γ
时间迅捷性	—	T_D	T_{Re}
预算成本	C_R	C_D	C_{Re}

即相对于韧性三角形中的三类韧性能力 C_d、C_a、C_r，生存概率由 r、ρ、γ 进行综合量化，时间迅捷性由 T_D、T_{Re} 进行综合量化，预算成本由 C_R、C_D、C_{Re} 进行综合量化。

3.3 韧性驱动的复杂装备系统优化设计

3.3.1 复杂装备系统韧性优化模型

现代军事装备已经从简单的单一装备向复杂的装备系统演进。这些装备系统在不断地变化和发展，需要具备韧性以适应不断变化的需求和环境。因此，如何对复杂装备系统进行韧性优化已经成为一个研究热点。多目标韧性优化本质上是面向系统韧性设计的决策问题，其目标是基于多目标进行优化，通过在最大化生存概率维度、时间迅捷性维度的韧性目标，以及最小化预算成本维度的韧性目标之间进行权衡，得到一个关于系统韧性设计的帕累托最优集（Pareto-optimal Set）。

将韧性优化对象定位为一个架构已定的系统，即只涉及组件参数的选择问题，进而，系统韧性设计所涉及的三方面能力：抵御能力参量 $C_d = [r, C_R]$、

第3章 复杂装备系统韧性分析与优化设计

适应能力参量 $C_a = [\rho, T_D, C_D]$ 和恢复能力参量 $C_r = [\gamma, T_{Re}, C_{Re}]$ 便是韧性优化设计方案 $\eta = (C_d, C_a, C_r)$ 的核心所在。

根据前文论述，生存概率从总体上衡量了系统韧性能力实现的水平，而时间迅捷性则反映了系统韧性能力实现的时间效率，因此两者可作为多目标韧性优化中涉及系统韧性效能的目标。需要明确的是，组件的可靠度集合 $r = \{r_1, r_2, \cdots, r_n\}$，故障诊断概率集合 $\rho = \{\rho_1, \rho_2, \cdots, \rho_n\}$，故障恢复概率集合 $\gamma = \{\gamma_1, \gamma_2, \cdots, \gamma_n\}$，即设计方案中影响生存概率的决策变量。而故障诊断时间 $T_D = T_a = \{T_1^D, T_2^D, \cdots, T_n^D\}$，以及系统总的恢复时间集合 $T_{Re} = T_s + T_r = \{T_1^{Re}, T_2^{Re}, \cdots, T_n^{Re}\}$（包括系统选取合适的恢复策略所需的决策时间 T_s 和恢复策略的具体执行时间 T_r 两部分），则是设计方案中影响时间迅捷性的决策变量。此外，由于任何设计都会涉及预算成本的权衡问题，所以成本要素被选作多目标韧性优化设计的第三个目标，即受到前两个目标中决策变量影响的预算成本 $\Psi(\text{resilience}, C) = C_R + C_D + C_{Re}$。

通常，在优化实际的设计方案之前，需要对各规划参数进行预先的范围约束，即在初始化阶段对所解决的问题域进行收缩，以减少可行解的空间，提升优化效率。将 r、ρ、γ 的上下界限分别设定为 R_U 和 R_L，将 T_a、T_s、T_r 的上下界限分别设定为 T_U 和 T_L，则标准的多目标韧性优化模型可表示为

$$\max \Psi(\text{resilience}, SP) = r + (1-r) \cdot (\rho \cdot \zeta_a) \cdot (\gamma \cdot \zeta_{re})$$

$$\max \Psi(\text{resilience}, T) = a\left(\frac{1}{T_a}\right) + b\left(\frac{1}{T_s}\right) + c\left(\frac{1}{T_r}\right)$$

$$\min \Psi(\text{resilience}, C) = C^R + C^D + C^{Re} \quad (3\text{-}13)$$

$$\text{s.t.} \quad R_L \leq r_i, \ \rho_i, \ \gamma_i \leq R_U$$

$$T_L \leq T_i^a, \ T_i^s, \ T_i^r \leq T_U$$

$$a_i, b_i, c_i \in (0,1) \quad \text{且} \quad a+b+c=1$$

通过求解上述优化模型，可以得到一个帕累托最优的韧性优化设计方案集 $\eta^* = (C_d^*, C_a^*, C_r^*) = (r^*, \rho^*, T_D^*, \gamma^*, T_{Re}^*)$。下面，对所采用的求解帕累托最优方案的方法进行一般性介绍。

3.3.2 复杂装备系统韧性优化求解算法

目前，启发式算法被广泛认为是求解多目标韧性优化模型的最有效的方法，该方法基于由目标解空间进化所得的种群，寻找具有非支配特征的解集。在众多启发式算法中，非支配排序遗传算法（Non-dominated Sorting Genetic Algorithms-II，NSGA-II）以其特有的排序机制、精英化和无须选定共享参数等特点，被普遍认为是目前最高效的多目标优化方法。因此，我们采用 NSGA-II 算法进行多目标韧性优化模型的求解。

基于 NSGA-II 的多目标韧性优化模型求解过程主要包括以下 6 个步骤：

步骤 1：种群初始化。由于 NSGA-II 是在遗传算法理念下演化出的算法，因此在此步骤中需要先初始化一些关键参数，包括最大繁殖代数 G_{max}、种群规模 n、交叉遗传比例 P_c、突变遗传比例 P_m 和突变概率 μ。接着，根据约束域随机生成一个可行的初代种群 $\mathcal{P}_g(g=1)$，$\mathcal{P}_g$ 中的每个染色体代表了一个可能的韧性优化设计方案 $\eta = (C_d, C_a, C_r)$。

步骤 2：非支配排序。作为 NSGA-II 的一个核心部分，首先需要明确"支配"的概念是指对于两个给定的解 η_1 和 η_2，如果 η_1 对于所有优化目标都不差于 η_2，或者 η_1 在至少一个优化目标上严格优于 η_2，则认为 η_1 支配 η_2。此步骤的主要目的是对现有的可行种群 $\mathcal{P}_g$ 进行排序，以生成多个非支配界面，其中第一个界面 $\mathcal{F}_1$ 代表目标种群中的绝对非支配集，其次是仅被前者 $\mathcal{F}_1$ 支配的第二个界面 $\mathcal{F}_2$，并以此类推。每个界面中的染色体被赋予相应的适应度，并对每个可行的染色体 $\eta \in \mathcal{P}_g$，计算其支配数 n_η（支配 η 的染色体数）和支配集 S_η（η 所支配的染色体集合）。非支配排序的伪代码和程序流程备注如表 3.2 所示。

表 3.2 非支配排序的伪代码和程序流程备注

伪代码	程序流程备注
for each $\eta \in \mathcal{P}_g$	
$n_\eta = 0$；$S_\eta = \varnothing$	//初始化支配信息

第3章 复杂装备系统韧性分析与优化设计

续表

伪代码	程序流程备注
for each $\vartheta \in \mathcal{P}_g$ and $\vartheta \neq \eta$	// ϑ 为初代种群中的一个染色体
if $\eta \prec \vartheta$	// 如果 η 支配 ϑ
$S_\eta = S_\eta \cup \vartheta$	// 将 ϑ 加入支配集 S_η
else $n_\eta = n_\eta + 1$	// 否则，增加支配数 n_η
endfor	
if $n_\eta = 0$	// 无染色体可支配 η
$\eta_{\text{rank}} = 1$；$\mathcal{F}_1 = \mathcal{F}_1 \cup (\eta)$	// η 纳入第一个界面
$i = 1$	
while $\mathcal{F}_i \neq \varnothing$	
$\mathcal{T} = \varnothing$	// $\mathcal{T}$ 存储第(i+1)个界面内的染色体
for each $\eta \in \mathcal{F}_i$	
for each $\vartheta \in S_\eta$	
$n_\vartheta = n_\vartheta - 1$	// 减少支配数 n_ϑ
if $n_\vartheta = 0$	// $\mathcal{T}$ 中无染色体可支配 ϑ
$\vartheta_{\text{rank}} = i+1$；$\mathcal{T} = \mathcal{T} \cup \{\vartheta\}$	// ϑ 纳入下一界面
$i = i+1$；$\mathcal{F}_i = \mathcal{T}$	
endfor endwhile	

步骤3：拥挤距离分配。此步骤的目的是根据第 m 个目标函数计算识别处在同一界面内的染色体间的欧氏距离：

$$\mathcal{L}[i]_{\text{distance}} = \mathcal{L}[i]_{\text{distance}} + \frac{\mathcal{L}[i+1].m - \mathcal{L}[i-1].m}{f_m^{\max} - f_m^{\min}} \quad (3-14)$$

式中，$\mathcal{L}[i].m$ 代表 $\mathcal{L}$ 中第 i 个染色体相对第 m 个目标函数的值，$f_m^{\max}$ 和 $f_m^{\min}$ 分别对应第 m 个目标函数的最大值和最小值。需要指出的是，拥挤距离分配只针对处在同一界面内的染色体有效，即实现其间的精英化排序。拥挤距离分配的伪代码和程序流程备注如表3.3 所示。

表3.3 拥挤距离分配的伪代码和程序流程备注

伪代码	程序流程备注
$n = \|\mathcal{L}\|$	// $\mathcal{L}$ 中的染色体数
for $i = 1:n$	

续表

伪代码	程序流程备注
$\mathcal{L}[i]_{\text{distance}} = 0$	//初始化拥挤距离信息
for $j = 1:m$	
$\mathcal{L} = \text{sort}(\mathcal{L}, j)$	//对 $\mathcal{L}$ 根据目标 j 排序
$\mathcal{L}[1]_{\text{distance}} = \mathcal{L}[n]_{\text{distance}} = \infty$	//设置 $\mathcal{L}$ 边界染色体的拥挤距离
for $i = 2:(n-1)$	
$\mathcal{L}[i]_{\text{distance}} = \mathcal{L}[i]_{\text{distance}} + \dfrac{\mathcal{L}[i+1].m - \mathcal{L}[i-1].m}{f_m^{\max} - f_m^{\min}}$	//计算 $\mathcal{L}$ 内其他染色体的拥挤距离

步骤 4：优化选择。在对种群中的任意一个染色体 η 完成非支配排序 (η_{rank}) 和拥挤距离分配 (η_{distance}) 后，通过拥挤比较算子 ($\prec$) 实现所有个体间的两两比较。比较服从以下原则：处于低（优秀）非支配排序 ($\eta_{\text{rank}}^i < \eta_{\text{rank}}^j$)，或者排序相等而拥挤距离较大（优秀）的染色体 ($\eta_{\text{rank}}^i = \eta_{\text{rank}}^j, \eta_{\text{distance}}^i > \eta_{\text{distance}}^j$) 将被优先选择。优化选择的伪代码和程序流程备注如表 3.4 所示。

表 3.4 优化选择的伪代码和程序流程备注

伪代码	程序流程备注
for each $\eta_i, \eta_j \in \mathcal{P}_g$	
if $\eta_{\text{rank}}^i < \eta_{\text{rank}}^j$	//如果非支配排序 i 优于 j
$\eta = \eta_i$	
else if $\eta_{\text{rank}}^i > \eta_{\text{rank}}^j$	//如果非支配排序 i 劣于 j
$\eta = \eta_j$	
else if $\eta_{\text{distance}}^i < \eta_{\text{distance}}^j$	//如果拥挤距离 i 小于 j
$\eta = \eta_j$	
else $\eta = \eta_i$	

步骤 5：遗传算子（交叉与突变）。加入遗传算子的目的是避免得到局部最优解，同时提升优化的收敛速度。其中，交叉遗传算子通过对两个父辈染色体的部分片段进行交叉重组得到对应的子辈染色体。所交叉的片段规模可进行预先设定，如单点交叉或多点交叉。根据前文对系统韧性设计方案的属性描述，我们采取如图 3.3 所示的交叉遗传算子，交叉遗传的伪代码和程序流程备注如表 3.5 所示。

第 3 章 复杂装备系统韧性分析与优化设计

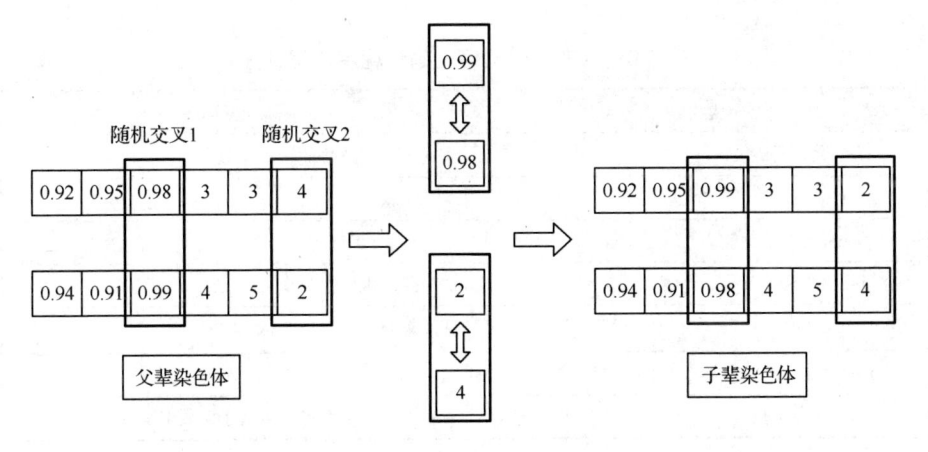

图 3.3 交叉遗传算子

表 3.5 交叉遗传的伪代码和程序流程备注

伪代码	程序流程备注
$n = P_c * \lvert \mathcal{P}_g \rvert$	//发生交叉遗传的次数
for $k = 1:n$	
$i, j = \mathrm{random}(\lvert \mathcal{P}_g \rvert)$	//选取两个父辈染色体
$\eta_i = (C_i^d, C_i^a, C_i^r) = (r_i, \rho_i, \gamma_i, T_i^a, T_i^s, T_i^r)$	
$\eta_j = (C_j^d, C_j^a, C_j^r) = (r_j, \rho_i, \gamma_j, T_j^a, T_j^s, T_j^r)$	
$\eta_{c1}^{ij} = \mathrm{random}(\eta_i, \eta_j)$	//随机选择交叉片段
$\eta_{c2}^{ij} = \mathrm{random}(\eta_i, \eta_j)$	//生成两个子辈染色体

对于突变遗传算子，其作用是对染色体某片段的原有属性进行变更，以形成一个新类型的染色体。同样，突变规模也可进行预先设定，如单点突变或多点突变，本部分所采取的突变遗传算子如图 3.4 所示，突变遗传的伪代码和程序流程备注如表 3.6 所示。

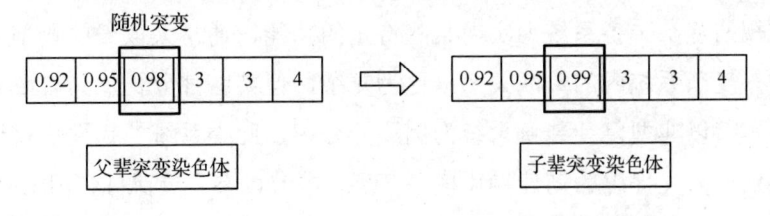

图 3.4 突变遗传算子

表 3.6　突变遗传的伪代码和程序流程备注

伪代码	程序流程备注
$n = P_m * |\mathcal{P}_g|$	//发生突变遗传的最大次数
for $k=1:n$	
$r = \text{random}(1)$	
if $r < \mu$	//判断是否发生突变
$i = \text{random}(|\mathcal{P}_g|)$	//选取父辈突变染色体
$\eta_i = (C_i^d, C_i^a, C_i^r) = (r_i, \rho_i, \gamma_i, T_i^a, T_i^s, T_i^r)$	
$\eta_m^i = \text{random}(\eta_i)$	//随机选择突变点，生成子辈突变染色体

步骤 6：重组与选择。为了保证种群的精英性，需要将经由遗传算子操作得到的子代种群 $\mathcal{Q}_g$ 与初代种群 $\mathcal{P}_g$ 进行重组，得到 $\mathcal{R}_g = \mathcal{P}_g \cup \mathcal{Q}_g$，并进行非支配排序，最后根据预先设定的种群规模 n，选择生成新一代的种群。重组与选择的伪代码和程序流程备注如表 3.7 所示。

表 3.7　重组与选择的伪代码和程序流程备注

伪代码	程序流程备注
$\mathcal{R}_g = \mathcal{P}_g \cup \mathcal{Q}_g$	//重组初代种群与子代种群
$\text{sort}(\mathcal{R}_g)$	//对新种群进行非支配排序
$\text{distance}(\mathcal{R}_g)$	//对新种群进行拥挤距离分配
for $k=1:n$	
$\mathcal{P}_{g+1} = \text{select}(\mathcal{R}_g)$	//择优选择，生成新种群

3.3.3　复杂装备系统韧性优化示例

常规的复杂装备系统为实现某些特定的功能，通常采取一些典型的串并联结构。复杂系统内的关联关系虽更为复杂，但某些部分仍然具有串并联的特性。本节以典型复杂装备系统为例展开介绍，此类系统的韧性优化设计可以严格依据前文提出的韧性量化模型开展，本节以参考文献[147]中所介绍的具有典型串并联结构的飞机电动静液作动器（Electro-Hydrostatic Actuator，EHA）系统为例，开展基于 NSGA-Ⅱ 的系统多目标韧性优化设计。需要说明

第3章 复杂装备系统韧性分析与优化设计

的是，EHA 系统具有预先设计好的系统架构，所以其韧性优化工作主要集中在对各组件单元韧性参数 $(r_i, \rho_i, T_i^D, \gamma_i, T_i^{Re})$ 的分配上，并最终得到帕累托最优的系统韧性优化设计方案集 $\eta^* = (r^*, \rho^*, T_D^*, \gamma^*, T_{Re}^*)$。

1）案例介绍

EHA 系统的组件框图如图 3.5 所示。该系统由 4 个子系统串联而成：控制电路子系统 Ec、电机子系统 Em、泵子系统 P、液压作动器子系统 Ha。各子系统内的并联组件数分别为 2、2、2、1，设定任务时间 $T_R = 1000$ 个标准化单位时间。

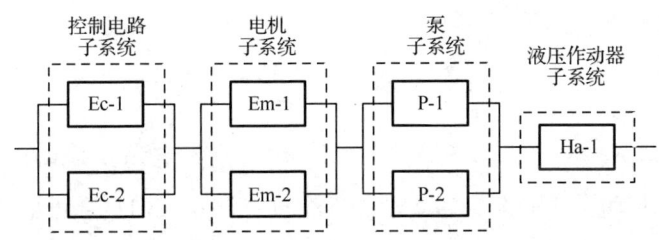

图 3.5 EHA 系统的组件框图

EHA 系统的相关参数如表 3.8 所示。

表 3.8 EHA 系统的相关参数

子系统	(a_j, b_j, c_j)	(α_j^R, β_j^R)	$(\alpha_j^D, \beta_j^D, \mu_j^D)$	$(\alpha_j^{Re}, \beta_j^{Re}, \mu_j^{Re})$
Ec	(0.4,0.3,0.3)	(6e-6,1.5)	(3.1e-6,1.5,2)	(5e-5,2,2)
Em	(0.5,0.2,0.3)	(7e-6,1.5)	(5.2e-6,1.5,2)	(7e-5,2,2)
P	(0.5,0.3,0.2)	(2e-5,1.5)	(5.8e-6,1.5,2)	(5e-5,2,2)
Ha	(0.6,0.2,0.2)	(5e-6,1.5)	(4.6e-6,1.5,2)	(4e-5,2,2)

根据 EHA 系统结构可知，当系统以生存概率作为核心性能度量时，可设定性能因子 $\zeta_a = \zeta_{re} = 1$，且系统整体生存概率应等于各子系统生存概率之积：

$$\Psi_{EHA}(\text{resilience}, SP) = \prod_{j=1}^{4} \Psi_j(\text{resilience}, SP) \tag{3-15}$$

而第 j 个子系统的生存概率为

$$\Psi_j(\text{resilience}, SP) = 1 - (1 - r_j^t)^{m_j}(1 - \rho_j^t)^{m_j}(1 - \gamma_j^t)^{m_j} \tag{3-16}$$

对于时间迅捷性而言，具有并联结构的系统，其韧性消耗时间应等于各并联支路的最小韧性消耗时间，即只要有一个并联支路完成韧性恢复过程即可实现系统级的性能恢复：

$$\Psi_j(\text{resilience},T) = \min[\Psi_1(\text{resilience},T),\cdots,\Psi_{m_j}(\text{resilience},T)] \quad (3\text{-}17)$$

而对于具有串联结构的系统而言，系统的韧性消耗时间应等于各串联单元的韧性消耗时间之和，即当所有串联单元都完成韧性恢复过程时，才能实现系统级的性能恢复：

$$\Psi_{\text{EHA}}(\text{resilience},T) = \sum_{j=1}^{4}\Psi_j(\text{resilience},T) \quad (3\text{-}18)$$

对于预算成本，则具有典型的累积效应，即系统的总预算成本应等于所有资源消耗之和：

$$\Psi_{\text{EHA}}(\text{resilience},C) = \sum_{j=1}^{4}\Psi_j(\text{resilience},C) \quad (3\text{-}19)$$

此外，本例将 r、ρ、γ 分量的上下界限分别设定为 0.9 和 0.99，T_a、T_s、T_r 分量的上下界限分别设定为 2 个和 5 个标准化单位时间。进而，EHA 系统的韧性优化模型可表示为

$$\max \Psi_{\text{EHA}}(\text{resilience},\text{SP}) = \prod_{j=1}^{4}[1-(1-r_j^t)^{m_j}(1-\rho_j^t)^{m_j}(1-\gamma_j^t)^{m_j}]$$

$$\max \Psi_{\text{EHA}}(\text{resilience},T) = \sum_{j=1}^{4}\left[a_j\left(\frac{1}{T_j^a}\right)+b_j\left(\frac{1}{T_j^s}\right)+c_j\left(\frac{1}{T_j^r}\right)\right]$$

$$\min \Psi_{\text{EHA}}(\text{resilience},C) = \sum_{j=1}^{4}(C^R+C^D+C^{Re}) \quad (3\text{-}20)$$

$$\text{s.t.} \quad 0.9 \leqslant r_j^t,\ \rho_j^t,\ \gamma_j^t \leqslant 0.99$$

$$2 \leqslant T_j^a,\ T_j^s,\ T_j^r \leqslant 5$$

$$a,b,c \in (0,1) \quad \text{且} \quad a+b+c=1$$

2）数值解算与结果

根据以上条件设定与初步分析，可以基于 NSGA-II 对多目标韧性优化模型进行求解。其中，染色体具有 6 位编码信息，分别代表 r、ρ、γ、T_a、T_s、T_r 的元素信息。主要的算法参数设置如下：种群数量 $n_p=20$，最大遗传代数 $G_{\max}=200$，交叉遗传比例 $P_c=0.8$，突变遗传变异比例 $P_m=0.3$，突变概率 $\mu=0.7$。经解算，得到如表 3.9 所示的 EHA 系统韧性设计的帕累托优化集，相应的 EHA 系统韧性优化模型的帕累托界面如图 3.6 所示。

第 3 章 复杂装备系统韧性分析与优化设计

表 3.9 EHA 系统韧性设计的帕累托优化集

序号	$r/\%$	$\rho/\%$	η	$\gamma/\%$	T_a	T_s	T_r	SP$(\eta)/\%$	$T(\eta)$	$C(\eta)$
1	(92.34,98.15,93.09,97.40)	(95.34,97.91,95.25,98.84)	(93.38,91.40,93.32,97.92)	(3,3,2,2)	(2,3,4,3)	(2,2,4,4)	99.9994	1.61	552.20
2	(91.62,92.95,91.63,97.56)	(96.10,92.41,91.10,98.84)	(90.50,94.95,95.21,95.64)	(2,2,2,3)	(2,3,4,3)	(2,2,4,4)	99.9987	1.66	249.91
3	(90.68,93.13,91.08,93.98)	(96.66,90.37,95.12,98.08)	(94.92,92.13,96.57,97.20)	(5,3,4,4)	(5,4,4,5)	(2,2,4,3)	99.9967	1.16	169.31
4	(90.68,93.13,91.08,93.98)	(96.66,90.37,95.12,98.08)	(90.50,94.95,95.21,95.64)	(2,2,2,3)	(3,4,2,2)	(4,2,5,3)	99.9949	1.63	169.31
5	(91.62,92.95,91.63,97.56)	(96.10,92.41,91.10,98.84)	(93.38,91.40,93.32,97.92)	(3,3,2,2)	(2,3,4,3)	(2,2,4,4)	99.9994	1.63	249.91
6	(92.34,98.15,93.09,97.40)	(95.34,97.91,95.25,98.84)	(93.38,91.40,93.32,97.92)	(2,2,3,3)	(3,4,2,2)	(2,2,4,4)	99.9994	1.55	552.20
7	(91.62,92.95,91.63,97.56)	(96.10,92.41,91.10,98.84)	(94.10,91.28,97.87,93.18)	(2,2,2,3)	(5,4,4,5)	(4,2,5,3)	99.9980	1.55	249.91
8	(91.62,92.95,91.63,97.56)	(96.10,92.41,91.10,98.84)	(94.92,92.13,96.57,97.20)	(5,3,4,4)	(5,4,4,5)	(2,2,4,3)	99.9992	1.16	249.91
9	(90.68,93.13,91.08,93.98)	(96.66,90.37,95.12,98.08)	(90.20,97.35,90.96,96.56)	(4,4,2,3)	(2,3,4,3)	(2,2,4,3)	99.9960	1.32	169.31
10	(90.68,93.13,91.08,93.98)	(96.66,90.37,95.12,98.08)	(93.38,91.40,93.32,97.92)	(2,2,3,3)	(2,3,4,3)	(2,2,4,4)	99.9976	1.61	249.91
11	(91.62,92.95,91.63,97.56)	(96.10,92.41,91.10,98.84)	(93.38,91.40,93.32,97.92)	(2,2,2,3)	(5,4,4,5)	(2,2,4,3)	99.9994	1.49	249.91
12	(90.68,93.13,91.08,93.98)	(96.66,90.37,95.12,98.08)	(93.38,91.40,93.32,97.92)	(3,3,2,2)	(2,3,4,3)	(2,2,4,4)	99.9976	1.58	169.31
13	(90.68,93.13,91.08,93.98)	(96.66,90.37,95.12,98.08)	(94.92,92.13,96.57,97.20)	(5,3,4,4)	(3,4,2,2)	(4,2,5,3)	99.9967	1.25	169.31
14	(90.68,93.13,91.08,93.98)	(96.66,90.37,95.12,98.08)	(90.20,97.35,90.96,96.56)	(4,4,2,3)	(3,4,2,2)	(4,2,5,3)	99.9960	1.41	169.31

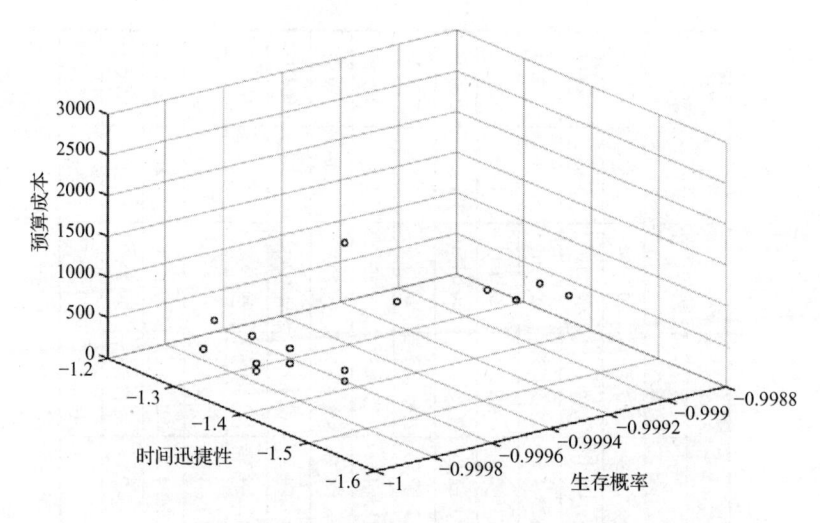

图 3.6 EHA 系统韧性优化模型的帕累托界面

由基于 NSGA-Ⅱ所得的帕累托优化结果可见,当前备选方案的数量相对较多,这可能对优化决策的提出造成较大的困扰。因此,需要进一步建立评价机制,以筛选出更符合决策偏好和工程实际需求的优化方案。

3）结果分析与精简

对所提出的多目标韧性优化设计方案而言,虽然可以参考经验和需求,对不同目标进行进一步权重分析,但由于不同目标的量纲难以统一,同时难以保证衡量准则的客观性,因此我们采用管理科学领域的数据包络分析（Data Envelopment Analysis，DEA）方法,对基于 NSGA-Ⅱ得到的帕累托优化集进行数据包络分析,以评估各个方案的相对效率（Relative Efficiency，RE）,进一步精简帕累托优化集,实现多目标选择优化（Multiple Objective Selection Optimization，MOSO）工作,得到更好的备选方案集。

DEA 方法的基本思想是利用线性规划方法对具有多输入、多输出的决策单元（Decision Making Unit，DMU）进行相对效率分析,从而得到较优的决策单元结果。自提出以来,DEA 方法在科学研究、工业等各领域的多指标投入与产出分析方面得到了广泛应用,其有效性和易用性得到了广泛验证。

对于一个具有 n 个决策单元（DMU）,且每个决策单元具有 A 个输入、B 个输出的系统而言,第 k 个决策单元的相对效率可以定义为

第3章 复杂装备系统韧性分析与优化设计

$$\mathrm{RE}_k = \frac{\sum_{j=1}^{B} u_{kj} y_{kj}}{\sum_{i=1}^{A} v_{ki} x_{ki}}, \quad k=1,2,\cdots,n \tag{3-21}$$

其中，x_{ki} 和 y_{kj} 分别代表 k 个决策单元的第 i 个输入和第 j 个输出，v_{ki} 和 u_{kj} 则为相应的输入、输出权值。而 DEA 方法的核心便是在所有其他决策单元的相对效率均不大于 1 的约束下，通过求解相对效率（RE）的最大值，来判断和识别关键决策单元：

$$\max \quad \mathrm{RE}_{k_0} = \frac{\sum_{j=1}^{B} u_{k_0 j} y_{k_0 j}}{\sum_{i=1}^{A} v_{k_0 i} x_{k_0 i}}$$

$$\text{s.t.} \quad \frac{\sum_{j=1}^{B} u_{kj} y_{kj}}{\sum_{i=1}^{A} v_{ki} x_{ki}} \leq 1, \quad k=1,2,\cdots,n; \ k \neq k_0 \tag{3-22}$$

由 RE 的分式比率计算公式可知，为求分式的最大值，可以等价于将分母定义为常量（定值），从而直接求分子的比例最大值。对于仅考量韧性的优化设计方案而言，选取不同的定值不会影响结果的优劣排序，为了简化计算，可以将所有决策单元的输出维度设定为一维且取定值 1，同时将对应的 RE 的分母设为定值 1，由此可将式（3-22）的分数型线性规划问题转化为标准线性规划问题：

$$\max \quad \mathrm{RE}_{k_0} = u_{k_0}$$

$$\text{s.t.} \quad \sum_{i=1}^{A} v_{k_0 i} x_{k_0 i} = 1 \tag{3-23}$$

$$u_k - \sum_{i=1}^{A} v_{ki} x_{ki} \leq 0, \quad k=1,2,\cdots,n; \ k \neq k_0$$

对于韧性优化设计方案而言，根据帕累托界面得到的仅是从数学角度出发得出的最优解。那么当从工程角度考虑时，对于一个韧性设计方案而言，恢复维度的时间迅捷性 T_r^+ 越小，代表系统在遭受破坏影响后做出的恢复性工作越迅速；而系统原始的可靠度 R(reliability) 越高，代表其从源头上抵御破坏性事件发生的能力越强，时间迅捷性 $T(\eta)$ 水平越高，系统在应对各类破坏性事件影响时的反应越敏捷；而从帕累托优化集可以看出，生存概率、时间迅捷性的微小提升，都将对预算成本产生较大影响，具有较明显的长尾效应，所以在边际条件下，应减少成本投入，使 $C(\eta)$ 尽可能小。

由此，在 DEA 模型中，以每个韧性优化设计方案 η 作为决策变量，并采用 4 个以最小化形式表达的变量 $[-R(\text{reliability}), -T(\eta), T_r^+, C(\eta)]$ 作为各个决策单元的输入，从而可以根据线性规划模型计算出各个决策单元的最大相对效率（RE）。

经计算，除 4、7、10、11 号方案的 RE 约等于 1 外，其他方案的 RE 均较低。因此，可以确定精简后的 EHA 系统韧性优化设计方案如表 3.10 所示。

表 3.10 精简后的 EHA 系统韧性设计方案

序号	η					
	r/%	ρ/%	γ/%	T_a	T_s	T_r
4	(90.68,93.13, 91.08,93.98)	(96.66,90.37, 95.12,98.08)	(90.50,94.95, 95.21,95.64)	(2,2,2,3)	(3,4,2,2)	(4,2,5,3)
7	(91.62,92.95, 91.63,97.56)	(96.10,92.41, 91.10,98.84)	(94.10,91.28, 97.87,93.18)	(2,2,2,3)	(5,4,4,5)	(2,2,4,3)
10	(90.68,93.13, 91.08,93.98)	(96.66,90.37, 95.12,98.08)	(93.38,91.40, 93.32,97.92)	(2,2,3,3)	(2,3,4,3)	(2,2,4,4)
11	(91.62,92.95, 91.63,97.56)	(96.10,92.41, 91.10,98.84)	(93.38,91.40, 93.32,97.92)	(3,3,2,2)	(5,4,4,5)	(2,2,4,3)

3.4 韧性驱动的复杂装备系统资源配置优化

复杂装备系统资源配置优化是指根据系统任务需求，对系统架构形式、软硬件系统的功能分配、子系统和设备的选用，以及系统性能指标的分配等方面进行系统性优化的工作流程。在系统任务、能力、资源三个层次上，任务和能力的综合属于逻辑层面的综合问题，其风险主要来自潜在的逻辑缺陷。而资源综合则属于物理层面的综合问题，在设计过程中不仅要考虑由耦合关联引入的故障传播风险管理，还需要优化资源配置以提高使用效率。

第 3 章 复杂装备系统韧性分析与优化设计

根据之前对基于多目标的韧性优化方法的研究，可以从系统资源层入手，将韧性属性有效融入系统设计环节，从根源上实现风险的管理与防控。然而，基于韧性的系统优化设计不仅应在系统架构确定后指导系统韧性参数的优化分配，还应进一步研究解决系统架构的配置优化问题，即从一开始就使系统具备良好的韧性基因。因此，有必要基于前文提到的韧性机理与量化模型研究，开展基于韧性的综合化系统资源配置优化方法研究，以支持复杂装备系统的设计决策。

3.4.1 基于资源池概念的综合化系统资源配置与管理

综合化系统资源主要可分为物理资源和数据资源两类，其中物理资源又可按类别属性分为逻辑计算、信息处理、数据存储、网络传输资源等几大类。综合化系统通过分时、分区机制实现了资源的有效共享，使得同一资源可以在逻辑上为不同功能应用提供服务。此外，资源模块的通用化设计实现了冗余备件的高效备份，可在原有资源模块发生故障时由备份资源继续提供物理支持。

随着大数据、云计算等新兴技术的发展，用户对数据计算、传输、存储的需求日益增长，提高支撑性软硬件的使用效率成为迫切需要。在这种背景下，资源池（Resource Pool）的概念与模式正迎来新的发展机遇。对于复杂综合化系统而言，其设计初衷与资源池概念基本相同，即告别原有分立式、联合式系统中支撑性软硬件仅服务于特定功能应用的模式，将原有分别服务于不同功能的同类资源，合并为更少数量的通用化资源实体。通过系统管理实现根据需求分时、分区的功能服务，从而综合降低系统的整体功耗与重量，提升系统效能。

资源池概念的发展也受益于商用货架产品概念的推广。这意味着行业组织要求产品设计和生产应遵循通用开放式标准，确保系统资源模块具备通用化特性，这显著增强了系统资源配置的灵活性，尤其是为系统资源的通用化备份提供了有效途径。

对于典型的复杂综合化系统而言，在确定任务和功能需求后，必须进行支撑性资源的配置。这项工作旨在一方面最小化资源配置数量，以提升系统效能；另一方面，考虑到安全性的需要，确保足够的冗余备件，以在发生故障时维持系统的安全有效运行。在效能与安全性之间，需要进行权衡。根据前文所述，综合化系统内的资源可以分为几种通用化类型，形成对应的资源池。因此，资源的配置设计问题就成为优化资源池内特定资源数量的问题。图 3.7 展示了一个典型的功能应用与资源池配置示例，系统设定了四类功能应用需求：导航、红外探测、雷达探测和图像绘制，相应地，所配置的资源池包括五类资源，其中四类为物理资源，一类为数据资源。

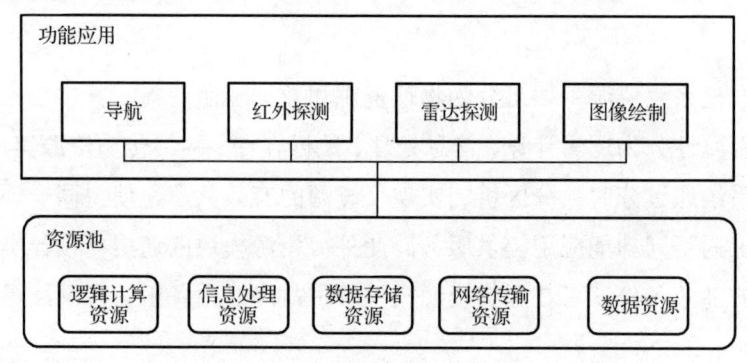

图 3.7 功能应用与资源池配置的典型示例

综上，本书将此类面向复杂装备系统综合化设计的资源配置模式定义为基于资源池概念的综合化系统资源配置与管理，其核心是以系统共享资源为基础的故障监测与重构技术，符合典型的韧性工程理念。相应地，基于韧性的综合化系统资源配置优化的核心目的是通过预先的资源配置，考虑资源的共享特性，优化系统资源池配置，使系统具备良好的韧性基因，实现系统效能与安全性的权衡。

3.4.2 基于韧性的综合化系统资源配置优化模型

基于韧性的综合化系统资源配置优化方法建立在多目标的系统韧性优化

第3章 复杂装备系统韧性分析与优化设计

技术基础上,即同样是面向系统韧性设计的决策问题,二者的目标都是基于多目标进行优化,但前者需要加入对资源池的配置优化因素。因此,基于韧性的综合化系统资源配置优化模型应包含通用化资源的韧性能力要素设计,包括抵御能力参量 $C_d = [r, C_R]$,适应能力参量 $C_a = [\rho, T_D, C_D]$ 和恢复能力参量 $C_r = [\gamma, T_{Re}, C_{Re}]$,以及资源池内各通用化资源配置要素设计参量 $R_p = [m_1, m_2, \cdots, m_n]$,综合形成系统设计方案 $\eta = (C_d, C_a, C_r, R_p)$。此外,根据韧性量化模型所规划的三个维度,生存概率和时间迅捷性仍被视为与韧性效能相关的优化目标,只是在资源池概念框架下,组件的故障恢复概率集合 $\gamma = \{\gamma_1, \gamma_2, \cdots, \gamma_n\}$,以及恢复时间概率集合 $T_{Re} = T_s + T_r = \{T_1^{Re}, T_2^{Re}, \cdots, T_n^{Re}\}$ 被限定为与重构相关的变量,即在组件发生故障之后,需通过在线重构(非离线维修行为),将资源池内的备用组件切换到工作状态,以继续支持系统运行。而系统的预算成本仍由三部分组成:$\Psi(\text{resilience}, C) = C_R + C_D + C_{Re}$,只是 C_R 中的 $\exp\left(\dfrac{m_j}{4}\right)$ 可具体为关联资源池内的冗余备件所产生的额外线路架构费用与重构管理系统开发费用。

在对各规划参数进行预先范围约束时,除了将 r、ρ、γ 的上下界限分别设定为 R_U 和 R_L,将 T_a、T_s、T_r 的上下界限分别设定为 T_U 和 T_L,还需要增加对资源配置要素 R_p 的范围设定,即各类资源数量 R_p 的范围在 M_U 和 M_L 之间。综上,标准的基于韧性的综合化系统资源配置优化模型可表示为

$$\max \Psi(\text{resilience}, SP) = r + (1-r) \cdot (\rho \cdot \zeta_a) \cdot (\gamma \cdot \zeta_{re})$$

$$\max \Psi(\text{resilience}, T) = a\left(\frac{1}{T_a}\right) + b\left(\frac{1}{T_s}\right) + c\left(\frac{1}{T_r}\right)$$

$$\min \Psi(\text{resilience}, C) = C_R + C_D + C_{Re} \quad (3\text{-}24)$$

$$\text{s.t.} \quad R_L \leq r_i, \rho_i, \gamma_i \leq R_U$$

$$T_L \leq T_i^a, T_i^s, T_i^r \leq T_U$$

$$M_L \leq R_i^p \leq M_U$$

$$a_i, b_i, c_i \in (0,1) \text{ 且 } a+b+c=1$$

通过求解上述优化模型,可以得到一个帕累托最优的资源配置优化方案集 $\eta^* = (C_d^*, C_a^*, C_r^*, R_p^*)$。

3.5 典型综合化复杂装备系统资源配置优化示例

典型的综合化系统具有资源分时、分区共享的特征,当共享资源发生故障时,所有与之相关的功能都将受到影响,所以基于资源池的重构具有至关重要的作用。

不失一般性,本节根据参考文献[185-186]构建了一个综合显示控制(Integrated Display and Control,IDC)系统案例,开展基于韧性的综合化系统资源配置优化设计。需要说明的是,此 IDC 系统不同于本书 3.3.3 节中介绍的 EHA 系统,其系统架构也被纳入可设计范畴内,在优化过程中需要考虑由综合化引入的额外因素。

1. 案例介绍

IDC 系统框图如图 3.8 所示,系统内具有三个彼此串联的子系统:数据处理子系统(DP)、信息传输子系统(IT)和显示控制子系统(DC);资源池由四类资源模块组成:逻辑计算模块(C)、信息处理模块(P)、数据存储模块(M)和网络传输模块(N),设定任务时间 T_R =1000 个标准化单位时间。

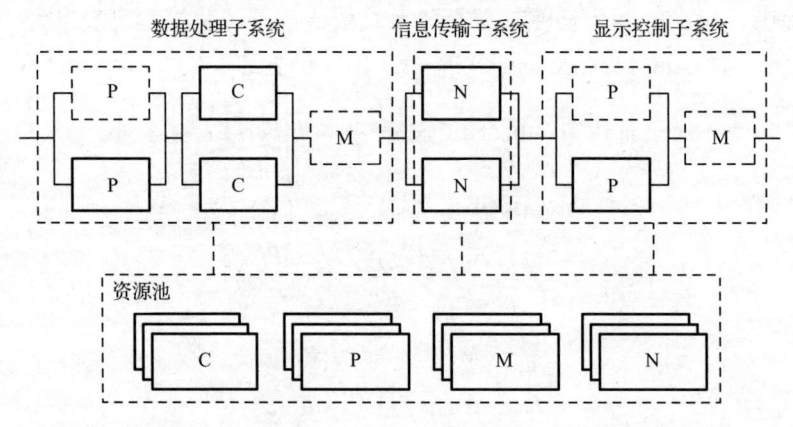

图 3.8 IDC 系统框图

IDC 系统中各子系统的组件存在异质性(即由不同的资源模块组成),我们通过资源池内四类资源模块的参数属性来表征 IDC 系统的基本物理和技术特征，IDC 系统参数如表 3.11 所示。

表 3.11 IDC 系统参数

资源模块	(a_j,b_j,c_j)	(α_j^R,β_j^R)	$(\alpha_j^D,\beta_j^D,\mu_j^D)$	$(\alpha_j^{Re},\beta_j^{Re},\mu_j^{Re})$
C	(0.4,0.4,0.2)	(5e-6,1.5)	(3.5e-6,1.5,2)	(4e-5,2,2)
P	(0.4,0.3,0.3)	(7e-6,1.5)	(5.5e-6,1.5,2)	(8e-5,2,2)
M	(0.5,0.2,0.3)	(6e-5,1.5)	(6.5e-6,1.5,2)	(7e-5,2,2)
N	(0.6,0.3,0.1)	(4e-6,1.5)	(4.5e-6,1.5,2)	(5e-5,2,2)

根据 IDC 系统框图，数据处理子系统与显示控制子系统之间有一路信息处理资源通过分时机制进行共享（图中为虚线框表示的 P 模块），其间的数据存储资源通过分区机制进行共享（图中为虚线框表示的 M 模块），此外，各子系统框图内的多个并联资源模块表示系统需要多个资源模块同时正常运行，这些模块之间为功能串联关系。

所以，在以生存概率进行性能度量时，IDC 系统的生存概率可以以四类资源模块 C、P、M、N 的基本参数 r、ρ、γ、R_p 为基础，等价为各资源池生存概率之积：

$$\Psi_{\text{IDC}}(\text{resilience},\text{SP}) = \prod_{j=1}^{4}\Psi_j(\text{resilience},\text{SP}) \qquad (3\text{-}25)$$

m_j 代表系统内第 j 类相似/互为冗余备份的单元数，本案例中取 $m_1=2$，$m_2=3$，$m_3=1$，$m_4=4$，计算生存概率，即第 j 类资源池生存概率满足式（3-16）。

而对于时间迅捷性而言，由于可认为各资源池间存在逻辑串联关系，所以 IDC 系统的时间迅捷性等于各类型资源模块时间迅捷性之和：

$$\Psi_{\text{IDC}}(\text{resilience},T) = \sum_{j=1}^{4}\Psi_j(\text{resilience},T) \qquad (3\text{-}26)$$

预算成本具有典型的累积效应，即系统的总预算成本应等于所有资源消耗之和：

$$\Psi_{\text{IDC}}(\text{resilience},C) = \sum_{j=1}^{4}\Psi_j(\text{resilience},C) \qquad (3\text{-}27)$$

此外，在本案例中，将 r、ρ、γ 的上下界限分别设定为 0.9 和 0.99，将 T_a、T_s、T_r 的上下界限分别设定为 2 个和 5 个标准化单位时间，将 R_p 的上下界限分别设定为 3 和 6。进而，IDC 系统的韧性优化模型可表示为

$$\max \Psi_{\text{IDC}}(\text{resilience},\text{SP}) = \prod_{j=1}^{4}\Psi_j(\text{resilience},\text{SP})$$

$$\max \Psi_{\text{IDC}}(\text{resilience},T) = \sum_{j=1}^{4}\Psi_j(\text{resilience},T)$$

$$\min \Psi_{\text{IDC}}(\text{resilience},C) = \sum_{j=1}^{4}\Psi_j(\text{resilience},C) \quad (3\text{-}28)$$

$$\text{s.t.} \quad 0.9 \leq r_i,\ \rho_i,\ \gamma_i \leq 0.99$$

$$2 \leq T_i^a,\ T_i^s,\ T_i^r \leq 5$$

$$3 \leq R_i^p \leq 6$$

$$a,b,c \in (0,1) \quad \text{且} \quad a+b+c=1$$

2. 数值解算与结果

根据以上条件设定与初步分析，可以基于 NSGA-Ⅱ 对综合化系统资源配置优化模型进行求解，其中，染色体具有 7 位编码信息，分别代表 r、ρ、γ、T_a、T_s、T_r、R_p 的元素信息。主要的算法参数设置：种群数量 $n_p = 20$，最大遗传代数 $G_{\max} = 200$，交叉遗传比例 $P_c = 0.8$，突变遗传变异比例 $P_m = 0.3$，突变概率 $\mu = 0.7$。经解算，得到如表 3.12 所示 IDC 系统资源配置的帕累托优化集，相应的 IDC 系统资源配置优化模型的帕累托界面如图 3.9 所示。

由基于 NSGA-Ⅱ 所得到的帕累托优化结果可见，当前备选方案的数量相对较多，需要进一步建立评价机制，从中选出更符合决策偏好和工程实际需求的优化方案。

第3章 复杂装备系统韧性分析与优化设计

表3.12 IDC系统资源配置的帕累托优化集

序号	η							R_{p}	$SP(\eta)$ /%	$T(\eta)$	$C(\eta)$
	r /%	ρ /%	γ /%	T_{a}	T_{s}	T_{r}					
1	(93.80,90.47,93.05,93.36)	(94.93,96.64,98.56,91.78)	(94.71,91.90,98.16,94.60)	(5,2,4,2)	(2,3,5,2)	(2,2,4,3)	(6,6,3,5)	99.9999	1.55	944.25
2	(90.96,91.88,91.65,91.80)	(91.36,97.61,98.90,98.36)	(98.48,92.42,98.28,94.40)	(2,4,4,3)	(2,3,5,2)	(2,2,4,3)	(6,6,3,5)	99.9999	1.47	1078.91
3	(92.15,90.38,90.35,93.96)	(93.70,97.60,97.02,91.68)	(91.32,94.83,97.07,93.70)	(2,4,4,3)	(3,3,5,2)	(3,4,3,5)	(3,3,6,3)	99.9281	1.32	489.86
4	(95.19,95.55,94.31,90.28)	(91.64,97.73,98.14,96.68)	(94.71,91.90,98.16,94.60)	(5,2,4,2)	(2,3,5,2)	(2,2,4,3)	(6,6,3,5)	99.9999	1.55	264.18
5	(92.15,90.38,90.35,93.96)	(93.70,97.60,97.02,91.68)	(94.71,91.90,98.16,94.60)	(2,4,4,3)	(3,3,2,3)	(3,4,3,5)	(3,3,6,3)	99.8877	1.40	489.87
6	(90.96,91.88,91.65,91.80)	(91.36,97.61,98.90,98.36)	(94.89,98.40,97.13,90.16)	(2,4,4,3)	(3,4,2,3)	(4,4,3,5)	(4,3,3,5)	99.9812	1.28	576.65
7	(92.15,90.38,90.35,93.96)	(93.70,97.60,97.02,91.68)	(94.89,98.40,97.13,90.16)	(5,2,4,2)	(3,3,2,3)	(3,4,3,5)	(3,3,6,3)	99.9776	1.32	489.86
8	(90.96,91.88,91.65,91.80)	(91.36,97.61,98.90,98.36)	(94.71,91.90,98.16,94.60)	(5,2,4,2)	(3,4,2,3)	(4,4,3,5)	(4,3,3,5)	99.9057	1.36	576.65
9	(90.96,91.88,91.65,91.80)	(91.36,97.61,98.90,98.36)	(94.71,91.90,98.16,94.60)	(5,2,4,2)	(2,3,5,2)	(2,2,4,3)	(6,6,3,5)	99.9999	1.55	1078.91
10	(92.15,90.38,90.35,93.96)	(93.70,97.60,97.02,91.68)	(91.32,94.83,97.07,93.70)	(2,4,4,3)	(3,4,2,3)	(4,2,5,2)	(3,4,5,5)	99.9998	1.34	615.81
11	(92.15,90.38,90.35,93.96)	(93.70,97.60,97.02,91.68)	(91.32,94.83,97.07,93.70)	(5,2,4,2)	(2,3,2,3)	(2,2,4,3)	(6,6,3,5)	99.9999	1.47	891.27
12	(92.15,90.38,90.35,93.96)	(93.70,97.60,97.02,91.68)	(94.71,91.90,98.16,94.60)	(5,2,4,2)	(3,4,2,3)	(4,2,5,2)	(3,4,5,5)	99.9999	1.42	615.81
13	(90.96,91.88,91.65,91.80)	(91.36,97.61,98.90,98.36)	(94.71,91.90,98.16,94.60)	(5,2,4,2)	(3,3,2,3)	(5,4,3,5)	(3,3,6,3)	99.9055	1.40	590.46
14	(92.85,90.87,90.28,95.88)	(98.55,97.41,92.49,91.54)	(94.71,91.90,98.16,94.60)	(5,2,4,2)	(3,4,2,3)	(4,2,5,2)	(3,4,5,5)	99.9999	1.42	715.77
15	(92.15,90.38,90.35,93.96)	(93.70,97.60,97.02,91.68)	(94.71,91.90,98.16,94.60)	(5,2,4,2)	(3,4,2,3)	(4,4,3,5)	(4,3,3,5)	99.8878	1.36	496.65

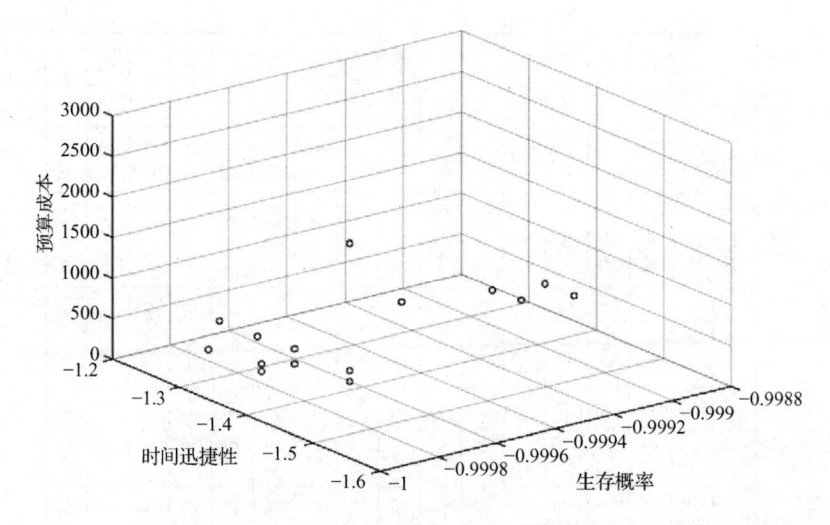

图 3.9　IDC 系统资源配置优化模型的帕累托界面

3. 结果分析与精简

此处采用数据包络分析（DEA）方法进行结果分析与精简。根据目前得到的 15 组帕累托解，可以看到方案 1 和方案 4（对应表 3.12 中的序号 1 和序号 4）在保留 4 位小数的情况下，生存概率已几乎一致。然而，在追求更高生存概率精度的优化过程中，算法却付出了数倍于此的预算成本。因此，在边际条件下，应减少成本投入，使 $C(\eta)$ 尽可能小。此外，从工程角度考虑，希望系统具备较高的原始可靠度和时间迅捷性 $T(\eta)$ 水平，此外系统在遭受破坏性事件影响后做出的恢复性工作应越迅速越好，即恢复维度的时间迅捷性 T_r^+ 越小越好。对于综合化系统而言，考虑到所配置的资源池越大，其维护难度与成本也随之增加，因此希望系统总体的 R_p 值尽可能小。

基于这些考量，在 DEA 模型中，以每个系统资源配置优化方案 η 作为决策变量，并采用 5 个以最小化形式表达的变量 $[-R(\text{reliability}), -T(\eta), T_r^+, C(\eta), R_p]$ 作为各个决策单元的输入值，可以计算出每个决策单元的最大 RE。

经计算，除 5、7、8、9、12 号方案的 RE 约等于 1 外，其他方案的 RE 均较低，因此可以确定精简后的 IDC 系统资源配置设计方案如表 3.13 所示。

表 3-13 精简后的 IDC 系统资源配置设计方案

序号	η			T_a	T_s	T_r	R_p
	$r/\%$	$\rho/\%$	$\gamma/\%$				
5	(92.15,90.38, 90.35,93.96)	(93.70,97.60, 97.02,91.68)	(94.71,91.90, 98.16,94.60)	(5,2,4,2)	(3,3,2,3)	(3,4,3,5)	(3,3,6,3)
7	(92.15,90.38, 90.35,93.96)	(93.70,97.60, 97.02,91.68)	(94.89,98.40, 97.13,90.16)	(2,4,4,3)	(3,3,2,3)	(3,4,3,5)	(3,3,6,3)
8	(90.96,91.88, 91.65,91.80)	(91.36,97.61, 98.90,98.36)	(94.71,91.90, 98.16,94.60)	(5,2,4,2)	(3,4,2,3)	(4,4,3,5)	(4,3,3,5)
9	(90.96,91.88, 91.65,91.80)	(91.36,97.61, 98.90,98.36)	(94.71,91.90, 98.16,94.60)	(5,2,4,2)	(2,3,5,2)	(2,2,4,3)	(6,6,3,5)
12	(92.15,90.38, 90.35,93.96)	(93.70,97.60, 97.02,91.68)	(94.71,91.90, 98.16,94.60)	(5,2,4,2)	(3,4,2,3)	(4,2,5,2)	(3,4,5,5)

3.6 本章小结

本章首先介绍了面向工程技术系统的四类韧性要素：结构要素、随机要素、时间要素、成本要素对系统韧性能力的作用形式，并规划了评价指标。接着，通过结合韧性三角形概念模型与系统韧性要素指标的分析，提出了一套可用于设计决策的韧性量化模型，形成了以生存概率、时间迅捷性和预算成本为核心的复杂装备系统韧性量化模型，并给出了以工程设计参数为基本变量的数学模型。随后，基于系统韧性量化模型，给出了多目标韧性优化（数学）模型。最后，以启发式算法 NSGA-II 作为模型求解手段，并基于 DEA 方法，提出了符合工程实际需求与决策偏好的帕累托优化集，使复杂装备系统具有良好的韧性基因。

第4章

装备体系韧性建模分析

第 4 章 装备体系韧性建模分析

随着现代化战争的战场规模不断扩大，作战单元的数量不断增加、作战类型不断多元化，作战样式与资源运用也日益复杂化，导致战场全域资源协同运用的复杂性急剧上升。网络中心战已不再是基于平台的网络化作战，而是要求实现传感器、指挥控制和武器系统等系统级或设备级作战要素的网络化和协同化作战。这也为要素协同作战框架下的编队作战体系带来了新的复杂性和涌现性特征，使得这些体系具备了面对干扰的响应和韧性恢复能力。因此，在协同作战情况下，对装备体系韧性进行分析研究就显得尤为重要。本章在体系工程和韧性工程理论的背景下，对装备体系特性及其韧性分析方法进行剖析。首先，通过分析典型的编队作战体系结构，明确装备体系研究的层次结构及其粒度，将装备体系韧性评价过程自顶向下分为任务层、能力层和资源层三个层次，并提出了装备体系韧性多层级评价框架；随后，分别从资源层和能力层分析装备体系韧性，并给出综合量化方法。本章内容有助于读者深入了解装备体系韧性建模与评价框架，从而掌握装备体系韧性分析方法。

4.1 装备体系层级结构与韧性建模

4.1.1 装备体系资源层结构分析

20 世纪 90 年代，美国国防部开始对装备体系进行开发与研究，其中最典型的装备体系包括美国国防部建立的美国陆军作战指挥体系和 1993 年克林顿政府建立的美国弹道导弹防御系统等。以轰炸机和反舰导弹为核心的空袭体系已经成为现代海洋战争的主要作战形式，它具有高、中、低空相结合的多层次、多批次、多方向同时饱和攻击的作战能力，从而使水面舰艇防空作战面临严峻的考验。随着以网络为中心的自同步指挥控制等概念的提出，将编队中各种装备通过网络数据和通信系统连接起来，以实现互联、互通、互操作，成为实现网络化协同防空反导的基础。以信息的透明与共享以及舰艇编队作战体系的协同交战为核心的网络化体系防空作战，将成为未来编队协同防空反导的主要模式。为此，本书以某编队协同防空作战体系为例进行介绍，图 4.1 所示为编队协同防空作战体系结构示意图。

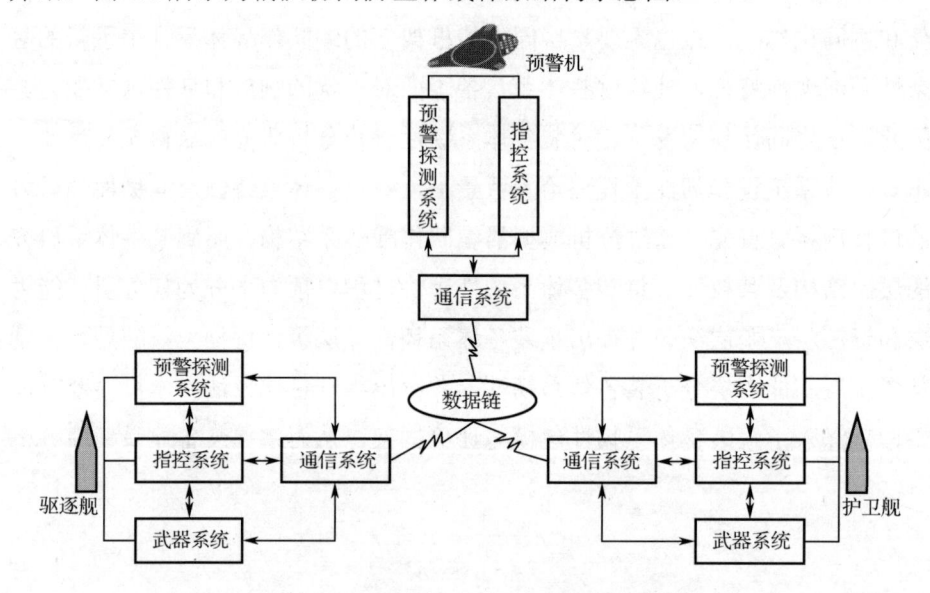

图 4.1　编队协同防空作战体系结构示意图

目前我国对于编队协同防空作战体系的研究正处于快速发展阶段，这一体系可支持海上舰艇、航母编队区域协同防空和海军网络中心战的实现。总体而言，编队协同防空作战体系对于现代化战争具有以下重要意义：

（1）作战需求牵引，紧贴军队需求。编队协同防空作战体系以编队协同防空作战需求为引导，紧贴军队需求，重点解决编队中远程舰空导弹武器与传感器探测跟踪距离不匹配、编队信息实时共享困难及精度不足、依靠预案和人工进行编队防空指挥导致的指挥控制效率低、探测资源不能有效互补、抗干扰能力不足等关键问题，旨在实现编队对空作战的要素级协同（关键系统和资源要素级），改变目前编队兵力协同与单平台按照任务"自打自控"的模式，提升体系总体的防空反导能力。

（2）关键要素构建，按节点成体系集成。编队协同防空作战体系采用开放式、分布式结构，利用通用接口单元完成关键组件的构建，通过新研装备

第4章 装备体系韧性建模分析

和现有装备的集成设计与实现,完成体系的集成融合。此外,在研制完成后,装备体系仍可以按照新的演化需求进行改进与加装,确保形成持续的体系作战能力,保障体系作战效能。

(3)多能力协同,确保有用、耐用、好用。现代化军事战争,早已从原有的平台化"点对点"作战模式转变为以网络为中心的"体系对体系"作战模式。编队网络化作战能力的提升,实现了协同探测、复合跟踪、超视距探测跟踪、导弹拦截、接力拦截、协同交战和火力优选等作战能力的一体化。

若干具有单独作战能力的平台通过资源与信息共享形成了以网络为中心、具有协同能力的武器装备体系。以典型的5节点编队作战体系为对象,其网络中心拓扑模型如图4.2所示。每个编队平台都需要执行一组任务(目标或子目标)以实现体系的总体目标,因此,要实现该装备体系的任务使命,需要解决任务分配、冲突处理、组成系统之间的能力协同等问题。正是因为每个组成系统或平台都具有一定程度的自主性和智能性,所以编队作战体系的控制主要集中在系统级和体系级的权衡分析上,而这些特性赋予了体系一定的韧性能力。

基于杀伤链与OODA(Observation、Orientation、Decision、Action,侦察、调整、决策、行动)环理论,装备体系的关键要素包括侦察探测要素(如空中预警机机群和舰载雷达等)、通信要素(由通信卫星和数据链等组成的通信网络)、指挥控制要素(主/副指控系统)和火力要素(包括各型号驱逐舰和护卫舰的武器系统)等。在这些要素中,通信网络是实现装备体系资源与信息共享的基础。编队作战体系通信网络根据装备体系的作战需求,进行编队通信资源管理与通信网络规划,并利用该网络实现协同防空作战方案、协同作战指令、状态信息、目标点迹等信息的传输,从而获取编队协同防空作战网络初始化、动态规划和协同子网控制等参数,并下发至各个编队平台,各编队平台的数据链设备也据此建立网络。网络的主控节点依据协同子网控制参数(包括子网编号等)最多可建立 x 个协同子网,这些协同子网群通过监测分析数据链设备上报的工作状态和网络连通性,以及接受指挥员下达的网络调整命令,生成网络控制命令,实现对数据链网络的实时管控。通信网络根据网络业务负荷、数据优先级等信息进行数据调节和传输控制,实现编

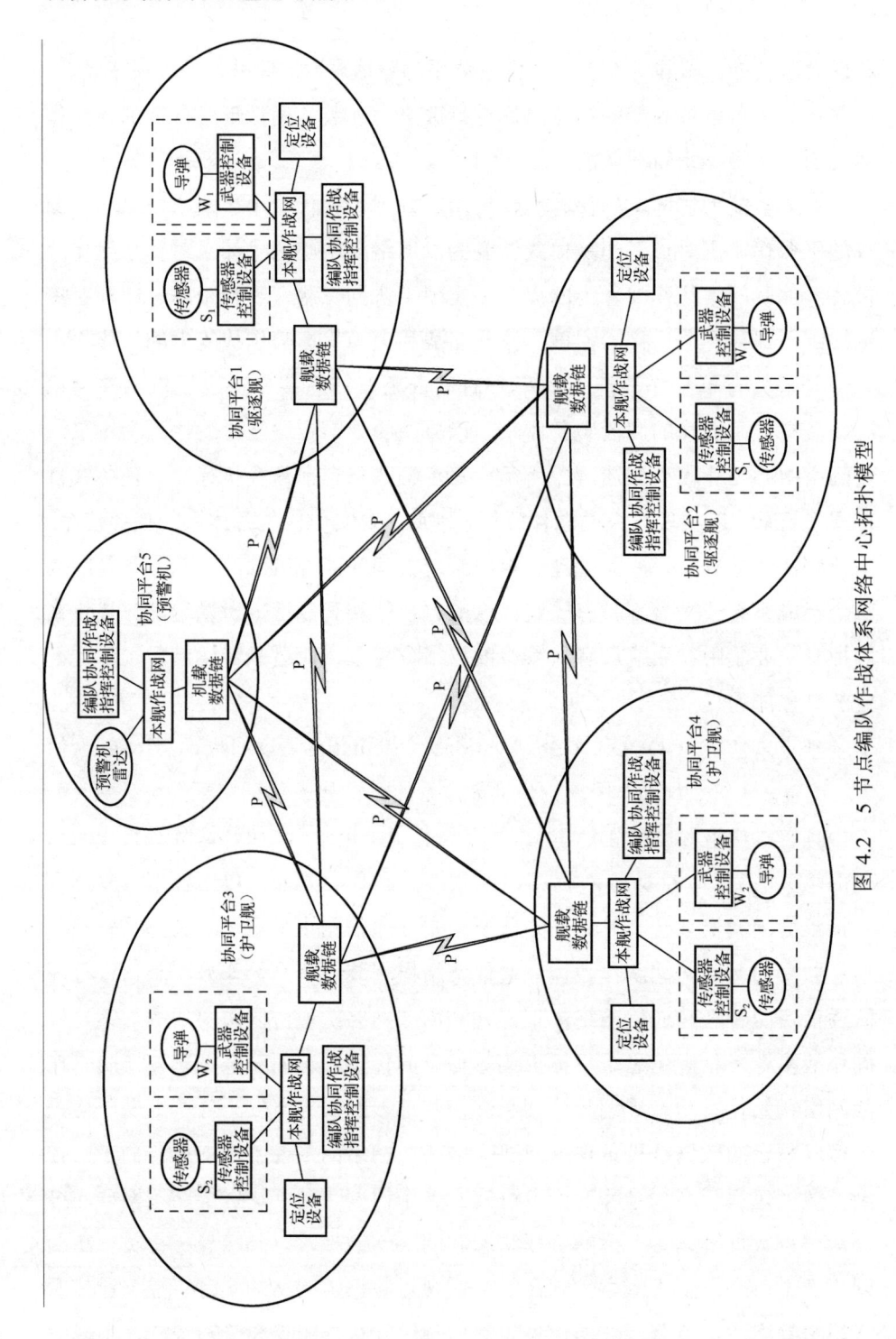

图 4.2 5 节点编队作战体系网络中心拓扑模型

第4章 装备体系韧性建模分析

队内各水面舰船及空中预警机之间的侦察探测信息、指挥控制信息、协同火控信息的实时传输和交换。这为编队作战体系实现资源实时共享、信息实时融合、传感器协同探测和武器协同控制作战提供了支持。因此，以通信网络为核心构建的装备体系，同时呈现出内部局域网（本舰作战网）和外部数据链的内外部网络结构。这一通信网络结构也是体系韧性研究的重中之重。

体系层次结构的划分能体现出体系的复杂性和涌现性等特征，而不同的体系结构层次划分方式对体系研究的侧重点和作用也各有不同。根据各个层次的特性对整个体系属性的不同影响，装备体系层次结构如图4.3所示。本层级结构针对编队作战体系的特点，以编队协同作战能力为核心、以组成系统之间的资源与信息共享特征为基础，在识别关键装备要素的同时对装备体系结构进行分解，从而为装备体系韧性评价提供研究基础。

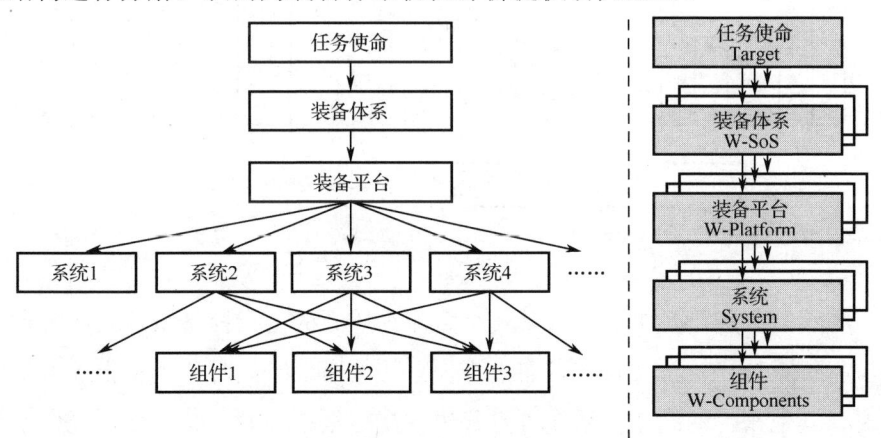

图4.3 装备体系层次结构

根据装备体系层次结构，首先，为完成体系化作战的协同防空作战任务，编队作战体系至少应该具备侦察探测、指挥控制、通信保障和火力打击四个核心能力。其次，一套编队作战体系是由驱逐舰、护卫舰和预警机这三种装备平台组成的。而这些平台又是由相应的物理作战资源（组成系统和关键设备）组成的，具体包括：

（1）护卫舰，主要包含指控系统（又称指挥控制系统）、武器系统、通信系统和侦察探测系统（各型号雷达）。

（2）驱逐舰（和护卫舰具有相同的系统功能），主要包含指控系统、武器系统、通信系统和侦察探测系统。

（3）预警机，主要包含指控系统、通信系统和侦察探测系统，不包含武器系统。

为构建编队作战体系，使各舰载平台具有协同作战能力，需要开发部分新研设备，并对原平台设备进行适应性改进，某舰载平台的组成结构如图 4.4 所示。

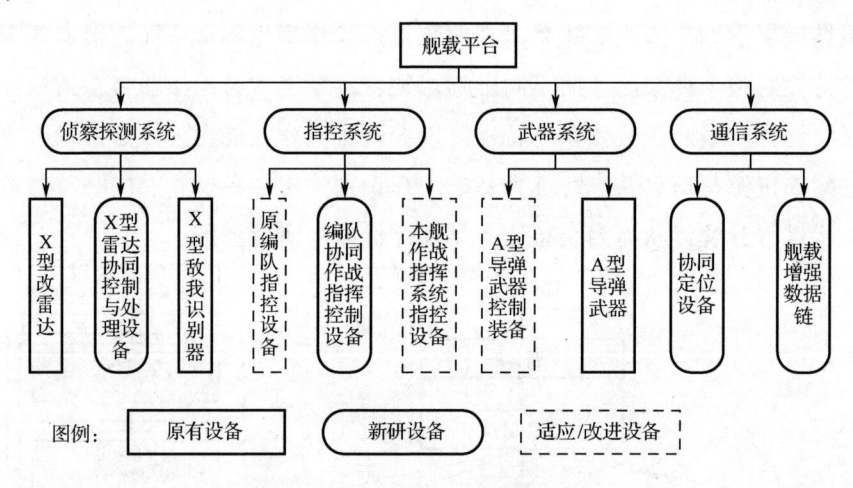

图 4.4　某舰载平台的组成结构

在编队作战体系中，仅以某一平台作为核心的主指控系统，其余平台则为副指控系统，负责接收和发布主指控系统的命令。同时，当主指控系统失效时，其他平台的副指控系统可替代原主指控系统的功能。另外，通信系统主要包含通信保障设备以及各个系统的数据链设备，用以实现各个平台和组成系统之间的相互通信，实现资源与信息共享，其主要功能包括：①动态组网数据通信功能；②水面、空中中继功能；③精确的网内定时同步功能；④向下兼容数据链功能；⑤通信业务功能，包括数据通信和语音通信；⑥通信保密功能，具备入网节点身份识别能力；⑦网络重组功能，新增节点可以随时入网，具备动态时隙分配能力；⑧自检功能，工作过程中能监视、检测设备各单元/模块的工作状态等。

本节对装备体系物理资源进行了层次结构划分，并将组成系统明确为装备体系研究的最低层次，为后续的装备体系韧性多层级分析提供了研究依据。

4.1.2 装备体系韧性多层级评价框架

韧性在本书中被定义为装备体系自身的一种属性，同时也是一种评价和度量参数。本节根据装备体系层次化特点，从装备体系资源和能力两个角度建立装备体系韧性多层级评价方法。编队作战体系具有以下特点：一项任务使命由若干种能力协作完成，一种能力可由若干种资源协同实现，以及一种资源可支撑多种能力。因此，我们将装备体系分解为任务层、能力层和资源层三个层级，梳理出自顶向下完整的任务层—能力层—资源层映射关系，其结构示意图如图 4.5 所示。任务层包含体系中具有感知、计算、通信、执行等能力的不同资源实体，其研究对象为整个装备体系物理资源组成的拓扑结构，在进行资源层韧性分析时，需重点关注各类资源实体的移除与增加对整个装备体系韧性的影响。能力层包含各类物理资源所涌现出的特定功能，在分析时需重点关注同类物理资源所具有能力的性能降级和恢复对整个装备体系韧性的影响。资源层是实现装备体系能力的基础，能力层是装备体系各类资源实现特定功能的体现。因此，资源层关注系统或平台物理资源之间的协同能力，能力层关注各类系统或设备的性能变化，而任务层则综合协调体系的能力和资源韧性，关注作战任务全局的韧性能力。

面向装备体系的资源状态、能力及其任务使命，根据资源层、能力层和任务层的层次结构划分，本书对反映装备体系韧性特征的关键要素进行识别与分析。资源层以各作战平台的物理资源为对象，以资源共享为核心，研究在考虑动态重构情况下的编队作战资源状态变化；能力层以组成系统特有能力的性能指标为对象，关注各类系统或设备的性能变化，研究在考虑动态重构情况下各同类系统综合性能指标变化的韧性；任务层的韧性评价是基于能力层和资源层韧性分析结果进行的综合评价。通过如图 4.6 所示的装备体系韧性多层级评价框架，本书明确了以编队作战资源协同能力、组成系统特有能力和体系完成任务使命能力为研究重点，从不同层级角度对体系韧性进行分析。综上，装备体系韧性多层级评价框架针对装备体系要素的资源与能力特性分别进行韧性评价，进而完成对装备体系韧性的综合评价。本节从两个

装备体系韧性分析理论与技术

局部评价出发到体系全局的综合评价,考虑了体系研究的模型粒度对其有效信息和细节的保留以及表达实体间涌现性等相关因素,明确了装备体系韧性研究的层次、粒度与边界。

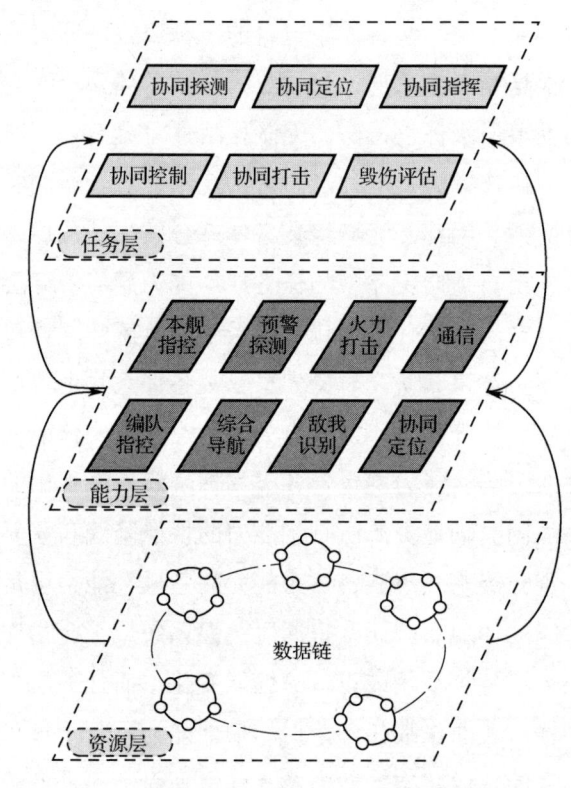

图 4.5　装备体系任务层—能力层—资源层三层结构示意图

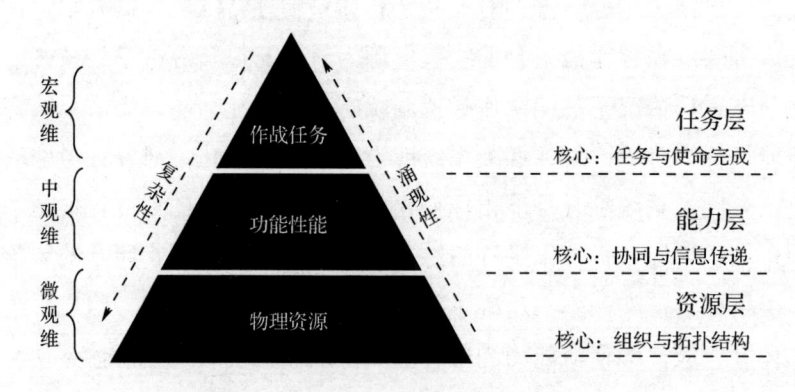

图 4.6　装备体系韧性多层级评价框架

4.1.3 基于性能阈值的韧性量化模型

现阶段，装备体系韧性建模研究的主要应用包括马尔可夫链、离散事件仿真、Petri网、系统动力学模型和复杂网络理论等。其中，运用复杂网络理论构建体系模型、分析体系韧性的方法已经被广泛采用。北京航空航天大学的潘星和蒋卓等人利用复杂网络理论进行体系韧性分析，提出了基于韧性的组件重要度分析方法，并分析了性能损耗与恢复时间对组件重要度的影响，从而构建了评价体系韧性的恢复策略优化方法。张俊利用DoDAF视图进行产品体系结构建模，并将其转化为赋权有向图，对装备体系关键节点进行评估。他首先利用Hamilton道路理论评估了体系网络的最大崩溃路径；然后通过集对分析法得到脆性联系权值；最后基于熵理论对装备体系结构脆性进行分析与评价。国防科技大学智能科学学院装备综合保障技术重点实验室白光晗等人开展了无人机集群可靠性与韧性评估相关研究。无人机集群是一种由众多无人机以自组织、自适应方式执行任务，以实现总体任务为目标的装备体系。无人机集群以任务使命为中心，具有多阶段和多任务周期的特性。无人机集群的韧性被定义为集群在遭受外部干扰或敌方毁伤时，系统经过吸收、适应干扰后仍然能完成任务的能力。白光晗等人的研究建立了无人机集群的韧性评估框架及指标，将其韧性大小从抗毁能力和恢复能力两个方面进行评价，并从状态转移角度出发，考虑其多状态性与网络特性，从而度量出无人机集群的每种能力在时间尺度、功能变化过程和功能最终状态这三个维度的体系韧性。武小悦和刘斌等人针对装备体系的动态可靠性建模需求，构建了贝叶斯网络和多Agent（智能体）模型，实现了基于可执行化DoDAF模型的装备体系动态可靠性分析。Uday和Marais对体系组成系统的重要性进行度量，明确了其对体系韧性的影响，建立了体系韧性与费用权衡框架，并以沿海作战体系为对象进行权衡分析，对其韧性设计提供指导。刘彦等人提出了一种基于双层耦合网络的装备重要度评价方法，在分析装备重要度评估指标体系的基础上，全面考虑装备之间的空间关系以及装备功能之间的指挥控制

装备体系韧性分析理论与技术

与协同关系，构建了装备体系结构双层耦合复杂网络模型。同时，该研究还结合网络结构特征确定了节点重要度评估方法，通过改进群层次分析法确定耦合强度并进行装备重要度综合评估。郭业波基于着色 Petri 网（Colored Petri Net，CPN）关联矩阵的结构化分析方法，将 CPN 模型的关联矩阵转换为一种特殊方阵，并计算其特征值，随后根据特征值的性质对 Petri 网结构进行分析，从而实现了对大型 Petri 网模型的简化，最后，从雷达组网探测范围和抗干扰两方面对预警雷达系统效能进行了定性评估分析。朱承等人对军事信息网络进行了抗毁性和鲁棒性相关问题研究，分析了军事信息网络的结构以及电磁干扰、火力打击等外部威胁对其产生的影响。

现有的体系韧性评估模型主要关注体系的某个结构特性或基于单个性能进行分析，尚未充分考虑组成系统之间的资源共享与信息融合特性给体系带来的影响。然而，由于装备体系的网络中心性，其组成系统或设备的功能可以相互替代或补充，这意味着在遭受内外部干扰后，装备体系特定能力可以通过动态重构进行降级使用或者恢复。因此，对装备体系韧性的研究不仅要将体系中相同或相似的组成系统看作一个整体进行分析，还要考虑这些组成系统或设备之间的相互作用。同时，在对装备体系进行韧性识别时，一定要综合考虑其内外部干扰因素。其中，内部因素主要考虑系统内部出现的故障或系统之间的相互影响，包括系统软硬件故障、控制机制缺陷、架构缺陷和组成系统之间的距离影响等，而不同的故障类型会对系统或体系的性能造成不同程度的降级甚至失效的影响；外部因素则主要考虑外部环境、攻击或灾难事件的影响，它虽然不是装备体系韧性所具有的固有属性，但会影响装备体系的韧性。

基于性能阈值的韧性量化模型是从同类组成系统的能力角度出发，根据多维度韧性理论、复合韧性测度和动态韧性度量模型，通过对各韧性要素的性能指标变化情况分析而提出的模型。离散系统和连续系统性能水平变化过程分别如图 4.7 和图 4.8 所示。当系统退化失效或遭遇外部干扰后，将韧性过程分为 m 个阶段，设系统性能阈值为 k，根据韧性三角形等相关韧性定义和内涵，可以给出基于性能阈值的装备体系韧性量化的概念定义和度量方法。

韧性累积损失量表征在任务过程中系统遭受干扰后性能损失量的总和，

第4章 装备体系韧性建模分析

如图4.7和图4.8中的阴影部分所示。当系统输出性能低于k时,无法满足系统最低运行条件,系统已经不具备韧性,低于阈值部分的性能损失不计入韧性累积损失量。因此,离散系统的韧性累积损失量$\mathcal{R}_1$可由式(4-1)计算,$\mathcal{R}_1$值越小表示系统的韧性损失越小,而系统的韧性反而越大。

$$\mathcal{R}_1 = \sum_{i=0}^{m-1} \{g_0 - \max[k, g(t_i^+)]\} \cdot (t_{i+1} - t_i) \tag{4-1}$$

式中,m为韧性过程的阶段数,t_0为系统首次遭遇外部冲击的初始时间,t_i为第i个韧性阶段的结束时刻,g_0为系统正常工作状态下的初始性能,$g(t_i^+)$为系统性能在t_i时刻的右极限,$t_{i+1} - t_i$为第i个韧性阶段所经历的时间。

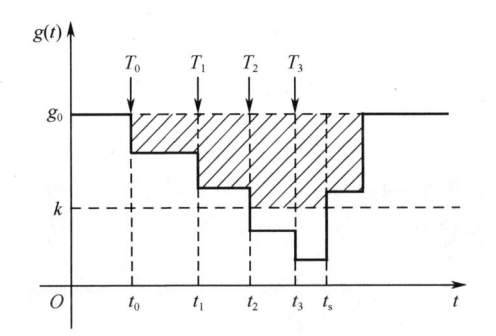

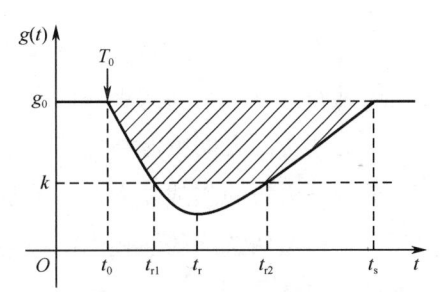

图4.7 离散系统性能水平变化过程　　图4.8 连续系统性能水平变化过程

由图4.8可得,阴影部分面积为连续系统的韧性累积损失量$\mathcal{R}_1$,即

$$\mathcal{R}_1 = \int_{t_0}^{t_s}[g_0 - g(t)]dt - \int_{t_{r1}}^{t_{r2}}[k - g(t)]dt \tag{4-2}$$

式中,t_{r1}和t_{r2}为性能分布函数$g(t)$的反函数$g^{-1}(k)$的两个解,且$t_{r1} < t_{r2}$。

发生干扰后,系统所能承受的最大性能损失量为韧性裕度,记为$\mathcal{R}_{\text{limit}}$,即系统以完好状态运行和以最低性能状态运行的差值与任务持续时间的乘积,如式(4-3)所示:

$$\mathcal{R}_{\text{limit}} = (g_0 - k) \cdot (t_s - t_0) \tag{4-3}$$

韧性损失率表征在任务过程中系统原有韧性能力的损失程度,记为$\mathcal{R}_{\text{lr}}$,即系统韧性累积损失量和韧性裕度的比值,如式(4-4)所示:

$$\mathcal{R}_{\text{lr}} = \frac{\mathcal{R}_1}{\mathcal{R}_{\text{limit}}} \tag{4-4}$$

式中,$0 \leq \mathcal{R}_{\text{lr}} \leq 1$,$\mathcal{R}_{\text{lr}}$的值越大表示系统韧性损失率越高,系统韧性反而越

小，则系统或体系的韧性 $\mathcal{R}$ 可以表示为

$$\mathcal{R} = 1 - \mathcal{R}_{lr} = \frac{\mathcal{R}_{limit} - \mathcal{R}_1}{\mathcal{R}_{limit}} \qquad (4\text{-}5)$$

式中，$0 \leqslant \mathcal{R} \leqslant 1$，韧性值表明在环境条件变化和内外部干扰情况下，系统通过动态重构依然能够保持一定性能的能力大小，当 $\mathcal{R}=1$ 时，表示系统没有韧性损失，处于完好运行状态；当 $\mathcal{R}=0$ 时，表示系统已无韧性，处于临界崩溃状态。

4.2 装备体系资源层韧性分析

装备体系各平台的物理资源之间以信息为介质，以网络为载体，进行资源与信息的共享，从而实现共同的目标，完成共同的使命，因此通信网络是实现各物理资源之间资源与信息共享的前提与基础，其功能丧失会使平台或系统节点失去协同作战能力。本节基于复杂网络理论，构建了面向装备体系物理资源和通信链路的演化网络模型，并分别分析了同构和异构装备体系演化网络的韧性。

4.2.1 干扰策略分析

装备体系在作战任务过程中容易遭受各种类型的外部攻击和干扰，如病毒、电磁冲击和火力打击等。最常见的外部攻击策略是由 Albert 等人于 2000 年提出的随机攻击策略和蓄意攻击策略。Holme 等人在此基础上对蓄意攻击策略又进行了进一步研究，提出了 4 种类别的蓄意攻击策略，分别为初始度攻击策略、当前度攻击策略、初始网络介数攻击策略和当前网络介数攻击策略，并对无标度网络和小世界网络在 4 种攻击策略下的脆弱性进行了分析与研究。Nie 等人又在 Holme 等人的研究基础上进行了拓展，提出了更为有效的蓄意攻击策略，分别为初始度与介数攻击策略和当前度与介数攻击策略。Hao 等人提出了树形攻击策略，该攻击策略可应用于网络病毒入侵等类型的外部干扰分析。首先采用随机根节点、度最大节点、度最小节点和介数最大

第 4 章 装备体系韧性建模分析

节点四种方式来选择初始根节点；然后以第一个遭受干扰的根节点为核心，依次对遭受干扰的邻居节点进行层次划分，形成树形结构的攻击方式；最后对在这种攻击策略下的随机网络、小世界网络、无标度网络以及 6 种实证网络的脆弱性进行了分析研究。随机攻击策略是完全按照随机的方式对演化网络中的节点进行攻击，将其从网络中移除；当前度最大攻击策略是对当前时刻网络节点的度进行降序排列，并从大到小对网络中的节点进行攻击；当前介数最大攻击策略是对当前时刻网络节点的介数进行降序排列，并从大到小对网络中的节点进行攻击。本节主要研究随机攻击、当前度最大攻击和当前介数最大攻击 3 种外部干扰策略对具有动态重构能力的装备体系资源层韧性的影响。

由于作战任务时间较短，装备自然退化引起的失效可以忽略不计，而装备体系在作战任务过程中更容易遭受各种类型的外部攻击和干扰，不同类型和大小的外部干扰对装备体系造成的损伤程度也大不相同。本章将外部干扰对装备体系造成的损伤分为 4 种等级：轻微损伤、局部性能损伤、重度损伤和致命损伤。轻微损伤表示外部干扰对体系的性能没有影响，可以忽略不计；局部性能损伤是指外部干扰对装备体系部分系统有一定的性能损害，会导致性能降级，但不会导致组成系统或者平台彻底失效；重度损伤会导致组成系统失效，但不会直接导致平台或者整个体系失效；致命损伤是指外部冲击会给平台带来致命的损害，当外部冲击所带来的损害达到该等级时，平台甚至是体系将彻底失效。本节从复杂网络的角度对装备体系资源层韧性进行分析，外部冲击对装备体系组成系统带来的局部性能损伤不在其考虑范围内，因此本研究仅考虑等级为重度损伤和致命损伤的外部干扰对装备体系演化网络的影响。

4.2.2 体系演化网络模型的构建

1. 演化网络模型初始化

根据装备体系在任务过程中遭遇内外部干扰并进行动态重构的过程，基于复杂网络理论构建由装备体系物理资源和通信链路组成的演化网络模型。

将各平台节点定义为 v_i，节点的集合为 V，各平台包含侦察探测系统节点 s_i、指控系统节点 c_i、武器系统节点 w_i 和通信系统节点 t_i 这 4 种系统节点，各平台节点之间通过无线数据链连接，各系统节点之间通过有线局域网连接，因此将平台内部和平台之间的通信连接都定义为具有不同权重的连边。构建的演化网络模型中各个节点和边都具有不同的属性。本节对编队作战体系物理资源进行不同粒度的网络化抽象，并构建初始化演化网络。在该模型中，演化网络以无向图的形式呈现。

演化网络定义如下：给定一个无向图 $\mathcal{G}=\{V,E,\varphi,\psi\}$，其中 $V=\{v_1,v_2,v_3,\cdots,v_n\}$，$v_i$ 代表第 i 个平台节点，边 $e_{ij}\in E(i,j=1,2,\cdots,n\text{且}i\neq j)$ 意味着平台节点 v_i 和 v_j 可以相互交换信息。$\mathcal{N}$ 和 $\mathcal{L}$ 分别为节点与边的特征集合，该无向图具有一个节点类型映射函数 $\varphi:v_i\to\mathcal{N}$，其中 $v_i\in V$ 属于特定的节点类型，$\varphi(v_i)\in\mathcal{N}$。边类型映射函数 $\psi:E\to\mathcal{L}$，其中每条边 $e\in E$ 属于特定的关系，$\psi(e_{ij})\in\mathcal{L}$。如果图中节点类型 $|\mathcal{N}|>1$ 或边类型 $|\mathcal{L}|>1$，则演化网络是异构网络。

2. 模型约束

下面介绍编队作战体系及其平台节点的约束条件和失效判据。当任意平台满足平台节点的任一失效判据时，即认定该平台节点失效，无法进行协同作战。平台节点失效判据包括：

（1）平台节点受到致命性损伤而失效。

（2）平台内的通信系统节点 t_i 失效，致使整个平台失去协同作战能力。

（3）平台内的侦察探测系统节点 s_i、指控系统节点 c_i、武器系统节点 w_i 全部失效，仅有通信系统节点 t_i 未失效。

编队作战体系以协同作战能力为核心，当体系具有协同作战能力时，则认定该体系未失效，即体系内有 k_s 个完整的探测—指控—武器环，且可以互相通信，否则认为该编队作战体系失效。因此，体系的协同判据为：

（1）具有至少 k_s 个运行良好的平台节点，且两个平台之间的通信链路良好。

第4章 装备体系韧性建模分析

（2）装备体系中至少各具有 k_s 个未失效的侦察探测系统、指控系统和武器系统，即 $\left(\sum_{i=1}^{n} s_i \geq k_s\right) \cap \left(\sum_{i=1}^{n} c_i \geq k_s\right) \cap \left(\sum_{i=1}^{n} w_i \geq k_s\right) \cap \left(\sum_{i=1}^{n} t_i \geq k_s\right)$ 为真，且未失效系统之间的通信链路良好，即 4 类节点中至少各有 k_s 个节点保持连通。

3．演化网络指标分析

下面分别介绍装备体系演化网络的复杂网络指标和韧性指标。

1）复杂网络指标

在现有的复杂网络研究中，评价的指标主要包括基于网络拓扑结构和网络性能参数的指标，例如网络的连通度、存活节点数和网络效率等。本节从复杂网络理论出发，给出装备体系演化网络的相关指标及其定义，具体如下。

（1）最大连通度 $G_c(t)$：在装备体系演化网络图中，在 t 时刻复杂网络最大连通子图的节点数与初始网络节点数的比值，即

$$G_c(t) = \frac{\text{num}G(t)}{N(0)} \quad (4\text{-}6)$$

式中，$\text{num}G(t)$ 为网络最大连通子图的节点数，$N(0)$ 为初始网络节点数。

（2）网络效率：在复杂网络中，一对节点的效率是指网络拓扑结构中两个节点间最短路径的倒数。网络局部效率（Local Efficiency）是指拓扑图中节点的邻居所诱导的子图的平均全局效率；网络全局效率（Global Efficiency）是指所有节点对效率的平均值。因此，装备体系网络全局实时效率为

$$E_f(t) = \frac{1}{N(0)[N(0)-1]} \sum_{i \neq j} \frac{1}{L_{ij}(t)} \quad (4\text{-}7)$$

式中，$L_{ij}(t)$ 为 t 时刻复杂网络中任意两个节点间的最短路径。

（3）冯旻昱提出了一种名为网络规模的网络拓扑结构特性，在此基础上，我们给出装备体系网络规模 $N(t)$ 的定义：在任意时刻 t，装备体系演化网络中平台或系统节点的数量。随着时间的推移，网络规模在一定条件下将逐渐趋于平稳。

2）韧性指标

下面根据基于性能阈值的韧性量化模型，对基于不同性能指标的装备体

系演化网络韧性进行分析。例如，以网络规模为性能指标，建立面向装备体系网络规模的韧性度量方法，在度量网络韧性时仅考虑在给定平台或系统节点阈值条件下的网络规模损失的变化量。将整个复杂网络演化过程分为 n 个时间段，可得出基于网络规模、最大连通度和网络效率的演化网络韧性累积损失量分别为：

$$\mathcal{R}_1 = \sum_{t_i=0}^{t_n} \{N(0) - \max[k_N, N(t_i)] \cdot (t_{i+1} - t_i)\}$$

$$\mathcal{R}_1 = \sum_{t_i=0}^{t_n} \{G_c(0) - \max[k_{G_c}, G_c(t_i)] \cdot (t_{i+1} - t_i)\} \quad (4\text{-}8)$$

$$\mathcal{R}_1 = \sum_{t_i=0}^{t_n} \{E_f(0) - \max[k_{E_f}, E_f(t_i)] \cdot (t_{i+1} - t_i)\}$$

其中，k_N、k_{G_c} 和 k_{E_f} 为装备体系执行作战任务所要求的最低网络规模、最大连通度和网络效率。

演化网络韧性裕度是以最大的网络规模、连通度和网络效率持续执行作战任务时的性能累积量，即

$$\mathcal{R}_{\text{limit}} = [N(0) - k_N] \cdot t_n$$
$$\mathcal{R}_{\text{limit}} = [G_c(0) - k_{G_c}] \cdot t_n \quad (4\text{-}9)$$
$$\mathcal{R}_{\text{limit}} = [E_f(0) - k_{E_f}] \cdot t_n$$

根据式（4-4）、式（4-7）和式（4-8）可得装备体系演化网络韧性 $\mathcal{R}$ 为

$$\mathcal{R} = \frac{\mathcal{R}_{\text{limit}} - \mathcal{R}_1}{\mathcal{R}_{\text{limit}}} \quad (4\text{-}10)$$

4.2.3 同构装备体系演化网络韧性分析

下面针对装备体系平台级同构演化网络韧性进行分析，仅考虑平台节点失效后的动态重构策略对演化网络韧性的影响。由于不考虑系统级节点，演化网络中的各平台节点具有相同的度和介数，因此在基于 Markov（马尔可夫）过程和基于仿真的平台级演化网络韧性分析中仅考虑外部随机攻击策略的影响。

第4章 装备体系韧性建模分析

1. 同构装备体系演化网络模型

对于同构装备体系，采用马尔可夫过程和排队论进行评估，考虑在随机冲击下采用重构策略Ⅱ或Ⅲ的影响。同构装备体系表示体系中的所有节点都是相同的，由节点集合 V 和边集合 E 组成，其中 $|\mathcal{N}|=1$，$|\mathcal{L}|=1$。节点通过失效率为 λ_e 的无线数据链路连接。设 $\{N(t), t \geq 0\}$ 为体系演化网络规模的统计过程，即 $N(t)$ 代表 t 时刻的节点数量，其状态空间为 $\Omega = \{1,2,\cdots\}$，其中 $N(t) \in \Omega$。在初始演化网络中有 $\{N(t), t=0\}$ 个节点。节点失效率（反映节点失效的速率）和失效节点数量分别表示为 λ_j 和 d。通过动态重构，增加或修复的节点速率为 μ_j。在时间间隔 $[t_{j-1}, t_j]$ 内，失效节点和新节点的数量分别表示为 n_j 和 m_j。5节点编队作战体系平台级同构演化网络结构如图4.9所示。

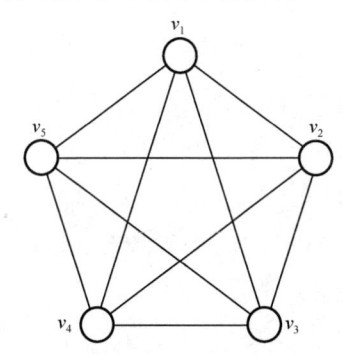

图4.9　5节点编队作战体系平台级同构演化网络结构

2. 基于排队论的同构装备体系演化网络分析

不同于传统的增长型网络，本节引入随机过程和排队论来构建装备体系平台级演化网络模型，描述其在任务执行过程中的网络演化过程。在装备体系网络的演化过程中，假设平台节点可以动态地加入或者离开演化网络，当任意平台节点遭受致命损伤或其通信系统遭受重度损伤（失去协同能力）时，该平台节点失效，接下来通过维修或指派新平台加入编队作战体系生成新的平台节点，且平台节点同时失效和生成的数量可以是一个也可以是多个。下面基于马尔可夫过程和 $M/M/n$ 排队系统研究同构装备体系演化网络的相关特性及其分布规律。

1）基于马尔可夫过程的同构装备体系演化网络分析

根据上述分析，初始演化网络有 $N(0)$ 个平台节点，在遭受外部随机干扰后，旧的平台节点以速率 λ_j 失效，失效节点个数为 d。之后，地面基站对装备体系进行结构重组，新的或修复后的 a 个平台节点以 μ_j 的速率加入装备体系中。令 n_j 表示在 $[t_{j-1}, t_j]$ 时间段内，编队作战体系遭受致命冲击并导致通信系统和平台节点失效的总次数，假设遭受外部致命冲击次数 n_j 服从参数为 λ_j 的泊松分布，则 $n_j \sim P(\lambda_j \Delta t)$，即在 Δt 时间内出现 d 个平台节点失效的概率为 $P(n_j = d) = \dfrac{\lambda_j^d}{d!} e^{-\lambda_j \Delta t}$。同样，令 m_j 表示在 $[t_{j-1}, t_j]$ 时间段内新加入的平台节点数，假设加入的平台节点数 m_j 服从参数为 μ_j 的泊松分布，则 $m_j \sim P(\mu_j)$，即在 Δt 时间内加入 a 个平台节点的概率为 $P(m_j = a) = \dfrac{\mu_j^a}{a!} e^{-\mu_j \Delta t}$。

不同数量的平台节点动态失效与加入过程类似于马尔可夫过程，本节提出了基于马尔可夫过程的演化网络分析方法。已知初始装备体系有 $N(0)$ 个平台节点，仅考虑在外部随机攻击的情况下，原装备体系中的平台节点以速率 λ_j 退出作战体系，新的平台节点以速率 μ_j 加入体系网络中，整体服从马尔可夫过程。令 $p_{ij}(\Delta t)$ 为在 Δt 时间内装备体系规模从 i 变为 j 的概率，根据马尔可夫过程，满足以下条件概率：

$$p_{ij}(\Delta t) = P\{N(t+\Delta t) = j | N(t) = i\} \tag{4-11}$$

式中，i 和 j 为正整数。又有 $p_j(t) = P\{N(t) = j\}, N(t) = 1, 2, \cdots$，表示在 t 时刻装备体系规模为 j 的概率。令 $t \to \infty$，若 $p_j(t)$ 可以收敛于某值，则可得平稳概率分布为

$$\Pi_j(t) = \lim_{t \to \infty} p_j(t) \tag{4-12}$$

基于马尔可夫过程的装备体系平台节点转移概率 $p_{ij}(\Delta t)$ 可计算如下：

$$p_{ij}(\Delta t) = \frac{\mathrm{d}P}{\mathrm{d}t} = P(\Delta t) \cdot \Lambda \tag{4-13}$$

装备体系平台节点的状态转移概率矩阵 Λ 为

$$\Lambda = \begin{pmatrix} \lambda_{n,n} & \lambda_{n,n-1} & \cdots & \lambda_{n,1} & \lambda_{n,0} \\ \mu_{n-1,n} & \lambda_{n-1,n-1} & \cdots & \lambda_{n-1,1} & \lambda_{n-1,0} \\ \vdots & \vdots & \ddots & \vdots & \vdots \\ \mu_{0,n} & \mu_{0,n-1} & \cdots & \mu_{0,1} & \lambda_{0,0} \end{pmatrix} \tag{4-14}$$

式中 n 为演化网络节点数，且 $n=1,2,3,\cdots$，则有 $\sum_{j=0}^{n}p_{ij}(\Delta t)=1$。

根据上述条件，该装备体系平台节点网络规模有一个稳定的状态分布 Π。令 $\mathrm{d}P/\mathrm{d}t=0$，即令状态概率 P 的导数为 0，有：

$$\Pi \Lambda = 0 \tag{4-15}$$

又根据 $\sum_{j=0}^{n}\Pi_j=1$，可得稳态概率为

$$\Pi_j = D_j \Big/ \sum_{i=0}^{n}D_i \tag{4-16}$$

式中，$j=1,2,\cdots,n$，D_j 表示状态矩阵 Λ 删掉第 j 行和第 j 列的行列式。

2）基于 $M/M/n$ 排队系统的同构装备体系演化网络分析

冯昱昱在复杂网络研究中提出了基于生灭过程的演化网络模型，首次将排队系统引入复杂网络的建模中，应用 $M/M/\infty$ 和 $M/G/\infty$ 排队系统对演化网络的规模进行分析，并将其推广应用到对人口网络的拟合与预测当中。从排队论的角度来看，可以将装备体系网络中的节点视为顾客，节点数即为队列的长度，将节点的失效机制视为服务台，将节点在网络中的连接过程视为服务过程，将节点生成视为顾客到达，将节点失效视为顾客接受服务后离开，等待时间是从平台节点到达至节点接收服务后失效的时间。在这类复杂网络中，平台节点的等待时间很长，而服务时间（失效时间）极短，可以忽略不计，且在演化网络中可以允许多个平台节点同时失效，则有以下设定。

- 节点生成（顾客到达）：单个平台节点的修复或加入的速率服从指数分布，令单个平台节点的到达速率为 μ。
- 节点失效（顾客离开）：平台节点往往遭受符合泊松分布的外部冲击，因此单个平台节点的失效服从泊松分布，单个节点的失效率为 λ。

根据上述分析，编队作战体系演化网络中多个平台节点可能同时遭受外部致命冲击。因此，本节在考虑结构重组的重构策略基础上，假设在队列长度不限的情况下，进一步采用 $M/M/n$ 排队系统来描述装备体系平台级演化网络，主要包括网络的初始化、演化过程和终止，具体过程如下。

初始化：建立具有 n 个平台节点的全连通演化网络。

$$V = \{[v_1][v_2][v_3]\cdots[v_n]\} \tag{4-17}$$

演化过程：网络中的节点接收服务后以速率 λ_j 失效，并且断掉其全部的连边。同时，所有新增加或修复的平台节点以速率 μ_j 加入网络，且每个新增节点自动与其他平台节点连接。

对于排队系统而言，已存在的节点 j 以速率 λ_j 失效，则服务时间满足：

$$F_j(t) = 1 - e^{-\lambda_j t}, \quad t > 0 \tag{4-18}$$

终止：装备体系执行任务的时间即为演化网络的限制时间，当到达限制时间 T 时算法终止。

在装备体系平台节点的生成与失效过程中，各平台节点为独立同指数分布，且多个平台节点可能同时遭受外部致命冲击，同时失效的节点数为 d，令 j 为 t 时刻演化网络平台节点数，可得平台节点失效的失效率为

$$\lambda_j = \begin{cases} j\lambda, & j = 1, 2, \cdots, d-1 \\ d\lambda, & j = d, d+1, \cdots \end{cases} \tag{4-19}$$

若新节点的加入速率无上限，则有：

$$\mu_j = j\mu \tag{4-20}$$

对基于马尔可夫过程的演化网络，其初始条件 $P_{im}(0) = 1$ 和 $P_{ij}(0) = 0 (j \neq m)$，当网络演化时间趋于无穷，且 $\rho \equiv \mu/d\lambda < 1$ 时，复杂网络演化后的平稳分布 $\{N(t), t \geq 0\}$ 存在，根据排队论相关定理可得基于 $M/M/n$ 排队系统的演化网络平稳概率分布为

$$\Pi_j = \begin{cases} \dfrac{(\rho d)^j}{j!} \Pi_0, & j = 1, 2, \cdots, d-1 \\ \dfrac{d^d \rho^j}{d!} \Pi_0, & j = d, d+1, \cdots \end{cases} \tag{4-21}$$

其中，

$$\Pi_0 = \left[\sum_{j=0}^{d-1} \frac{(d\rho)^j}{j!} + \frac{(d\rho)^d}{d!(1-\rho)} \right]^{-1} \tag{4-22}$$

Π_j 表示演化网络处于平衡状态后，网络中有仍有 j 个节点的概率，$\rho < 1$ 为该排队系统存在平稳分布的充分必要条件，且当演化网络达到稳态分布时，网络中的节点数会超过初始节点数。

根据平稳分布可以推导出基于 $M/M/n$ 排队系统的复杂网络指标特征。

第4章 装备体系韧性建模分析

（1）基于 $M/M/n$ 排队系统的演化网络平均规模为

$$E(N) = \frac{\rho \Pi_d}{(1-\rho)^2} \quad (4\text{-}23)$$

（2）从排队论的角度来看，节点平均逗留时间包括服务时间和等待时间。根据 Little（利特尔）定律，复杂网络中平台节点的平均逗留时间为

$$E(T) = \frac{E(N)}{\mu} \quad (4\text{-}24)$$

这项研究提出了基于同构演化网络模型的动态重构机制，以应对装备体系在复杂环境中的挑战。这项研究也存在一些局限性，基于排队论的方法适用于研究具有单一类型和无限节点规模的演化网络。对于同构装备体系而言，当 $\rho = \mu/\lambda < 1$ 时，可以直接使用数值方法得到稳态分布，但这对异构装备体系并不适用。然而，装备体系通常是异构的，且节点规模有限，一般情况下不超过初始平台节点数，在数值情况下难以求得装备体系演化网络的稳态解。因此，从平台级演化网络理论分析出发，根据演化网络的初始化、演化过程和终止，构建基于复杂网络理论的演化网络仿真算法，并对装备体系韧性进行分析。

3. 同构演化网络仿真算法与分析

下面以编队作战体系平台级演化网络为对象，对具有若干平台节点的网络演化过程进行模拟与仿真，明确仿真的流程与算法，并对相关网络和韧性指标进行分析。

1）同构演化网络仿真算法

构建考虑结构重组的装备体系平台级演化网络仿真算法，分析演化网络在平台节点失效和生成过程中的网络参数与韧性指标的具体变化及影响规律，仿真步骤如下：

Step1：构建初始化装备体系网络拓扑模型 $G[N(0), e]$，其中 e 为最大邻居节点数。

Step2：确定仿真次数 N_s、仿真时间 T 与步长。

Step3：确定平台的节点失效率 λ、边失效率 λ_e、修复率 μ 及其失效分布

类型等。

Step4：对平台节点的失效时间进行蒙特卡罗（Monte-Carlo）抽样，确定各节点和边的失效时间，并统计失效节点个数。

Step5：根据蒙特卡罗抽样结果移除失效的平台节点及其连边。

Step6：对平台节点的修复时间进行蒙特卡罗抽样，确定各节点和边的修复时间，并生成相应的节点和连边。

Step7：根据相应的输入参数和仿真结果生成新的网络 $G(t)$，并记录当前节点数 $N(t)$。

Step8：重复上述步骤，进行 N_s 次仿真，计算并保存相应的网络指标参数的连通度、网络规模和网络效率等。

Step9：记录相关仿真结果，结束仿真。

考虑结构重组的平台级演化网络算法仿真流程如图 4.10 所示。

2）仿真结果与分析

下面以包含 20 个平台级节点的编队作战体系演化网络为例进行仿真，由于平台级演化网络未考虑各平台内系统级节点的要素协同能力，其韧性主要受到平台节点数和各节点的连边数影响。因此，影响演化网络指标的主要因素为初始网络规模、最大邻居节点数和边失效率 λ_e 及其失效分布类型等。本节对具有不同输入参数集 $[\lambda, \mu, N(0), e, \lambda_e]$ 的演化网络相关指标进行分析计算，所有仿真算法均在 Windows 10 系统下采用 Python3.7 运行实现。

（1）仿真参数设置。

通过 Python 和 NetworkX 工具包对上述算法进行仿真编程。首先，构建输入参数集为 $(0.0003, 0.02, 20, e, 0.0002)$ 的平台级演化网络模型，生成包含 20 个平台节点、不同邻居节点数的复杂网络规则图，初始化平台级演化网络如图 4.11 所示。随后，将仿真次数 N_s 设置为 1000 次，将仿真时间设置为 2000 个单位时间，并按照如图 4.10 所示的算法仿真流程进行运算。最后，分析得出平台级演化网络的网络规模、网络效率和连通度等参数随时间变化情况。

第 4 章　装备体系韧性建模分析

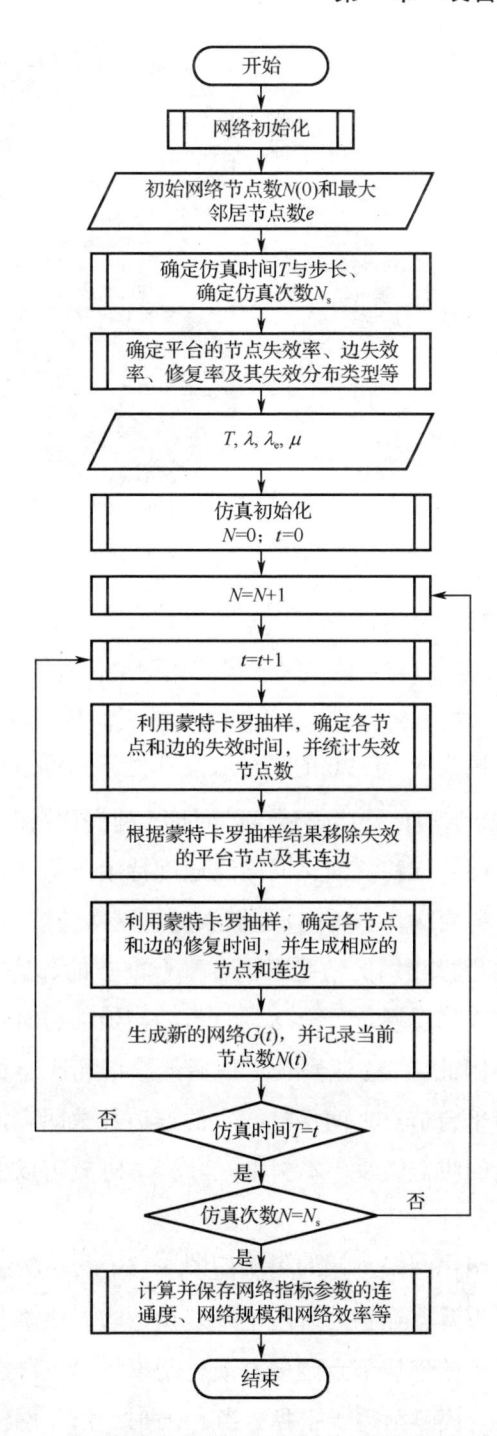

图 4.10　考虑结构重组的平台级演化网络算法仿真流程

装备体系韧性分析理论与技术

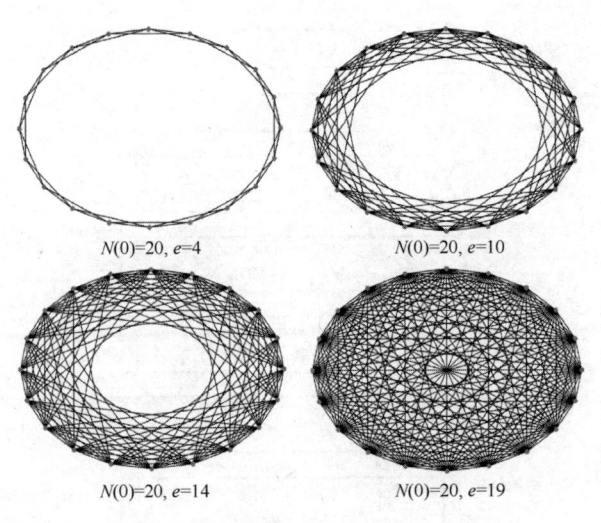

$N(0)=20, e=4$

$N(0)=20, e=10$

$N(0)=20, e=14$

$N(0)=20, e=19$

图 4.11 初始化平台级演化网络

（2）复杂网络指标分析。

通过考虑结构重组的装备体系平台级演化网络仿真算法，得出在初始节点相同的情况下，不同初始邻居节点数 e 对装备体系演化网络指标参数的影响。

对初始网络规模为 $N(0)=20$ 的平台级演化网络指标进行分析，在输入相同参数的情况下，得到演化网络连通度随时间 t 的变化情况，如图 4.12 所示。可以看出，随着时间的推移，演化网络连通度持续下降，且在初期阶段下降较快，后期下降趋势变缓，当时间 t 足够大时，网络的连通度逐渐趋于平稳。其次，在初始网络规模相同的情况下，各平台节点的邻居节点数 e 越大，网络连通度下降的速率越缓慢。当 $e \geq 8$ 时，不同初始邻居节点数的演化网络稳态连通度值接近。因此，当 e 达到一定值后继续增加连边数对演化网络连通性的提升很小，即平台节点之间保持一定的连边数量即可，继续增加连边数对提高网络连通度的收益较小。本例中，当 $e \geq 6$ 时就可以保证平台之间通信网络具有较好的连通性。

邻居节点数对演化网络规模的影响如图 4.13 所示，演化网络规模 $N(t)$ 随着时间的推移持续下降，在初期阶段下降较快，随后下降趋势逐渐变缓直至平稳。平台节点连接的邻居节点越多，演化网络规模下降越慢，且随着时间的推移，演化网络规模逐渐趋于平稳。当 $e \geq 6$ 时，演化网络稳态规模大致相同。因此，当 $e \geq 6$ 时，增加连边的数量对演化网络稳态规模增加的收益较小，

第 4 章 装备体系韧性建模分析

在构建编队作战体系时保持一定的平台节点之间的连边数量即可。

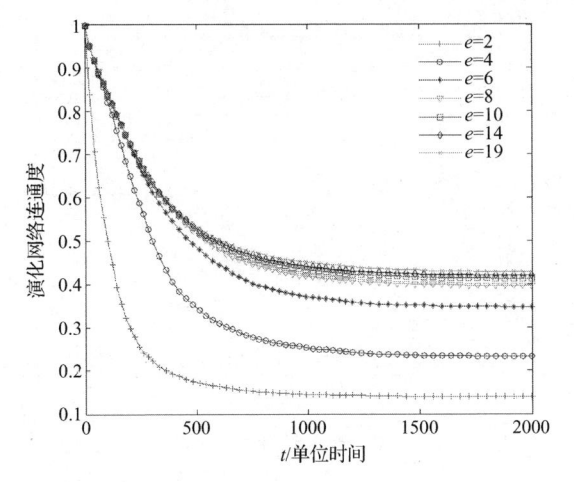

图 4.12 演化网络连通度随时间 t 的变化情况*

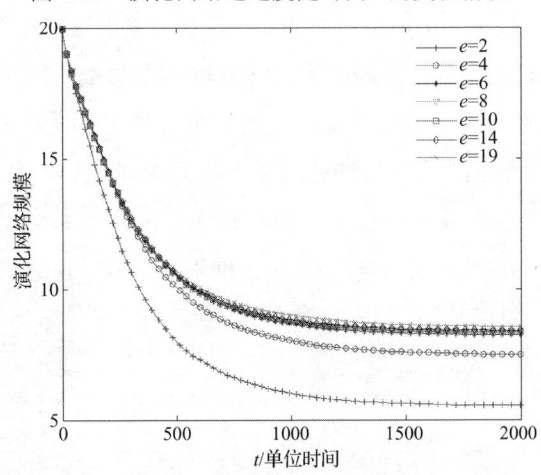

图 4.13 邻居节点数对演化网络规模的影响

邻居节点数对演化网络全局效率的影响如图 4.14 所示,演化网络全局效率和初始网络邻居节点数 e 息息相关,初始连接的邻居节点数越多,演化网络全局效率越高,即当演化网络中连边的数量越多时,网络的全局效率越佳,此结论也符合工程实际认知。其中,当 $e=2$ 时,初期网络全局效率有较为明显的下降趋势,之后持续上升并到达稳态。

---

* 为了更直观地展示图中内容,本章部分图片请见书后彩插。

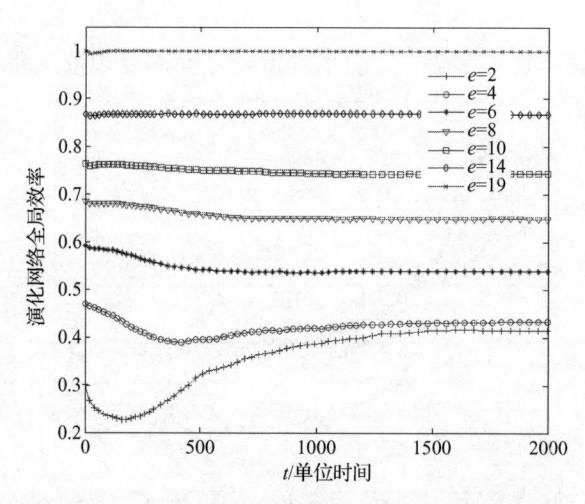

图4.14 邻居节点数对演化网络全局效率的影响

（3）韧性分析。

对初始网络规模为 $N(0)=20$，每个平台节点分别有 2 个、4 个和 14 个邻居节点的平台级演化网络拓扑结构进行韧性分析。假设演化网络连通度的阈值为 0.4，基于网络连通度的平台级演化网络韧性变化情况如图 4.15 所示。可以看出，随着时间的推移，演化网络韧性总体上呈现下降趋势，在初始阶段下降较快。当作战任务到达 500 个单位时间时，在 $e=2$、$e=4$ 和 $e=14$ 的情况下，基于网络连通度的平台级演化网络韧性 $\mathcal{R}$ 分别为 0.1030、0.3512 和 0.5056。

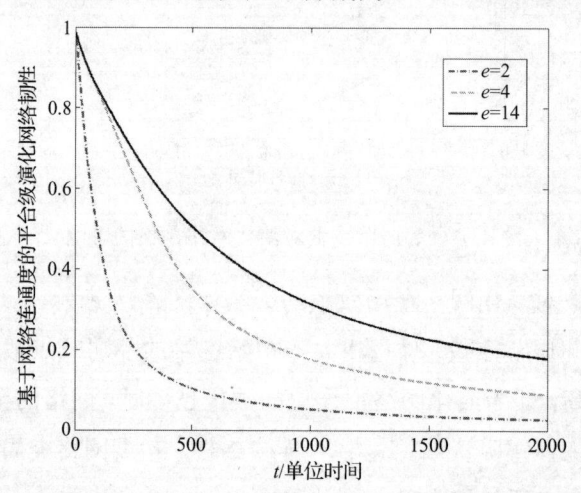

图4.15 基于网络连通度的平台级演化网络韧性变化情况

同理，设演化网络作战节点的规模阈值 $k_N=8$，根据式（4-10）可得基于网络规模的演化网络韧性变化情况,如图4.16所示。结果表明,随着时间的推移,演化网络韧性逐渐降低,且在初始阶段下降较快。当作战任务时间为500个单位时间时,$e=2$、$e=4$和$e=14$对应的基于网络规模的演化网络韧性 $\mathcal{R}$ 分别为0.3736、0.4879和0.505。同上对比可以看出,连边数量e的变化对基于网络连通度的演化网络韧性影响较大,而对基于网络规模的演化网络韧性影响相对较小,但总体上也表现出初始邻居节点数越多,演化网络韧性越强的特性。

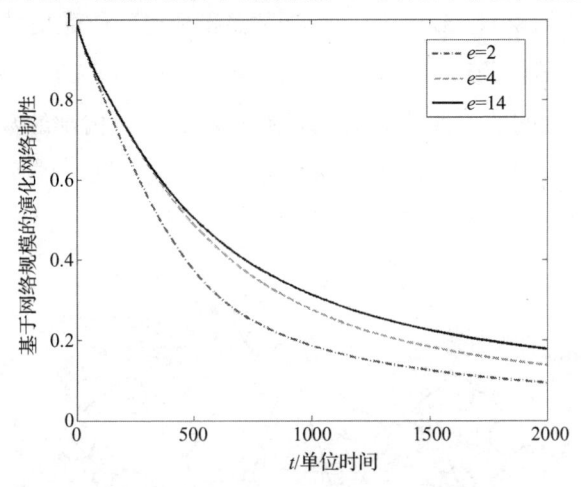

图4.16 基于网络规模的演化网络韧性变化情况

4.2.4 异构装备体系演化网络韧性分析

本节针对装备体系"系统级"异构演化网络韧性进行分析研究。要素协同作战框架下的装备体系具有动态重构的能力,这意味着各平台内的系统资源可以相互替代、互为备份,使装备体系内的物理资源也具有明显的韧性特征。在考虑动态重构情况下,我们将分析系统节点和平台节点失效对演化网络韧性的影响。装备体系各平台内系统节点所组成的网络可以被视为一个网络社团结构,其中单个社团内的连边代表着有线局域网的连接,因此可以认为社团内连边的失效率为0。而各平台节点之间则通过无线数据链连接,社团之间连边的失效率为 λ_e。由于装备体系演化网络结构复杂,本节基于复杂网络理论对考虑动态重构的系统级演化过程进行仿真,并给出仿真流程与算法,随后研究在不

装备体系韧性分析理论与技术

同攻击和重构策略下装备体系演化网络相关指标参数的变化情况。

1. 异构装备体系演化网络模型

异构装备体系包括不同的平台和系统,其中平台节点 v_i 可以是侦察探测系统节点 s_i、指控系统节点 c_i、武器系统节点 w_i 和通信系统节点 t_i 四种节点类型。节点集合 $V_i = \{s_i, c_i, w_i, t_i\}$,$\mathcal{N}$ 为节点类型数量且 $|\mathcal{N}| = 4$,四种节点的失效率分别为 λ_s、λ_w、λ_t 和 λ_c。平台内部和平台间的通信链接可以表示为具有不同权重和属性的边。因此,边类型集合 $\mathcal{L} = \{e_1, e_2\}$ 表示两种类型的边,其中 $|\mathcal{L}| = 2$。平台间的无线数据链失效率为 λ_{e_1},平台内部的数据链失效率为 λ_{e_2}。$s_i, c_i, w_i, t_i \in v_i$ 且有 $\varphi(v_i) \in \mathcal{N}$,$e_{ij} \in E$ 且有 $\psi(e_{ij}) \in \mathcal{L}$。典型的 5 节点编队作战体系系统级异构网络如图 4.17 所示。

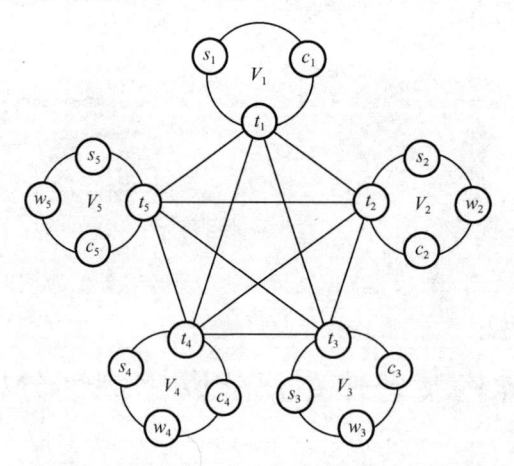

图 4.17 典型的 5 节点编队作战体系系统级异构网络

2. 异构装备体系演化网络仿真流程与算法

构建考虑动态重构的异构演化网络仿真流程与算法,分析在不同外部攻击策略下,考虑动态重构的异构演化网络系统节点在失效和生成过程中,网络参数和韧性指标的变化及影响规律。考虑动态重构的异构演化网络仿真流程如图 4.18 所示。其中,在对不同外部干扰策略的分析过程中,通过 Python 编程对各时刻系统节点的度和介数进行计算并降序排列,再利用蒙特卡罗抽样得到失效节点数,并移除相应的失效节点。

第 4 章 装备体系韧性建模分析

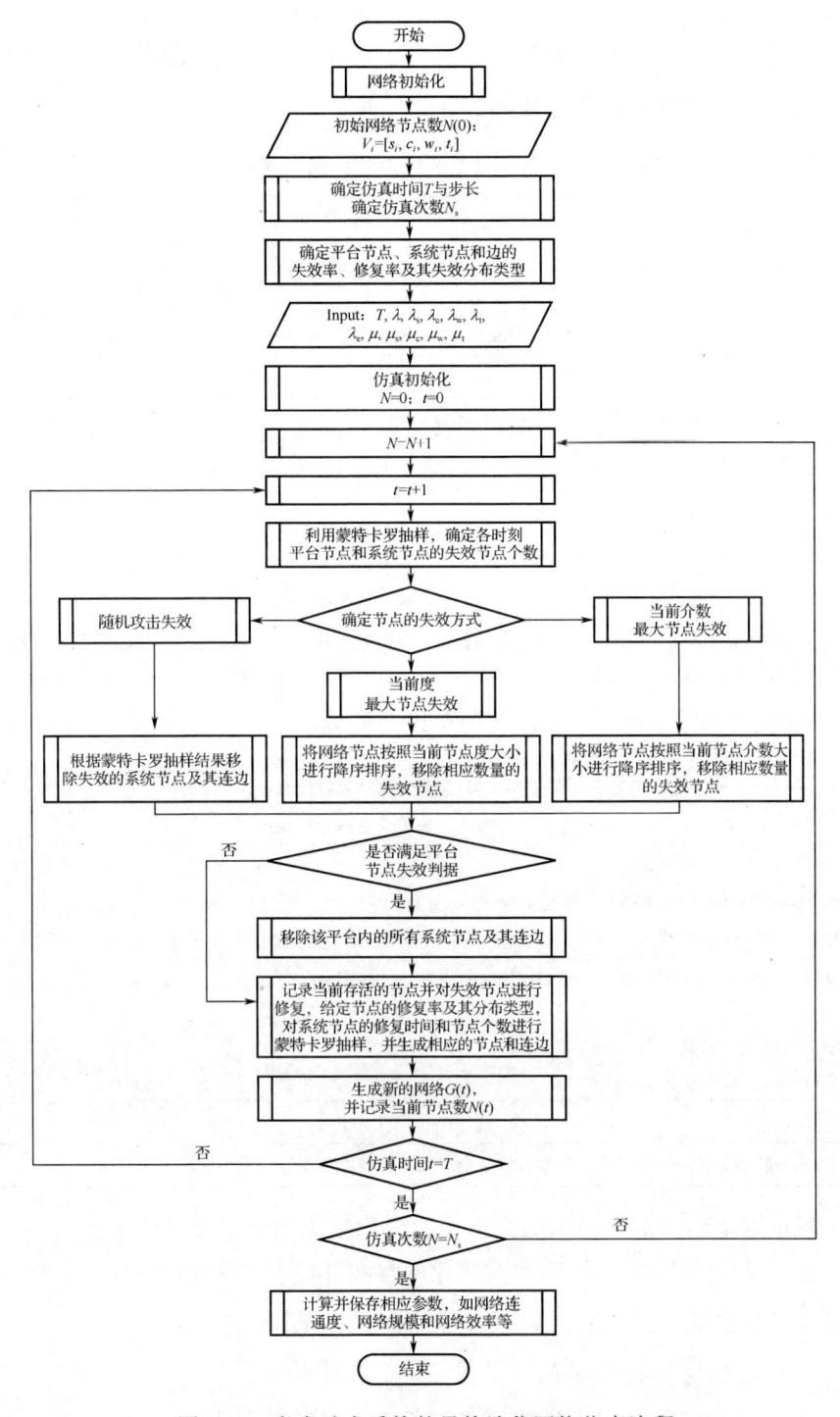

图 4.18 考虑动态重构的异构演化网络仿真流程

装备体系韧性分析理论与技术

通过 Python 和 NetworkX 工具包对上述算法进行仿真编程，装备体系系统级演化网络仿真算法伪代码如表 4.1 所示。

表 4.1　装备体系系统级演化网络仿真算法伪代码

1. 输入：网络列表 $G[N(0), V_i]$、平台节点、系统节点和边的失效率 λ、修复率 μ、仿真次数 N_s、仿真时间 T 和步长；
2. 输出：失效节点列表；
3. 读取边列表及各输入参数 g=nx.read_edgelist，并进行网络初始化；
4. 仿真次数循环：for i in range(N_s)
5. 对原装备体系网络进行复制：g_copy=g.copy()
6. 仿真时间循环： for t in range(T): 　　g_copy=Set_Vattribute(g_copy)　　　　#设置节点所属平台和失效率； 　　g_copy=Set_Eattribute(g_copy)　　　　#设置边失效率； 　　Origin_num=count_cm(g_copy)　　　　#统计此次仿真原始（t=0）平台数量； 　　g_copy=Node_fail(g_copy,t)　　　　　#判断节点失效； 　　g_copy=Edge_fail(g_copy,t)　　　　　#判断边失效； 　　g_copy=Comm_Fail(g_copy, t)　　　　#判断平台失效； 　　Survival_num=count_cm(g_copy) 　　if g_copy 节点数<g 节点数　　　　　　#判断是否需要进行维修； 　　　　g_copy=Repair_note(g_copy,g,t_r)　#对已失效节点进行修复；
7. 计算复杂网络指标参数： component_list=list(nx.connected_components(g)) if len(component_list)>0: 　　网络连通度=len(max(component_list))/原始系统节点数； else 网络连通度=0 网络全局效率=global_efficiency(g) 网络规模=number_of_nodes(g)
8. g_copy.clear()
9. 输出各时刻仿真的平均网络连通度、网络全局效率和网络规模

根据图 4.18，可知考虑动态重构的异构演化网络仿真具体步骤如下。

Step1：构建初始化装备体系演化网络拓扑模型 $G[N(0), V_i]$，生成平台节点集合 V_i 和系统节点 s_i、c_i、w_i、t_i，其中 $V_i = [s_i, c_i, w_i, t_i]$。

Step2：确定仿真次数 N_s、仿真时间 T 与步长。

Step3：确定平台节点失效率 λ，系统节点失效率 λ_s、λ_c、λ_w、λ_t，边

第4章 装备体系韧性建模分析

失效率 λ_e、修复率及其失效分布类型。

Step4：利用蒙特卡罗抽样方法对各时刻平台节点和系统节点的失效个数进行抽样，确定各时刻平台节点和系统节点的失效节点个数。

Step5：确定节点的失效方式，包括随机攻击失效、当前度最大节点失效和当前介数最大节点失效。不同攻击策略下系统节点失效算法伪代码如表4.2所示。

表4.2 不同攻击策略下系统节点失效算法伪代码

系统节点失效算法：Node_fail(g,t)
1. 输入：网络列表 $G[N(0),V_i]$、4类系统节点（s_i, c_i, w_i, t_i）的失效率；
2. 输出：失效节点列表，新的系统级网络结构；
3. 初始化，读取网络边列表结构，装备体系中每个系统节点状态为1，并读取各类型节点的失效率，λ=G.nodes[nodetype]['λ']；
4. 按其分布类型进行蒙特卡罗抽样，判断该时刻系统节点是否失效，如果系统节点失效，则统计失效节点个数 num_remove += 1；
5. if attack_mode=random #若攻击策略为随机攻击； 　　if nodetype[0]=='t_i': #若失效节点为通信节点 t_i，则平台失效； 　　　　comt_i=G.nodes[nodetype]['cm']； 　　　　循环 for n in list(G.nodes): 　　　　remove.append(n); #判定平台内的所有系统节点失效； 　　else: remove.append(nodetype); #若不是通信节点失效，则判定该节点失效；

6. if attack_mode=current_Maxdegree; #若攻击策略为当前度最大攻击；
　　Degree_sortlist=sorted(Dg.items(),key=λ x:x[1],reverse=True); #按该时刻节点度大小降序排序；
　　remove=node_sorted; #按节点度从大到小移除 num_remove 个系统节点；
　if nodetype[0]=='t_i': #若失效节点为通信节点 t_i，则同时移除平台内的所有系统节点；

7. if attack_mode=current_Maxbetweenness; #若攻击策略为当前介数最大攻击；
　　Betweenness_sortlist=sorted(Bt.items(),key=λ x:x[1],reverse=True);#按该时刻节点介数值降序排序；
　　remove=node_sorted; #按介数值从大到小移除 num_remove 个系统节点；
　　if nodetype[0]=='t_i': #若失效节点为通信节点 t_i，则同时移除平台内的所有系统节点；

8. set_nodestate_to_zero(node_state,remove); #将移除节点状态设置为0；
9. return G; #返回新的装备体系网络列表

若节点的失效方式为随机攻击失效，则转向 Step6；

若节点的失效方式为当前度最大节点失效，则转向 Step7；

若节点的失效方式为当前介数最大节点失效，则转向 Step8。

Step6：根据 Step4 的抽样结果，移除失效的系统节点及其连边。

Step7：根据 Step4 的抽样结果和失效判据统计出失效节点的个数，并将网络节点按照当前节点度大小进行降序排列，移除相应数量的失效节点。

Step8：根据 Step4 的抽样结果和失效判据统计出失效节点的个数，并将网络节点按照当前节点介数大小进行降序排列，移除相应数量的失效节点。

Step9：根据平台节点失效判据判断平台是否失效，若平台失效则移除该平台内的所有系统节点及其连边。平台（网络社团）失效判据算法伪代码如表 4.3 所示。

表 4.3 平台（网络社团）失效判据算法伪代码

平台（网络社团）失效判据算法伪代码：Comm_fail(g,t)
1. 输入：网络列表 $G[N(0),V_i]$、平台名及平台节点（网络社团 cm）的失效率；
2. 输出：失效节点列表、新的系统级网络结构；
3. 初始化网络，获取平台列表，删除重复节点 a.append(g.nodes[each]['cm'])； 设置边列表为一个无序不重复元素集 b=list(set(a))；
4. 按平台受到干扰后的失效分布类型进行蒙特卡罗抽样；
5. 判据一，根据抽样结果判断该时刻平台节点是否失效，如果平台节点失效，则执行 node_list=list(g.nodes); removelist.append(n); #列表化，防止节点动态变化带来逻辑错误，并确定要移除的节点列表；
6. 判据二，if nodetype[0]==' t_i '：#若通信节点 t_i 失效，则平台失效；
7. 判据三，单个平台内的 s_i、c_i 和 w_i 三类节点同时失效，则该平台节点失效 对各个平台进行循环，for each in 平台列表：com_remain_node=node_in_cm(g,each) if len(comm_remain_node)==1: #单个平台内节点唯一； 　if comm_remain_node[0][0]=='t': #且唯一节点为通信系统节点 t_i； 　　removelist.append(comm_remain_node[0]) #将该节点加入移除列表；
8. set_nodestate_to_zero(node_state,removelist); #将移除节点状态设置为 0； g.remove_nodes_from(removelist); #将移除列表中的节点从网络列表中移除；
9. return G; #返回新的网络列表

Step10：记录当前存活的节点并对失效节点进行修复，给定节点的修复率 μ_s、μ_c、μ_w、μ_t 及其分布类型，对系统节点的修复时间和节点个数进行蒙特卡罗抽样，并生成相应的节点和连边。系统节点修复算法伪代码如表 4.4 所示。

Step11：根据相应的输入参数和仿真结果生成新的网络 $G(t)$，并记录当前节点数 $N(t)$。

Step12：重复上述步骤，进行 N_s 次仿真，计算并保存相应的参数，如网络连通度、网络规模和网络效率等。

Step13：记录相关仿真结果，结束仿真。

表 4.4　系统节点修复算法伪代码

系统节点修复算法伪代码：Repair_note (g_copy，初始网络 g，修复时间 t_r)
1. 输入：网络列表 $G[N(0), V_i]$、平台名及平台节点（网络社团 cm）的失效率；
2. 输出：修复后的系统级网络；

3. 对各类系统节点（s_i、c_i、w_i、t_i）进行循环：
for node_name in 节点名列表 node_name_list
　　μ =eval(' μ '+ node_name) #读取各类型节点修复率 μ
　　fail_node_list=list(allnode[allnode['state']==0].index) #当前类型系统所有失效节点的列表；
　　for fail_node in 失效节点列表（fail_node_list）　#对当前类型每一个系统失效节点在 t_r 时刻按照各系统节点修复分布类型进行蒙特卡罗抽样，判断该时刻系统节点是否修复；
　　　　if 系统节点修复 then
　　　　　　set_nodestate_to_one(node_state, fail_node); #将修复节点状态设置为 1；
　　　　　　repairlist.append(fail_node); #将移除列表中的节点从网络列表中移除；

4. 获取未修复的失效节点 unrepair_fail_node_list=list(node_state[node_state['state']=0].index) 　从原图中移除未修复的失效节点 remove_nodes_form(unrepair_fail_node_list) if 修复的节点为孤立节点 then 　移除该孤立节点 remove_isolate_nodes()
5. return G；#返回新的网络列表

3. 异构演化网络仿真结果与指标分析

下面通过前文所述仿真流程，分析不同外部干扰策略、失效率参数集、有无动态重构对装备体系演化网络指标和韧性的影响。

1）仿真参数设置

根据上述仿真算法及流程，设仿真时间为 500 个单位时间，仿真次数为 1000 次，考虑动态重构的系统级演化网络仿真参数设定如表 4.5 所示。

表 4.5 考虑动态重构的系统级演化网络仿真参数设定

参　　数	值	参　　数	值
$N(0)$	5	k_s	2
N_s	1000	μ	0
T	500	μ_s	0.3
λ	0.005	μ_c	0.08
λ_s	0.0016	μ_w	0.2
λ_c	0.004	μ_t	0.1
λ_w	0.0004	λ_e	0.0006
λ_t	0.01	—	—

2）复杂网络指标分析

（1）不同外部干扰策略对演化网络指标的影响。

对网络指标在不同外部干扰类型下的变化情况进行分析，得到不同攻击策略对演化网络相关指标的影响，如图 4.19 至图 4.21 所示。可以发现，在不同攻击策略下，演化网络连通度、演化网络规模和演化网络全局效率都随着时间推移波动下降，且初始阶段下降较快，后续趋于平稳。当 $t=500$ 时，该演化网络各项指标都趋于稳态。当前度最大攻击和当前介数最大攻击对演化网络连通度、演化网络规模和演化网络全局效率的影响较大，随机攻击对其影响最小。这意味着关键节点的失效更容易导致演化网络的崩溃与瓦解，因此需要增强演化网络中关键节点的可靠性和抗毁性，提高其对外部干扰的承受能力。同时发现，在初始阶段（t 从 0 到 159 个单位时间），当前介数最大攻击对演化网络连通度、演化网络全局效率和演化网络规模的影响略高于当前度最大攻击的影响，而之后当前度最大攻击对三个网络指标的影响略高于当前介数最大攻击的影响。

从网络拓扑角度来看，度和介数的概念稍有不同，度侧重体现节点的局部特性，而介数注重整个拓扑结构。因此，在初始攻击阶段，当前介数最大攻击策略可以优先移除演化网络中对拓扑结构影响最大的节点，随着演化网络的瓦解，当前度最大攻击策略可以优先移除拓扑结构的局部重要节点，从而加快演化网络瓦解的速度。这也启发我们若需要对该类型编队作战体系发

第4章 装备体系韧性建模分析

起攻击，在任务前期应选择当前介数最大攻击策略而在任务后期选择当前度最大攻击策略，从而达到最佳的攻击效果。

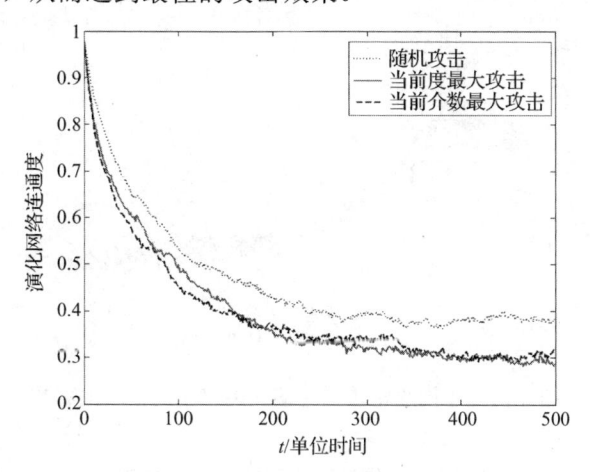

图 4.19 不同攻击策略对演化网络连通度的影响

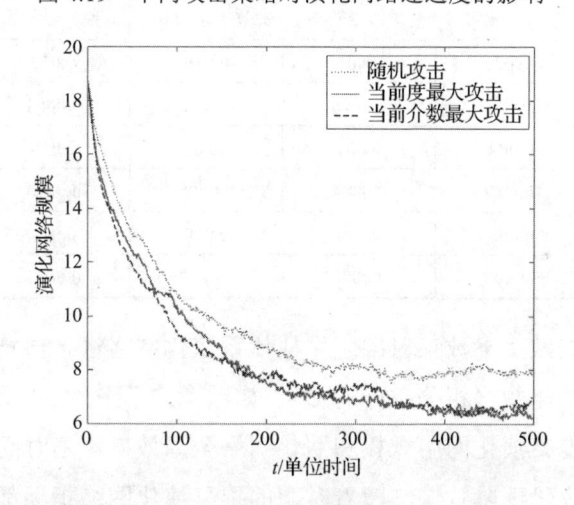

图 4.20 不同攻击策略对演化网络规模的影响

（2）失效率参数集对演化网络指标的影响。

在动态重构能力保持不变和随机冲击失效的情况下，分析失效率参数集的变化对装备体系网络特性的影响。系统及演化网络失效率参数集如表 4.6 所示。

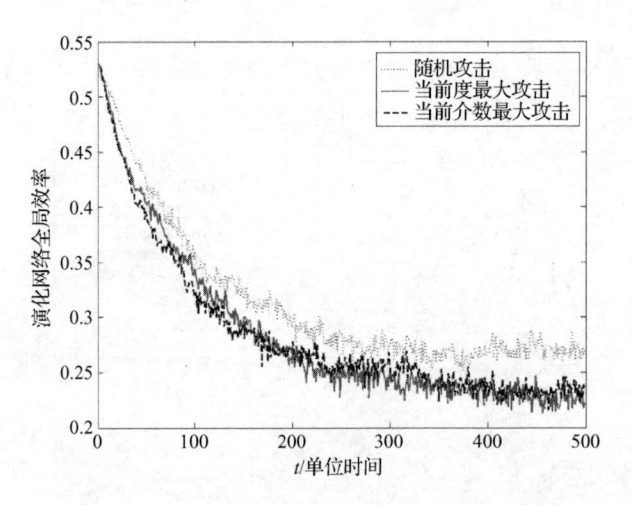

图 4.21 不同攻击策略对演化网络全局效率的影响

表 4.6 系统及演化网络失效率参数集

参 数	失效率参数集 1	失效率参数集 2	失效率参数集 3	失效率参数集 4	失效率参数集 5
λ	0.0025	0.005	0.010	0.020	0.040
λ_s	0.0008	0.0016	0.0032	0.0064	0.0128
λ_c	0.002	0.004	0.008	0.016	0.032
λ_w	0.0002	0.0004	0.0008	0.0016	0.0032
λ_t	0.005	0.010	0.020	0.040	0.080
λ_e	0.0003	0.0006	0.0012	0.0024	0.0048

针对不同失效率参数集对编队作战体系演化网络进行仿真，得到不同失效率参数集对演化网络相关指标的影响，如图 4.22 至图 4.24 所示。可以看出，演化网络连通度、演化网络规模和演化网络全局效率都随时间推移而波动下降，且在初始阶段下降较快。随着时间的推移演化网络指标都趋于稳态。在 $t=500$ 时，5 个不同失效率参数集对应的演化网络连通度分别为 0.541、0.382、0.189、0.105 和 0.062，演化网络规模分别为 10.81、7.924、4.312、2.691 和 1.876，演化网络全局效率分别为 0.337、0.27、0.172、0.13 和 0.101，可以看出，各节点的失效率参数值越大，网络指标参数下降越快，这也与实际工程应用认识一致。

第 4 章　装备体系韧性建模分析

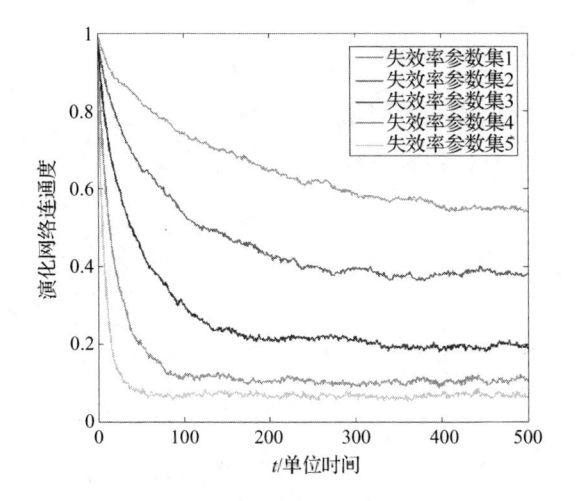

图 4.22　不同失效率参数集对演化网络连通度的影响

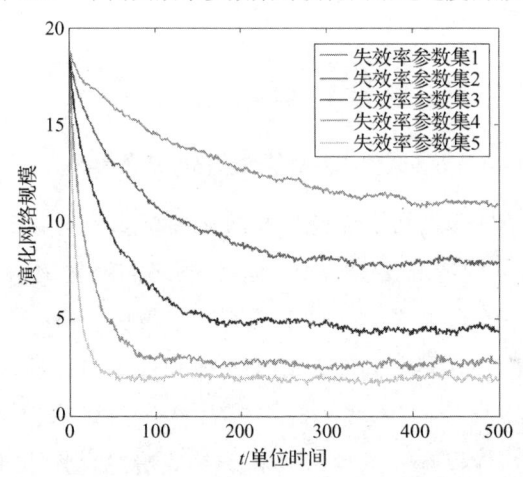

图 4.23　不同失效率参数集对演化网络规模的影响

（3）不同协同重构策略对演化网络指标的影响。

在各节点失效率（参数集 2）不变情况下，分析不同协同重构策略对装备体系演化网络指标的影响。动态重构指装备体系内各平台和系统不可以进行资源共享，且失效后不可维修，各平台内任何系统失效则平台失效。

协同重构策略可用于恢复装备体系的性能。在当前研究中，我们考虑了 4 种重构情况，以分析协同重构策略（不同重构策略在本书 2.4.3 节中有详细介绍）对装备体系演化网络性能的影响。

重构情况 1：不使用重构策略。

重构情况 2：同时使用重构策略Ⅰ和Ⅱ。

重构情况 3：使用重构策略Ⅲ。

重构情况 4：同时使用重构策略Ⅰ、Ⅱ和Ⅲ。

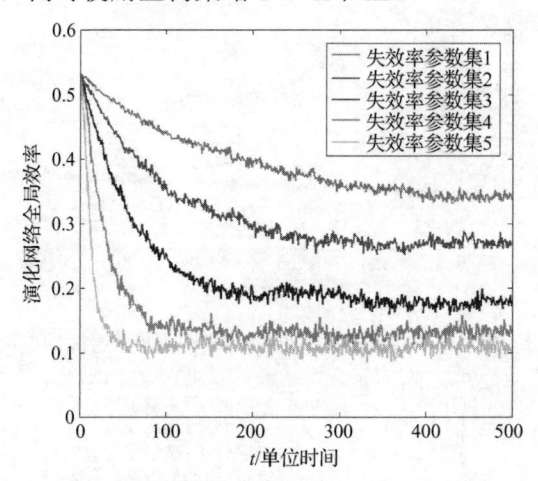

图 4.24　不同失效率参数集对演化网络全局效率的影响

不同重构策略对演化网络连通度和演化网络规模的影响分别如图 4.25 和图 4.26 所示。在重构情况 1 中，异构演化网络的演化网络连通度 $G_c(t)$ 和演化网络规模 $N(t)$ 下降得最多，同时下降速度也最快，略高于重构情况 2 和重构情况 3。$G_c(t)$ 在 $t=104$ 时下降到 0.1，而在 $t=200$ 时，$G_c(t)$ 接近于 0。$N(t)$ 在 $t=130$ 时下降到 1，而在 $t=240$ 时，$N(t)$ 接近于 0。重构情况 4 是三种重构策略的组合，$G_c(t)$ 和 $N(t)$ 的值显著高于其他情况。当异构演化网络处于稳态时，$G_c(t)$ 和 $N(t)$ 的值约为 0.384 和 7.8。这表明三种重构策略的协作可以显著提高装备体系的性能和韧性。

不同重构策略对演化网络全局效率的影响如图 4.27 所示。无重构能力的演化网络全局效率在初始阶段（$0 \leqslant t \leqslant 37$）迅速上升至 0.64，因为在无动态重构情况下，任意系统节点的失效都会导致平台失效。在任务初始阶段，平台节点失效缩短了系统节点之间的最短路径，从而使演化网络全局效率得到了短暂的提升。当演化网络规模继续迅速减小时，平台节点之间的连边数量也随之减少，从而又导致了演化网络全局效率的急剧降低，当 $t=37$ 时，演化网络全局效率达到最大值 0.64，当 $t=167$ 时，演化网络全局效率便降低至

0.098。在重构情况 2 中,演化网络全局效率随时间推移稳步降低至 0,表明冗余和协同节点替换可有效减缓外部攻击下演化网络性能的降低速率,但仍无法提高其性能。在重构情况 4 中,演化网络全局效率将在 0.275 处保持稳定,这也表明同时使用重构策略Ⅰ、Ⅱ、Ⅲ相比其他情况可以显著提升装备体系演化网络的性能。

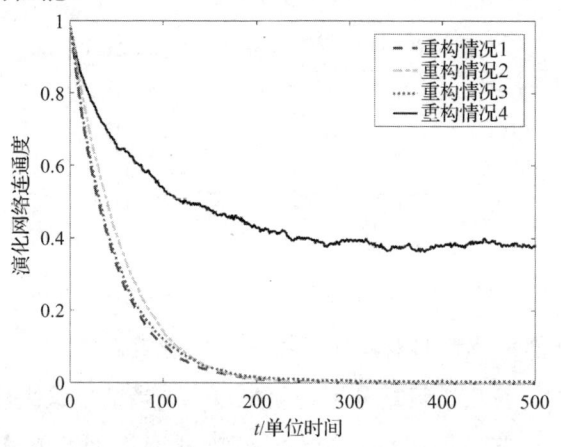

图 4.25　不同重构策略对演化网络连通度的影响

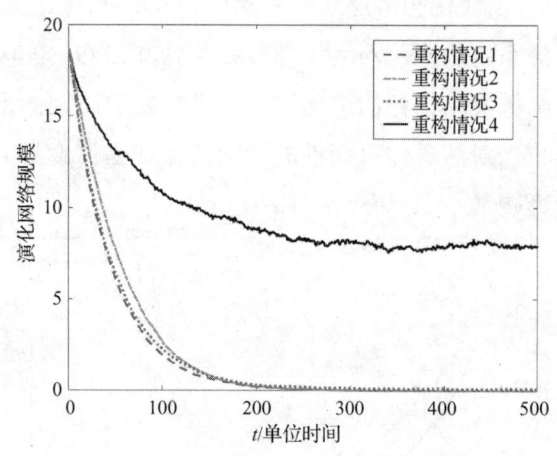

图 4.26　不同重构策略对演化网络规模的影响

3）演化网络韧性分析

在不同外部干扰策略和有无动态重构情况下,对演化网络韧性进行分析。当作战任务为 500 个单位时间时,参数设定如表 4.5 所示,根据仿真结果与式（4-10）计算结果,得到基于网络规模和网络连通度的系统级演化网络韧性分别如图 4.28 和图 4.29 所示。

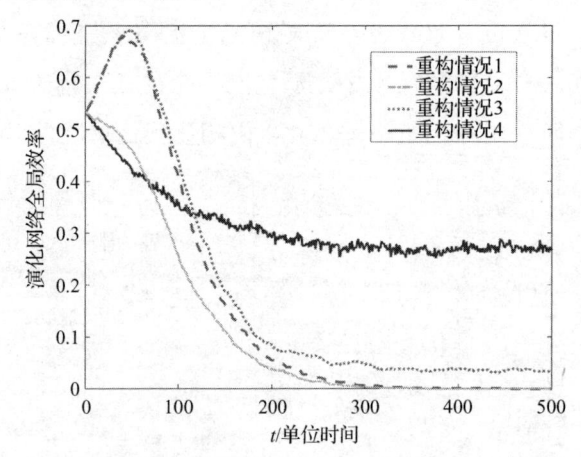

图 4.27　不同重构策略对演化网络全局效率的影响

（1）不同外部干扰策略对演化网络韧性的影响。

在图 4.28 中，在攻击策略分别为随机攻击、当前度最大攻击和当前介数最大攻击情况下，基于网络规模的系统级演化网络韧性值分别为 0.1383、0.1016 和 0.08678。当演化网络连通度的阈值为 0.4 时，在三种攻击策略下的基于网络连通度的系统级演化网络韧性值分别为 0.1229、0.08618 和 0.0731。可以看出，基于两种网络指标的演化网络韧性值随着时间的推移逐渐降低，且当前介数最大攻击对装备体系韧性的影响最大，当前度最大攻击的影响次之，随机攻击的影响最小。

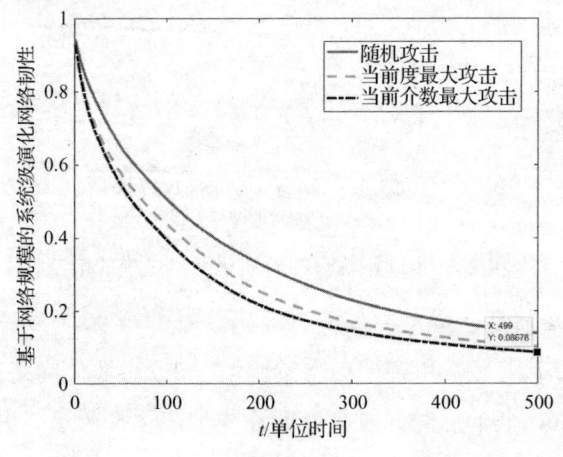

图 4.28　基于网络规模的系统级演化网络韧性

第 4 章　装备体系韧性建模分析

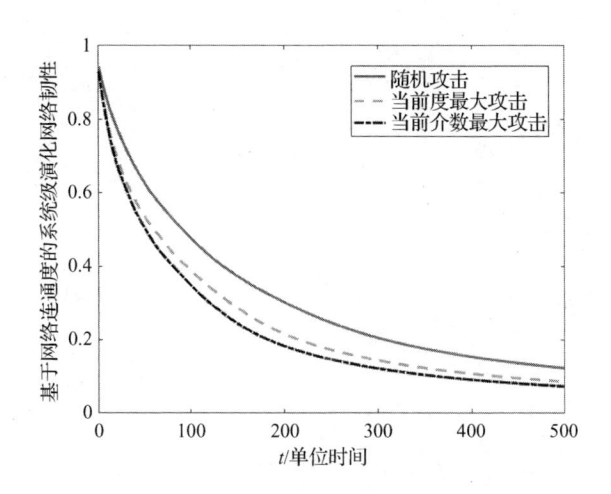

图 4.29　基于网络连通度的系统级演化网络韧性

（2）有无动态重构对演化网络韧性的影响。

有无动态重构对基于网络连通度和基于网络规模的演化网络韧性的影响分别如图 4.30 和图 4.31 所示。在有动态重构和无动态重构情况下，基于网络连通度的演化网络韧性稳态值分别为 0.1229 和 0.0330，且当 $t=80$ 时，其差值达到最大值 0.3224；基于网络规模的演化网络韧性稳态值分别为 0.1383 和 0.0314，且当 $t=98$ 时，其差值达到最大值 0.3505。同时，基于两种网络指标的演化网络韧性值随时间的推移逐渐降低，相对无动态重构的装备体系而言，有动态重构的装备体系演化网络韧性有了较为明显的提升。

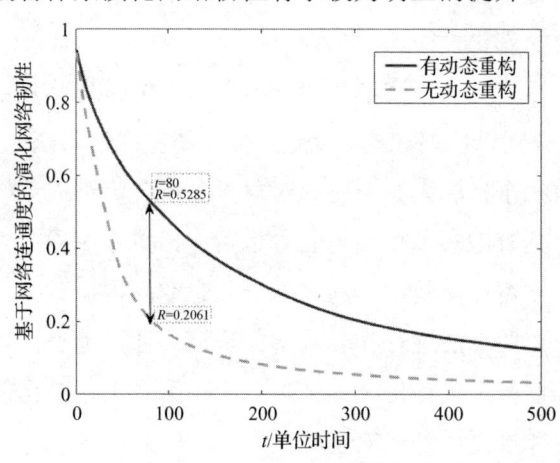

图 4.30　有无动态重构对基于网络连通度的演化网络韧性的影响

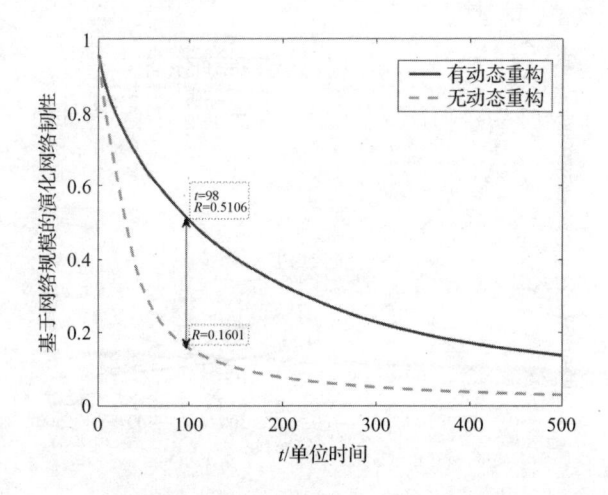

图 4.31 有无动态重构对基于网络规模的演化网络韧性的影响

4.3 装备体系能力层韧性分析

本书 4.2 节分析了装备体系资源层韧性，主要关注装备体系的物理资源状态变化情况，而在装备体系研究当中，往往还需要从能力角度对装备体系进行分析。因此，本节以装备体系各同类组成系统的性能为研究重点，对考虑动态重构的装备体系能力层韧性进行分析与研究，揭示装备体系各组成系统的性能及韧性的变化规律。

考虑装备体系资源共享和信息融合特性，本节首先从装备要素的性能故障或波动出发，分别以侦察探测系统、指控系统和武器系统的最大探测面积、时延和火力指数三个指标为典型研究对象，分析各类组成系统在受到内外部干扰的情况下，具有动态重构能力的雷达网、指控系统通信时延和武器系统火力网的性能变化规律。其次，利用基于状态空间理论、排队论和随机过程理论，并结合经典的算法进行计算求解。最后，通过基于性能阈值的韧性模型实现能力层韧性的量化评价，其结果为一个无量纲标准化值，这为后续装备体系韧性综合评价提供了研究基础。

4.3.1 雷达网韧性分析

雷达相当于编队作战体系的眼睛，是编队作战体系的核心要素之一。雷达系统主要包括天线子系统、发射机子系统、接收机子系统、显示器子系统和电源子系统等，其功能是探测感兴趣的目标，并对有关目标的距离、方位、速度等状态参数进行测定。编队作战体系依赖多个平台的舰载雷达构建雷达网，进行协同探测，从而实现作战资源要素的协同。在执行作战任务过程中，内外部冲击干扰会导致雷达网性能波动或下降。然而，各雷达之间的动态重构可以保持雷达网性能持续满足作战任务需求，使其具备典型的韧性特征，从而提高装备体系的作战效能。鉴于编队作战体系中雷达网的组成结构及性能指标较为复杂，本节选取雷达网最大探测面积作为典型的能力要素，进行韧性分析。

雷达探测能力主要包括雷达探测空域、分辨力与精度、跟踪精度和抗干扰能力等。探测空域体积是最典型和关键的雷达探测能力指标之一，它是指在指定目标类型及雷达截面积 σ、发现概率 P_r、虚警率 P_f 和扫描周期 T_s 等条件下，雷达所能探测到的空域体积 V_d，V_d 由雷达的最远探测距离、方位角和仰角等参数共同决定，计算整个体系的雷达探测空域具有很高的复杂性，计算过程十分烦琐且难以求解。在雷达网作战效能体系评估中，通常将雷达探测最大外包络面积作为雷达系统性能的核心指标之一，它是衡量雷达网探测性能优劣的主要依据，也是覆盖系数、盲区系数等指标的计算基础。因此，我们以编队作战体系中各舰载平台雷达识别敌情的最大探测面积作为装备体系侦察探测要素的典型性能指标，进行韧性分析。

1）模型构建

雷达设备所处的运行和作战环境具有不确定性，雷达网的最大探测面积受各平台之间距离的影响，同时雷达网受到干扰的次数以及内外部干扰所带来的性能损耗量也具有极大的不确定性。由于作战任务时间较短，所以雷达自身退化导致的失效可以忽略不计。本节考虑了雷达网中雷达相对位置的变化以及遭遇敌方目标的威胁，如电磁、病毒和火力干扰等，对其探测性能造成的影响。在协同防空作战任务过程中，当发现敌方目标时，各平台节点向敌方威胁目标靠拢，使得雷达之间的相对距离减小，从而减小了最大探测面积。因此，假设由内部干扰造成的雷达网性能（最大探测面积）的变化服从线性正态分布，而外部干扰和冲击服从泊松分布。本节采用概率论和随机过程建立数学模型来描述雷达网探测性能的变化。装备体系中各舰载平台雷达都进行均匀的圆周扫描，最远探测距离 $r_{\max}$ =15km。为保持良好的通信状态，各驱逐舰与护卫舰的协同作战距离不能超过数据链的有效通信距离 20km。设 $g(t)$ 为 t 时刻雷达网的最大探测面积，雷达网初始最大探测面积为 g_0；$X_j(j=0,1,2,\cdots)$ 表示连续两次外部干扰的时间间隔序列，即第 j 次干扰与上次干扰之间的时间间隔；ΔX_j 为第 j 次外部干扰对雷达探测性能的损耗量，其中 ΔX_0 =0。因此，给出雷达网探测性能建模的基本假设，具体如下：

（1）雷达设备的探测性能退化主要由其内部相对位置变化和受到的外部随机攻击引起。

（2）当舰载雷达网的最大探测面积低于阈值 k 时，无法满足作战任务的最低需求，从而导致装备体系彻底失效。

（3）雷达在时间 $(0,t)$ 内受到的外部冲击次数 $N_w(t)$ 服从泊松分布 $N_w(t) \sim P(\lambda t)$，即 $P[N_w(t)=l] = \dfrac{(\lambda t)^l}{l!} e^{-\lambda t}$。

（4）每两次连续的外部冲击的时间间隔服从指数分布，即 $X_j \sim E(\lambda)$。

（5）每次外部冲击对雷达探测性能损耗的影响服从正态分布，即 $\Delta X_j \sim N(\mu_s, \sigma_s^2)$。

（6）各个平台的相对距离对雷达探测性能变化的影响 $X_D(t)$ 服从线性正态分布，即 $X_D(t) = \beta t$，其中 $\beta \sim N(\mu_\beta, \sigma_\beta^2)$，且 β 与 ΔX_j 相互独立。

综上所述，当雷达工作到 t 时刻时，雷达网的探测性能退化量为内部相对位置变化引起的退化量和来自外部的干扰造成的突变退化量之和。设随机变量 $Z_D(t)$ 为雷达网在 t 时刻总的探测性能损耗量，则有

$$Z_D(t) = \sum_{j=0}^{N_w(t)} \Delta X_j + \beta t, \ N_w(t) = 0,1,2,\cdots \quad (4\text{-}25)$$

第4章 装备体系韧性建模分析

在 t 时刻，雷达网的探测性能可靠度为

$$\begin{aligned}
R(t) = P\{g_i(t) \geq k\} &= P\left\{g_0 - \left(\sum_{j=0}^{N_w(t)} \Delta X_j + \beta t\right) \geq k\right\} \\
&= P\left\{\sum_{j=0}^{N_w(t)} \Delta X_j + \beta t < g_0 - k\right\} \\
&= \sum_{l=0}^{\infty} P\left(\sum_{j=0}^{l} \Delta X_j + \beta t < g_0 - k\right) P[N_w(t) = l] \\
&= \sum_{l=0}^{\infty} P\left(\sum_{j=0}^{l} \Delta X_j + \beta t < g_0 - k\right) \cdot \frac{(\lambda t)^l}{l!} e^{-\lambda t}
\end{aligned} \quad (4\text{-}26)$$

又由于 β 和 ΔX_j 均服从正态分布，ΔX_j 为非负独立同分布随机变量，根据正态分布性质，可以得到：

$$\beta t \sim N(\mu_\beta t, \sigma_\beta^2 t^2) \quad (4\text{-}27)$$

$$\sum_{j=0}^{l} \Delta X_j \sim N(l\mu_s, l\sigma_s^2) \quad (4\text{-}28)$$

$$\sum_{j=0}^{l} \Delta X_j + \beta t \sim N(\mu_\beta t + l\mu_s, \sigma_\beta^2 t^2 + l\sigma_s^2) \quad (4\text{-}29)$$

根据式（4-26）至式（4-29）可以得到：

$$P\left\{g_0 - \sum_{j=0}^{N_w(t)} \Delta X_j + \beta t \geq k\right\} = \Phi\left(\frac{g_0 - k - (\mu_\beta t + l\mu_s)}{\sqrt{\sigma_\beta^2 t^2 + l\sigma_s^2}}\right) \quad (4\text{-}30)$$

其中，$\Phi(\cdot)$ 为标准正态累积分布函数。

根据式（4-26）和式（4-30）可得雷达网的探测性能可靠度为

$$R(t) = \sum_{l=0}^{\infty} \Phi\left(\frac{g_0 - k - (\mu_\beta t + l\mu_s)}{\sqrt{\sigma_\beta^2 t^2 + l\sigma_s^2}}\right) \cdot \frac{(\lambda t)^l}{l!} e^{-\lambda t} \quad (4\text{-}31)$$

在 t 时刻，雷达网受到总的干扰次数 $N_w(t)=l$，其中，λ、μ_s、σ_s、μ_β 和 σ_β 为参数。则其失效分布函数 $F(t)$ 为

$$F(t) = 1 - R(t) = 1 - \sum_{l=0}^{\infty} \Phi\left(\frac{g_0 - k - (\mu_\beta t + l\mu_s)}{\sqrt{\sigma_\beta^2 t^2 + l\sigma_s^2}}\right) \cdot \frac{(\lambda t)^l}{l!} e^{-\lambda t} \quad (4\text{-}32)$$

因此，$F(t)$ 为服从线性正态泊松分布的随机变量分布函数。

2）参数分析

依据前文分析以及雷达网的运行特点，下面建立考虑两类干扰因素的失效分布模型。在实际情况下，在对雷达系统或整个雷达网进行可靠性相关指标评估时，可以利用雷达运行或实验的相关数据。当缺乏历史或实验数据时，也可采用仿真数据，并应用相应的统计推断方法对模型中的相关参数进行估计。λ代表外部冲击频率，μ_s和σ_s^2代表每次外部冲击导致探测性能损失的均值和方差，μ_β和σ_β^2代表由雷达相对距离变化引起的单位时间性能损失量的均值与方差。下面将根据雷达网探测性能和特征，给出模型中相应的参数估计方法。

（1）求解λ的估计值。

由于$N_w(t) \sim P(\lambda t)$，其中λt为雷达网在t时刻遭遇外部干扰的平均次数，所以有$E[N_w(t)] = \lambda t$，可根据t时刻雷达遭遇外部攻击的平均次数求得参数λ的估计值。同样，雷达网在$t_i(i=1,2,\cdots,r)$时刻受到外部干扰的次数为n_i，则有$E[N_w(t_i)] = \lambda t_i = \overline{n_i}$，因此可通过实验或观测数据，应用矩估计方法得到$\lambda$的估计值为

$$\hat{\lambda} = \sum_{i=1}^{r} \overline{n_i} \bigg/ \sum_{i=1}^{r} \overline{t_i} \qquad (4\text{-}33)$$

（2）求解μ_β和σ_β^2的估计值。

在不受外界干扰的情况下，雷达网的探测性能受组成雷达的相对位置变化影响，且呈现缓慢的线性下降趋势。例如，在4个雷达完好情况下，各雷达相对距离在15km至20km之间，雷达网的最大探测面积范围为1831.86km^{2}至2210.80km^2，可根据具体雷达网结构特征和相对距离变化对雷达网最大探测面积的影响，对μ_β和σ_β^2进行分析计算。

（3）求解μ_s和σ_s^2的估计值。

假设每次冲击对雷达探测性能的损耗为独立同分布，雷达在时间$(0,t)$内受到的外部冲击次数$N_w(t)$服从泊松分布，且每次冲击对雷达探测性能损耗的影响服从正态分布。设$Z_{D_i}(i=1,2,\cdots,n)$是来自总体随机变量$Z_D(t)$在t时刻的n个实际实验检测数据，定义参数a_1、a_2分别为：

第 4 章 装备体系韧性建模分析

$$a_1 = \frac{1}{n}\sum_{i=1}^{n} Z_{D_i}$$

$$a_2 = \frac{1}{n-1}\sum_{i=1}^{n}(Z_{D_i} - a_1)^2 \qquad (4\text{-}34)$$

又因为 $Z_D(t)=\sum_{j=0}^{N_w(t)}\Delta X_j + \beta t$,则有

$$E[N_w(t)] = \lambda t$$
$$E[Z_D(t)] = \mu_\beta t + \lambda t \mu_s \qquad (4\text{-}35)$$
$$D[Z_D(t)] = \sigma_\beta^2 t^2 + \lambda t \sigma_s^2$$

综上,已知 λ、μ_β 和 σ_β^2,参数 a_1、a_2 为随机变量 $Z_D(t)$ 在 t 时刻的前四阶中心距估计值,对参数 μ_s 和 σ_s 进行求解,得出其点估计值公式为

$$\hat{\mu}_s = \frac{a_1 - \mu_\beta t}{\lambda t} \qquad (4\text{-}36)$$

$$\hat{\sigma}_s = \sqrt{\frac{a_2 - \sigma_\beta^2 t^2}{\lambda t}}$$

3)案例研究

下面以典型的 5 节点编队作战体系为例,对 4 个舰载的某型雷达组成的雷达网进行韧性分析。4 个舰船平台的预警探测系统构成了具有最大探测面积的雷达网,并进行实时信息共享与融合。在任务开始时,需将 4 部舰载雷达的间距保持在 20km,形成正方形结构,当其中一部雷达失效时,其余舰载雷达立即调整部署,形成边长为 20km 的等边三角形结构,即形成协同雷达网。在保证探测精度的情况下,雷达最大的探测距离为 15km,因此,根据作战任务需求,4 节点舰载雷达外包络面积在不小于 1500km² 时才能满足战时目标侦察探测的要求。编队作战体系中各平台在任务过程中的相对距离区间为(15km, 20km),4 节点雷达网的最大探测面积变化如图 4.32 所示。同时,当遭受敌方目标的电磁、病毒和火力等外部干扰使得任意节点的雷达失效时,其余雷达平台即可通过动态重构形成新的雷达网。由此可知,不同雷达数量的雷达网部署情况及最大探测面积如图 4.33 所示。求解得到 4 节点雷达网的最大探测面积 $S_4 = 2210.80\text{km}^2$,3 节点雷达网最大探测面积为 $S_3 = 1708.00\text{km}^2$,2 节点雷达网最大探测面积为 $S_2 = 1258.80\text{km}^2$,单雷达最大

探测面积 $S_1 = 706.86\text{km}^2$。

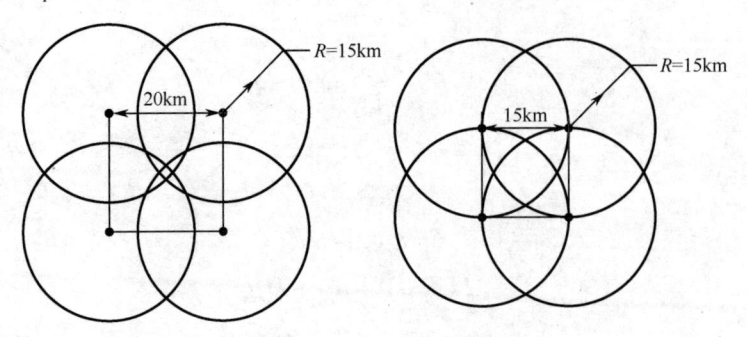

图 4.32　4 节点雷达网的最大探测面积变化示意图

4 节点雷达网部署情况　　　　3 节点雷达网部署情况

2 节点雷达网部署情况　　　　单雷达部署情况

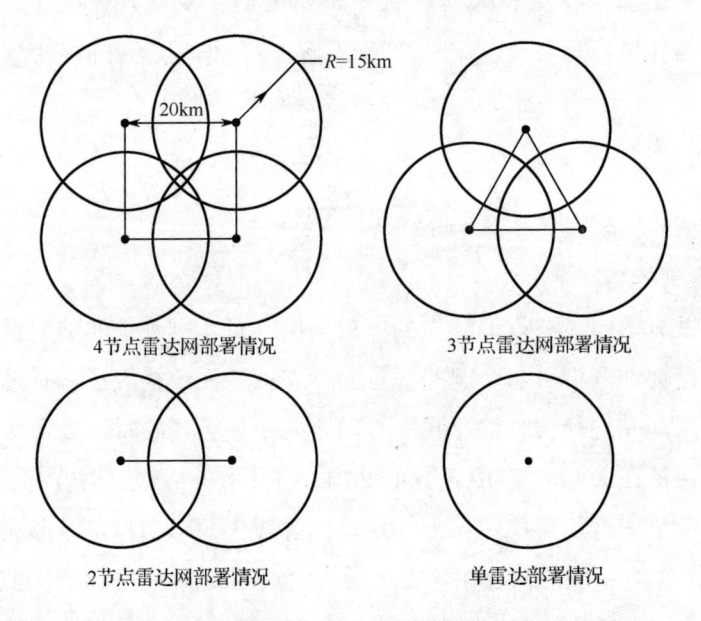

图 4.33　不同雷达数量的雷达网部署情况及最大探测面积

根据式（4-25）和式（4-29），可得雷达网在 t 时刻的最大探测面积为：

$$g(t) = 2210.8 - \sum_{j=0}^{N_w(t)} \Delta X_j + \beta t$$

$$Z_D(t) = \sum_{j=1}^{l} \Delta X_j + \beta t \sim N(\mu_\beta t + l\mu_s, \sigma_\beta^2 t^2 + l\sigma_s^2) \quad (4\text{-}37)$$

$$Z_D(t) = \Phi\left(\frac{z - t\mu_\beta - l\mu_s}{\sqrt{\sigma_\beta^2 t^2 + l\sigma_s^2}}\right)$$

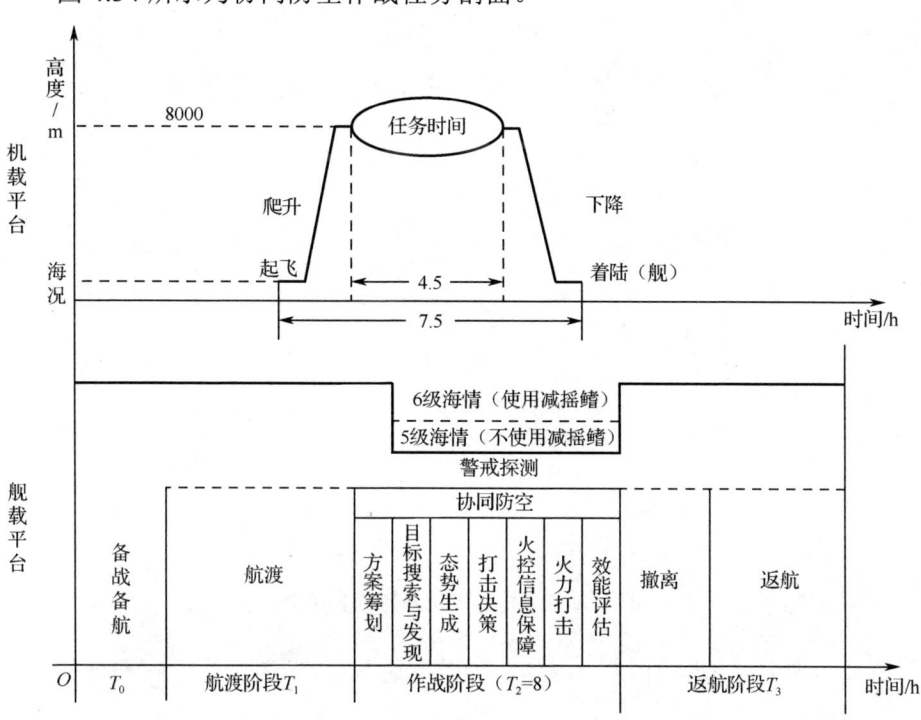

图 4.34 所示为协同防空作战任务剖面。

图 4.34 协同防空作战任务剖面

协同防空作战任务时长为 8h，相关参数设置为 $\lambda=3.6/h$、$\mu_\beta=14.8$、$\sigma_\beta^2=12.26$，根据作战任务剖面和相关仿真与实验数据，有：

$$a_1 = \frac{1}{n}\sum_i^n Z_{D_i} = 774$$

$$a_2 = \frac{1}{n}\sum_i^n (Z_{D_i} - a_1)^2 = 1225$$

$$E[N_w(t)] = \lambda t = 3.6 \times 8 = 28.8$$

可得：

$$\hat{\mu}_s = \frac{a_1 - \mu_\beta t}{\lambda t} = \frac{774 - 14.8 \times 8}{28.8} = 22.76$$

$$\hat{\sigma}_s = \sqrt{\frac{a_2 - \sigma_\beta^2 t^2}{\lambda t}} = 3.92$$

将相应参数代入式（4-32），计算可得雷达网失效分布函数为

$$F(t) = 1 - \sum_{l=0}^{\infty} \Phi\left(\frac{2210.8 - 1500 - (14.8t + 22.76l)}{\sqrt{12.26t^2 + 15.37l}}\right) \cdot \frac{(3.6t)^l}{l!} e^{-3.6t}$$

在编队协同作战任务阶段，雷达网累积失效分布函数如图4.35所示。

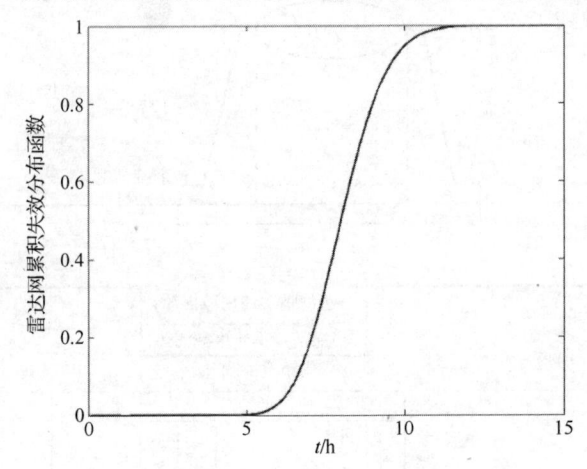

图4.35 雷达网累积失效分布函数

又因为 $P[N_w(t) = l] = \dfrac{(\lambda t)^l}{l!} e^{-\lambda t}$，所以雷达网在 t 时刻的最大探测面积为

$$g(t) \sim N(2210.8 - t\mu_\beta - l\mu_s,\ \sqrt{\sigma_\beta^2 t^2 + l\sigma_s^2})$$

根据雷达网失效分布函数，应用蒙特卡罗算法对作战任务阶段雷达网累积冲击次数与性能裕度进行仿真分析，得到雷达网累积冲击次数与性能裕度随时间的变化情况，如图4.36所示。

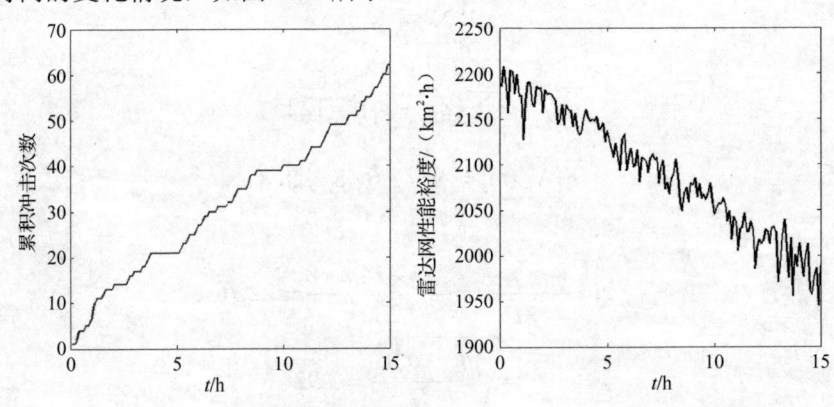

图4.36 雷达网累积冲击次数与性能裕度随时间的变化情况

第 4 章　装备体系韧性建模分析

随后，应用蒙特卡罗抽样和基于性能阈值的韧性量化模型对编队协同作战任务期间的雷达网韧性进行分析，得到雷达网单位时间韧性损失量随时间的变化情况，如图 4.37 所示。

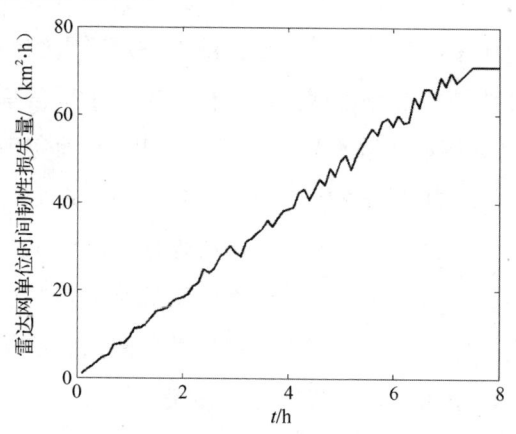

图 4.37　雷达网单位时间韧性损失量随时间的变化情况

通过式（4-1）和式（4-2）与仿真结果，得到雷达网的韧性累积损失量 $\mathcal{R}_l=3113.9$，则雷达网韧性裕度为

$$\mathcal{R}_{\text{limit}} = (g_0 - k) \cdot (t_s - t_0) = 56864$$

根据式（4-10）可得在作战任务期间，雷达网韧性随时间变化情况如图 4.38 所示，任务结束时雷达网的韧性 $\mathcal{R}$ 为

$$\mathcal{R} = \frac{\mathcal{R}_{\text{limit}} - \mathcal{R}_l}{\mathcal{R}_{\text{limit}}} \times 100\% = 94.52\%$$

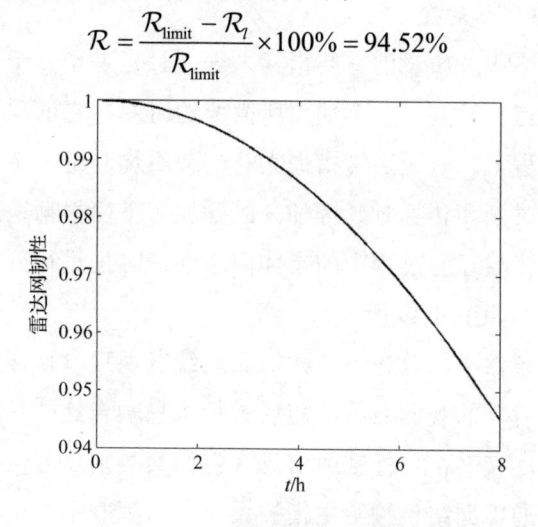

图 4.38　雷达网韧性随时间变化情况

4.3.2 指控系统通信时延韧性分析

在人类历史长河中,信息传递一直扮演着举足轻重的角色。举例来说,中国长城的烽火台就是通过点燃烟火,来传递重要军事信息的通信设施。而 19 世纪发明的电报则将信息编码为二进制字符串,从而实现了信息的传输与接收。随着信息技术在 20 世纪的广泛应用,各类系统之间的联系和交互变得更加频繁和紧密。装备体系结构的网络中心性使其具备了在作战任务过程中资源共享、维护便利、信息融合和灵活性强等显著特点。然而,体系的多个节点在通过网络交换数据的过程中可能出现数据碰撞、连接中断和网络拥堵等现象。同时,指控系统负责作战信息的收集、处理和传递等任务,在编队协同作战时,编队指控系统及协同定位设备等对信息的处理会不可避免地产生时延和丢包等问题。因此,本节基于随机过程和排队论,研究考虑动态重构的装备体系能力层指控系统控制回路(简称指控回路)时延韧性的相关问题。

1. 基于排队论的指控回路通信时延分析

1)指控回路通信时延

作为通信网络服务质量的重要指标之一,时延是指一个分组或一位数据从网络的一个端点传输到另一个端点所需要的时间,它的单位通常是秒或几分之一秒。在工程上,时延通常指最大时延或平均时延,主要是处理时延、排队时延、传输时延和传播时延等部分的叠加。下面根据编队作战体系的任务特点,对其在作战任务过程中的指控回路通信时延进行分析。编队作战体系指控回路示意图如图 4.39 所示。

在协同作战条件下,首先,侦察探测系统发现敌方目标威胁,并在编队内共享各舰船对目标的观测数据,随后进行信息融合处理,以形成统一的编队协同作战态势。接着,目标威胁信息(包括其类别、方位坐标、运行轨迹和速度等)通过通信网络传输给主指控系统,指挥舰则根据已知的编队协同

第4章 装备体系韧性建模分析

防空作战态势,在编队范围内实时、统一地进行目标与火力分配。最后,通信系统再将作战信息传送到武器系统,实施火力打击。整个作战任务过程的时延主要包括侦察探测系统从发现目标威胁到传送消息至指控系统的时延 τ_{dc}、指控系统信息处理时延 τ_{cc} 和指控系统传输指令到武器系统的时延 τ_{cw} 三个部分。

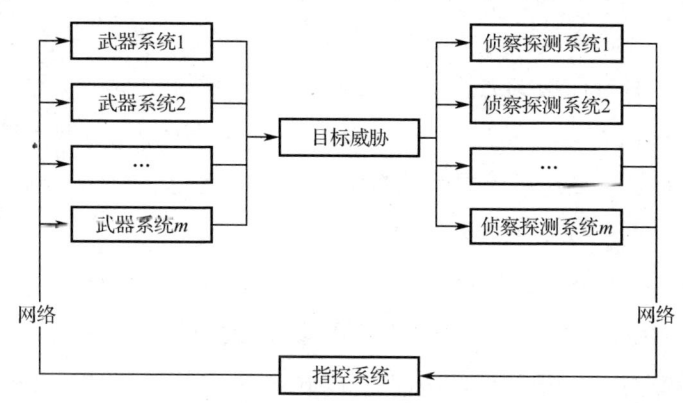

图 4.39 编队作战体系指控回路示意图

下面将根据 $M^\gamma/G/1$ 排队系统建立排队规则与基本假设,并对装备体系指控回路通信时延相关问题进行分析。

2)算法限制/指控系统规则

(1)输入过程。

假设敌方目标威胁的到达过程为无记忆的泊松过程,其到达率为 λ。同时,敌方目标威胁成批独立到达,且敌方目标威胁到达的数目和允许的队长是无限的。

(2)排队规则。

当敌方目标威胁到达率大于指控系统的处理效率时,会导致任务失败。

(3)服务规则。

假设在装备体系指控回路中,主要应用主指控系统来处理敌方目标威胁信息、发布作战指令,并对指控系统处理敌方目标威胁信息的时延数据进行分析。主指控系统每次只处理一个敌方目标的信息,采用先到达先服务(First Come First Service,FCFS)的服务方式,服务时间服从正态分布且相互独立。

因此，假设该控制回路为一个 $M^\gamma/G/1$ 排队系统，并且当主指控系统发生故障或失效后，由副指控系统替代其功能。

3）基本假设

$M^\gamma/G/1$ 排队系统由单服务器处理，且处理时间服从一般分布，到达时间服从泊松分布。并且，该排队系统所有的服务时间和到达时间均为独立同分布。

（1）敌方目标威胁到达的时间间隔为随机变量序列 $\{J_n, n \geq 1\}$。并且敌方目标威胁分批次到达，每批次到达系统输入过程 $\{N(t), t \geq 0\}$ 服从参数为 λ 的泊松分布，每批次到达的敌方目标数量为一个随机变量 γ，设定 $\alpha = E(\gamma)$，方差 $\beta^2 = D(\gamma)$，则其分布函数为 $R(\gamma)$。

（2）假定第 i 个敌方目标威胁的处理时间为 x_i，各个敌方目标威胁处理时间（从发现敌情到作战指令下达至武器系统）的随机变量序列为 $\{X_n, n \geq 1\}$，信息处理效率为 μ，平均处理时间为 $0 < 1/\mu < \infty$，且服从正态分布，则均值 $E(X_n) = 1/\mu$，方差 $D(X_n) = \sigma^2$，分布函数为 $X(t)$。

（3）指控系统按照先到达先服务的机制运行，且每次只能处理一个敌情信息，并设 $\{X_n, n \geq 1\}$ 和 $\{J_n, n \geq 1\}$ 相互独立。

根据排队规则与基本假设，对指控回路的相关指标进行分析。

2. 基于 $M^\gamma/G/1$ 的无失效排队系统指标分析

假设指控系统无失效且在任务过程中可以持续良好地有效运行，基于 $M^\gamma/G/1$ 排队系统理论对无失效的指控系统排队指标进行平均队长、忙期和等待时间等方面的分析。

1）平均队长

设 Q_n 为当第 n 个敌方目标威胁被处理完时还需要处理的敌方目标数量（即队长），Y_n 为在处理第 n 个敌方目标的时间 X_n 内新到达的敌方目标威胁数量，有 $Y_n = N(X_n)$。由基本假设可知 Y_{n+1} 与 Q_n 相互独立，可知 $\{Q_n, n \geq 1\}$ 为嵌入马尔可夫链。因为指控系统无失效，所以定义该排队系统强度为 $\rho = \dfrac{\alpha\lambda}{\mu}$，当且仅当 $\rho < 1$ 时，该马尔可夫链存在平稳分布，可得：

第4章 装备体系韧性建模分析

$$Q_{n+1} = Q_n - \varepsilon(Q_n) + Y_{n+1} + (\gamma - 1)\varepsilon(1 - Q_n) \tag{4-38}$$

式中，$\varepsilon(x) = \begin{cases} 1, & x > 0 \\ 0, & x \leq 0 \end{cases}$，且 $n \geq 1$。

排队系统平均队长为

$$L_q = E(Q) = \rho + \frac{\beta^2 + \alpha^2 - \alpha}{2\alpha(1-\rho)} + \frac{\lambda^2\alpha^2\sigma^2 + \rho^2}{2(1-\rho)} \tag{4-39}$$

2）忙期

将基于 $M^\gamma/G/1$ 的指控回路忙期定义为指控系统初始处于空闲状态，从第一批敌方目标威胁到达指控系统开始至回路中没有敌方目标为止的时间长度，它反映了排队系统处理信息的能力。忙期记为 Θ，将到达的 γ 个敌方目标分别标记为 $A_1, A_2, \cdots, A_\gamma$。由于忙期与指控系统服务的顺序没有关系，为了方便计算，对服务规则进行处理。首先处理在指控系统处理 A_1 时所到达的新的一批敌方目标，将其视为敌方目标威胁的子目标一代，然后处理指控系统在处理 A_1 的子目标一代时所到达的 A_1 的子目标二代，以此类推。从指控系统处理第一个敌方目标威胁时起，一直到其各代子目标全部处理完毕，有

$$\Theta = \sum_{i=1}^{\gamma} \theta_i \tag{4-40}$$

式中，θ_i 表示指控系统处理第 i 批敌方目标威胁的时间长度（即忙期），θ_i 之间相互独立且同分布。

当一个敌方目标到达时，进行信息处理的系统忙期 θ 的期望为

$$E[\theta] = \frac{1}{\mu - \alpha\lambda} \tag{4-41}$$

则第一批敌方目标到达的忙期 Θ 的期望为

$$E[\Theta] = \frac{\alpha}{\mu - \alpha\lambda} \tag{4-42}$$

忙期 Θ 的方差为

$$D(\Theta) = \frac{\alpha^2\rho + \beta^2 + \alpha\mu^2\sigma^2}{\mu^2(1-\rho)^3} \tag{4-43}$$

式中，$\rho = \frac{\alpha\lambda}{\mu} < 1$。

设 M 为一个忙期 θ 中处理完的敌方目标威胁数量，H 为一个忙期 Θ 中

处理完的敌方目标威胁数量，则有：

$$E(M) = \frac{1}{1-\rho}$$

$$D(M) = \frac{\rho\beta^2 + \lambda^2\alpha^3\sigma^2 + \alpha^2\rho}{\alpha(1-\rho)^3} \quad (4-44)$$

$$E(H) = \frac{\alpha}{1-\rho}$$

$$D(H) = \frac{\beta^2 + \lambda^2\alpha^3\sigma^2 + \alpha^2\rho}{(1-\rho)^3}$$

3）等待时间

用 W 表示在先到达先服务的处理规则下，一个敌方目标威胁信息等待被处理的时长，该时长由两部分构成：

$$W = W_f + W_s \quad (4-45)$$

式中，W_f 表示该敌方目标所在到达批次的等待时间，W_s 表示该敌方目标在自己批次中的等待时间，且 W_f 与 W_s 相互独立，设 U 为一批敌方目标所需要的处理时间，可得 $U = \sum_{i=1}^{\gamma} X_i$，则有：

$$E(W_f) = \frac{\lambda E(U^2)}{2(1-\rho)} = \frac{\lambda(\alpha\mu^2\sigma^2 + \beta^2 + \alpha^2)}{2\mu^2(1-\rho)} \quad (4-46)$$

$$E(W_s) = \frac{\beta^2 + \alpha^2 - \alpha}{2\alpha\mu} \quad (4-47)$$

指控回路的平均等待时间为

$$E(W) = E(W_f) + E(W_s) = \frac{\lambda\alpha^2\mu^2\sigma^2 + \mu\beta^2 + \alpha\mu(\alpha+\rho-1)}{2\alpha\mu^2(1-\rho)} \quad (4-48)$$

由于排队系统平均时延为指控系统的信息处理时延与信息传输时延之和，可得编队作战体系的指控回路平均时延 T_d 为

$$T_d = E(W) + E(X_n) = \frac{\lambda\alpha^2\mu^2\sigma^2 + \mu\beta^2 + \alpha\mu(\alpha+\rho-1)}{2\alpha\mu^2(1-\rho)} + \frac{1}{\mu} \quad (4-49)$$

3. 基于 $M^\gamma/G/1$ 的可重构排队系统指标分析

在作战任务过程中，当敌方目标威胁到达指控系统时即刻进入忙期。假设指控系统只在忙期内发生失效，编队作战体系的资源共享特征使得指控系

第4章 装备体系韧性建模分析

统也具有动态重构的能力,当主指控系统发生失效后,可通过动态重构切换至副指控系统进行信息处理,同时可对失效的指控系统进行修复,若指控回路只有单个指控系统,没有动态重构能力,则每次致命冲击都会导致指控系统失效,造成宕机,编队作战体系就会因失去"大脑"而无法进行协同作战。假设指控系统主要受到外部冲击和内部退化两种失效模式的影响,但由于作战任务时间较短,外部冲击的干扰对指控系统失效率影响较大,其在作战任务过程中自然退化导致的失效可以忽略不计。因此,本节对可重构指控系统在忙期内遭受外部致命冲击的影响进行分析。

1)失效率

通常情况下外部冲击损伤可分为轻微损伤、局部性能损伤、重度损伤和致命损伤。致命损伤等级指外部冲击带来的损害对于系统而言是致命的,当外部冲击所带来的损害达到这个等级时,系统将彻底失效。令 N_{cs} 表示在 $[0,t]$ 时间段内指控系统遭受外部致命冲击的总次数,假设指控系统遭受外部致命冲击次数 N_{cs} 服从参数为 λ_{cs} 的泊松分布,即 $N_{cs} \sim P(\lambda_{cs})$,则在 $[0,t]$ 时间内出现 m 次致命冲击的概率为 $P[N_{cs}(t)=m] = \frac{\lambda_{cs}^m}{m!} e^{-\lambda_{cs}}$。同时假设指控系统进行动态重构的成功率服从参数为 μ_c 的指数分布,即 $\text{Tr}(t)=1-\exp(-\mu_c t)$。

设主副指控系统切换所需平均时间为 τ,假设在切换期间指控系统不能再次遭受致命冲击,即两次致命冲击的间隔时间需大于切换时间 τ,否则指控系统失效。根据参考文献[167]分析指控系统在 $[0,t)$ 的作战任务过程中的无故障概率,则可重构指控系统的可靠度为

$$R_c(t) = \omega_1 \exp(s_1 t) + \omega_2 \exp(s_2 t) \quad (4\text{-}50)$$

式中,$s_1 = \frac{-(2\lambda_{cs}+\mu_c)+\sqrt{(2\lambda_{cs}+\mu_c)^2-4\lambda_{cs}^2}}{2}$,$s_2 = \frac{-(2\lambda_{cs}+\mu_c)-\sqrt{(2\lambda_{cs}+\mu_c)^2-4\lambda_{cs}^2}}{2}$,$\omega_1 = \frac{s_1+2\lambda_{cs}+\mu_c}{s_1-s_2}$,$\omega_2 = -\frac{s_2+2\lambda_{cs}+\mu_c}{s_1-s_2}$。

可以得到可重构指控系统的失效率为

$$\lambda_c = \frac{-\omega_1 s_1 \exp(s_1 t) - \omega_2 s_2 \exp(s_2 t)}{\omega_1 \exp(s_1 t) + \omega_2 \exp(s_2 t)} \quad (4\text{-}51)$$

2）忙期

根据 $M^\gamma/G/1$ 排队系统理论可知,指控系统处理单个敌方目标威胁信息的平均处理时间为 $1/\mu(1+\lambda_c/\mu_c)$。从指控系统处理第一个敌方目标威胁信息开始,指控系统进入忙期,则第一个敌方目标到达的可修指控系统忙期为

$$E(\theta_r) = \frac{\rho}{\alpha\lambda(1-\rho)} = \frac{1}{\mu}\left(1+\frac{\lambda_c}{\mu_c}\right)\bigg/\left[1-\frac{\alpha\lambda}{\mu}\left(1+\frac{\lambda_c}{\mu_c}\right)\right] \quad (4\text{-}52)$$

式中,$\rho = \frac{\alpha\lambda}{\mu}\left(1+\frac{\lambda_c}{\mu_c}\right) < 1$。同理可得,敌方目标成批到达的可修指控系统的平均忙期为

$$E(\Theta_r) = \frac{\rho}{\lambda(1-\rho)} \quad (4\text{-}53)$$

4. 韧性指标分析

忙期是体现整个指控系统在作战任务过程中对敌方目标威胁信息处理能力的核心指标,忙期越长说明处理信息所花费的时间越久,表明指控系统的信息处理能力越弱。因此,下面以平均忙期为能力要素对指控系统进行韧性分析,Θ_r 表示可重构可修指控系统在作战任务过程中的平均忙期,Θ_{nr} 表示不可重构指控系统在作战任务过程中的平均忙期,也可以看作可重构指控系统忙期的阈值,且 $\Theta_{nr} > \Theta_r$,则 $\Theta_{nr} - \Theta_r$ 可表示可重构指控系统性能的提升程度。根据文献[169]和基于性能阈值的韧性模型,可得可重构指控系统韧性为可重构指控系统与不可重构指控系统处理作战信息平均忙期的相对值,用 $\mathcal{R}_\Theta$ 表示,则有

$$\mathcal{R}_\Theta = \frac{\Theta_{nr} - \Theta_r}{\Theta_{nr}} \quad (4\text{-}54)$$

对整个指控回路而言,通信时延是衡量其网络传输能力的一个极其重要的指标,因此,将通信时延作为能力要素对整个指控回路进行韧性分析。同理可得,指控回路的时延韧性为其所能接受的最大时延 T_{limit} 与实际时延 T_{total} 的相对值,用 $\mathcal{R}_d$ 表示,即有

$$\mathcal{R}_d = \left|\frac{T_{\text{total}} - T_{\text{limit}}}{T_{\text{limit}}}\right| \quad (4\text{-}55)$$

5. 案例研究

以编队作战体系执行协同作战任务为例进行案例分析，假设某编队作战体系保护空域的敌方作战目标服从到达率 λ=0.01 的泊松分布，且每次到达都为成批到达，每批次到达的敌方目标威胁信息数量为 $\alpha=E(\gamma)$=3.67，方差为 $D(\gamma)=\beta^2$=1.44，则 β=1.20。协同作战平台护卫舰的主副指控系统的信息处理速率都服从正态分布，处理速率 μ=0.55，信息处理平均时间为 1.81s，方差为 $D(X_n)=\sigma^2$=0.053。接下来，对无失效和可重构指控回路相关指标进行计算。

1）无失效指控回路指标计算

代入相关参数值可得指控系统强度为

$$\rho = \frac{\alpha\lambda}{\mu} = 0.06673$$

根据式（4-39），得到指控回路的平均队长为

$$L_q = E(Q) = \rho + \frac{\beta^2 + \alpha^2 - \alpha}{2\alpha(1-\rho)} + \frac{\lambda^2\alpha^2\sigma^2 + \rho^2}{2(1-\rho)} = 1.7098$$

根据式（4-42），得到指控回路忙期 Θ 的期望为

$$E[\Theta] = \frac{\alpha}{\mu - \alpha\lambda} = 7.14981$$

忙期的方差为 $D(\Theta) = 2.877$，一个忙期 Θ 内平均处理的敌方目标威胁信息数量为 $E(H) = 3.9324$。根据式（4-48）可得指控回路的平均等待时间为

$$E(W) = E(W_f) + E(W_s) = 3.049$$

根据式（4-49），可得编队作战体系的指控回路平均时延为

$$T_d = E(W) + E(X_n) = 4.867$$

2）可重构指控回路指标计算

假设在任务过程中指控系统遭受外部致命冲击的次数 N_{cs} 服从参数为 λ_{cs}=0.001 的泊松分布，指控系统进行动态重构的成功率服从参数为 μ_c=0.125 的指数分布。若编队作战体系中只有单个指控系统，无副指控系统，则其不具备动态重构能力，当发生失效后需要较长时间进行修复。假设修复率服从参数为 μ_{cs}=0.008 的指数分布。对基于 $M^r/G/1$ 排队系统的指控回路相关指标进行计算，具体如下：

当控制回路中只有一个可修指控系统时,根据式(4-52)可得不可重构指控回路强度为 $\rho = 0.07506$,不可重构指控系统在任务过程中的平均忙期为

$$E(\varTheta_{\mathrm{nr}}) = \frac{\rho}{\lambda(1-\rho)} = 8.1161$$

当系统强度为 $\rho = \dfrac{\alpha\lambda}{\mu}\left(1+\dfrac{\lambda_{\mathrm{c}}}{\mu_{\mathrm{c}}}\right) = 0.06673$ 时,敌方目标威胁信息成批到达的可重构指控系统平均忙期为

$$E(\varTheta_{\mathrm{r}}) = \frac{\rho}{\lambda(1-\rho)} = 7.1503$$

可重构指控系统韧性为

$$\mathcal{R}_{\varTheta} = \frac{\varTheta_{\mathrm{nr}} - \varTheta_{\mathrm{r}}}{\varTheta_{\mathrm{nr}}} = \frac{8.1161 - 7.1503}{8.1161} = 0.1190$$

通过上述分析,对可重构指控系统与无失效指控系统的忙期进行对比,在无失效指控系统完好运行的情况下,平均忙期 $E[\varTheta]=7.14981$,可重构指控系统平均忙期 $E(\varTheta_{\mathrm{r}})=7.1503$,两者差值极小,由此说明指控系统在可重构与无失效情况下的信息处理效率基本相同。因此,为使计算简便,可重构指控系统相关指标在一定情况下可用无失效指控系统指标进行简化替代计算。根据参考文献[170]和参考文献[171],编队作战体系所需预警距离能够满足编队作战体系火力网在最大追踪与打击距离的基础上对来袭目标实施打击,所需的最短预警距离为

$$D_{\mathrm{yj}} = D_{\mathrm{lj}} + V_{\mathrm{d}} \cdot T_{\mathrm{total}} \tag{4-56}$$

式中,D_{lj} 为编队作战体系的拦截距离,即舰载平台的舰空导弹有效射程;V_{d} 为敌方目标威胁的来袭速度;T_{total} 为舰载机发现敌方目标威胁到武器系统导弹与敌方目标威胁相遇所需的时间,则有:

$$T_{\mathrm{total}} = \tau_{\mathrm{dc}} + \tau_{\mathrm{cc}} + \tau_{\mathrm{cw}} + \tau_{\mathrm{wr}} + \tau_{\mathrm{wl}} \tag{4-57}$$

式中,τ_{dc} 为侦察探测系统发现敌方目标威胁到传送消息至指控系统的时延;τ_{cc} 为指控系统信息处理时延;τ_{cw} 为指控系统传输指令到武器系统的时延;τ_{wr} 为武器系统所需的反应时间;τ_{wl} 为武器系统发射导弹至最大拦截距离所需的时间。则 τ_{dc}、τ_{cc} 与 τ_{cw} 之和为整个装备体系指控回路的通信时延。

敌方目标威胁信息在指控回路中的平均通信时延为

第4章 装备体系韧性建模分析

$$T_d = \tau_{dc} + \tau_{cc} + \tau_{cw} = \frac{\lambda\alpha^2\mu^2\sigma^2 + \mu\beta^2 + \alpha\mu(\alpha+\rho-1)}{2\alpha\mu^2(1-\rho)} + \frac{1}{\mu} = 4.867$$

在作战任务过程中,假设编队作战体系中预警机和舰载雷达的最大预警距离为140km,驱逐舰与护卫舰装备的武器系统最远打击距离为20000m,即拦截距离为D_{lj}=20000,如果武器系统在接收到最终作战指令和目标位置信息之前已经做好战前导弹发射准备,则其对发射目标进行定位瞄准的平均处理时间为2.616s,即τ_{wr}=2.616。假设敌方目标威胁的速度V_d为600m/s,我方舰载导弹拦截速度为650m/s,武器系统单次打击的命中率为0.6,则有τ_{wl}=30.76。

编队作战体系单次打击所需的时间为

$$T_{total} = 38.253$$

当发现敌方目标威胁时,指控回路的性能阈值,即允许的单次打击最大时延为

$$T_{limit} = \frac{D_{yj} - D_{lj}}{V_d} - \tau_{wr} - \tau_{wl} = \frac{140000 - 20000}{600} - 30.76 - 2.616 = 166.61$$

可得可以进行打击的总次数为$N_t = \frac{T_{dmax}}{T_{limit}} = 4$。

在武器系统火力资源充沛的情况下,对敌方目标威胁打击的成功率为

$$P_{su} = [1 - (1 - 0.6)^4] \times 100\% = 97.44\%$$

可得执行单次火力打击任务时的相对指控回路韧性为

$$\mathcal{R}_d = \left|\frac{T_{total} - T_{limit}}{T_{limit}}\right| = \left|\frac{38.253 - 166.61}{166.61}\right| = 0.7704$$

4.3.3 武器系统火力网韧性分析

武器系统相当于编队作战体系的四肢,承担着体系作战效能输出的要务,主要由导弹、舰载设备、探测和瞄准设备、制导系统、发射系统等组成。作为编队作战体系中的另一关键要素,舰载武器系统的作战能力是由导弹射程、命中精度、落点精度、可靠性、生存能力、弹药数量和威力等多种技术性能指标综合决定的,其主要任务是防空反导,兼顾对水面舰艇进行射击。驱逐

装备体系韧性分析理论与技术

舰和护卫舰平台装载不同类型和数量的导弹,例如,某型护卫舰可以发射舰空导弹、反舰导弹和反潜导弹等多种类型导弹,各型导弹也具有不同的火力水平。装备体系的网络中心性使武器系统在作战任务过程中可以进行协同作战,各平台武器系统进行动态重构,动态调整配置其火力资源,各平台的武器系统可以相互替代、互为备份,并共享火力资源。因此,在忽略各平台间通信链路失效情况下,具有性能阈值的装备体系火力网形成 k-out-of-n 系统结构,本节通过构建新的多状态权重 k-out-of-n 系统模型对装备体系武器系统韧性进行分析评价。

1. 武器系统火力分析

从系统工程的角度来看,对单个舰载武器系统进行火力评价需要考虑武器系统的射程、精度、威力、突防速度和抗干扰能力等因素,而现阶段火力评价方法主要包括基于战斗部毁伤机理、基于导弹功能与目标特性、基于贝叶斯网络和基于直觉模糊集理论等。由于装备体系的网络中心性,各舰载平台武器系统可以通过通信网络形成火力网,实现协同作战,并根据火力使用情况进行火力规划。因此,对装备体系火力网的火力评价需要选取合适的性能指标。基本火力指数也称单项火力值,是用来衡量一个武器杀伤力的指标值。平台火力指数则是描述一个作战平台所有武器杀伤力的指标值,它是平台内各类武器的单项火力值与该类武器数量乘积之和。本节以火力指数作为衡量武器系统的典型性能指标,对考虑动态重构的编队作战体系火力网性能、可用性及韧性进行分析评价。

首先,假设编队作战体系中共有 n 个舰船作战平台,每个平台武器系统具有 $m+1$ 种性能状态,且 m 为最佳状态。由于武器系统装载了不同数量且具有不同火力指数的导弹,因此其每次失效或发射一枚导弹都会使火力网性能发生改变。令 i 表示体系中的平台编号,且 $0 \leq i \leq n$,j 表示体系中不同平台的火力状态,且 $0 \leq j \leq m$。根据作战任务需求,单平台武器系统的性能阈值为 $k_{ij}(t)$,即在作战任务过程中,平台 i 武器系统保持在性能状态 j 及以上的最低性能需求,装备体系火力网的性能阈值为 $K_j(t)$,即火力网性能在 t 时刻

第 4 章 装备体系韧性建模分析

保持在状态 j 及以上的最低性能需求。当编队作战体系平台和系统节点之间的通信链路可靠度为 1 时，可将各平台武器系统组成的火力网假设为一个具有双阈值条件的动态多状态权重 k-out-of-n 系统。

2. 多状态权重 k-out-of-n 系统研究现状

多状态系统（Multi-State System，MSS）是指表现出有限个离散性能水平或状态的系统。许多实际系统都由多状态部件构成，这些部件具有不同的性能水平和故障模式，其失效或修复对系统或体系的整体性能影响较大。多状态权重 k-out-of-n 系统是最为典型的多状态系统，例如，某些类型的电力系统、计算机系统、管道输送系统和信号传输系统是分别以发电机容量、数据处理速度、输送容量和信道容量作为性能状态的多状态系统。这些系统具有运行周期长、生产和维护成本高等特点，因此，对多状态权重 k-out-of-n 系统进行可靠性或韧性分析显得尤为重要。

Murchland、Barlow 和 Ross 等人在 20 世纪 70 年代提出了多状态系统可靠性等理论和概念。并且，随着多状态权重 k-out-of-n 系统的广泛应用，许多研究人员对其可靠性和可用性等问题进行了持续的研究，主要分为以下两个方面：

1）建模方法

国内外学者主要应用以下四种方法来建立多状态权重 k-out-of-n 系统可靠性/可用性相关模型：①扩展布尔模型方法，例如多态故障树、多状态路径和割集，以及多值决策图等；②仿真方法，例如蒙特卡罗仿真和随机 Petri 网等；③随机过程方法，例如齐次马尔可夫过程和准更新过程等；④UGF（Universal Generating Function，通用生成函数）离散随机变量运算工具方法，该方法由 Ushakov 于 1986 年提出，因其具有计算速度快、编程简单、数值实现方便等优点，被广泛用于多状态系统的可靠性/可用性分析。

2）模型分析

在传统的多状态权重 k-out-of-n 系统中，每个组件在每个可能的状态下对系统性能输出都有一定的贡献。Wu 和 Chen 提出了一个用于分析二态权重

k-out-of-n 系统可靠性的递推公式。Li 和 Zuo 将二态权重 k-out-of-n 系统模型推广到了多状态权重 k-out-of-n 系统模型，并结合递归算法和 UGF 对其可靠性进行了分析。Ding 和 Zuo 建立了一个分层权重多状态 k-out-of-n 系统模型，它可以将分析对象分解为系统、子系统和组件等多个层次。并且，该模型的每一层都可以表示为一个多状态权重 k-out-of-n 系统结构。Eryilmaz 利用递推公式和蒙特卡罗仿真建立了具有随机权重组件的 k-out-of-n 系统可靠性模型。Eryilmaz 和 Bozbulut 通过 UGF 和概率统计方法分析了权重 k-out-of-n 系统的边际重要性和联合重要性。Guliania 和 Sharifi 等人应用马尔可夫过程与 UGF 组合方法、递归算法分别对三状态不可修系统可靠性进行了评估，并比较了两种方法的优劣。动态多状态权重 k-out-of-n 系统模型是指组件或系统在不同状态下的性能及状态概率随时间变化而变化，Faghih-Roohia 等人在 Li 和 Zuo 的研究基础上，对动态多状态权重 k-out-of-n 系统的可用性进行了评估，并分析了组件性能阈值的变化对系统可用性的影响。

综上，多数的多状态权重 k-out-of-n 系统相关研究是基于 Li 和 Zuo 提出的两类多状态权重 k-out-of-n 系统定义展开的。即 Li 和 Zuo 将二态权重 k-out-of-n 系统模型推广到多状态情况，而给出的名为 Model Ⅰ和 Model Ⅱ的两类多状态权重 k-out-of-n 系统定义和可靠性计算模型。Model Ⅰ和 Model Ⅱ分别针对系统总体或单个组件的性能阈值进行建模，Model Ⅰ仅考虑所有组件的累积性能阈值，而 Model Ⅱ则考虑了单个组件的性能阈值。因此，本节提出了一种新的多状态权重 k-out-of-n 系统模型，该模型扩展了 Model Ⅰ和 Model Ⅱ的适用范围，同时考虑所有组件累积的性能阈值和单个组件的性能阈值，并通过马尔可夫过程和 UGF 构建其可用性及韧性模型。

3. 双阈值多状态权重 k-out-of-n 系统模型构建

通常情况下，一个多状态权重 k-out-of-n 系统包含 n 个多状态组件，每个组件有 $m+1$ 种性能状态（即 $0,1,\cdots,m$，其中 m 表示组件处于完美性能状态，0 表示组件完全失效）。可重构多状态系统组件可以从高性能状态逐渐退化为低性能状态，也可以通过维修和重构来提升组件性能。根据装备体系火力网结

第4章 装备体系韧性建模分析

构特征，我们提出了一种同时考虑单个组件性能和所有组件累积性能的多状态权重 k-out-of-n 系统模型，并将其命名为动态双阈值多状态权重 k-out-of-n 系统模型，简称 Model Ⅲ。该模型的具体定义如下：

当单个组件的性能不小于组件性能阈值 $k_{ij}(t)$ 时，该组件才能对系统性能做出贡献；同时，当所有组件的累积性能和大于系统性能阈值 $K_j(t)$ 时，系统性能才能保持状态 j 及以上。

组件 i 的性能状态集可表示为 $g_i = \{g_{i0}, g_{i1}, \cdots, g_{im-1}, g_{im}\}$，Model Ⅲ 的数学定义如式（4-58）所示，该式表征了系统处于状态 j 及以上的概率。

$$P\{\phi \geq j\} = P\left\{\sum_{i=1}^{n} g_{ij}\alpha[g_{ij} \geq k_{ij}(t)] \geq K_j(t)\right\} \quad (4\text{-}58)$$

式中，$\alpha[g_{ij} \geq k_{ij}(t)]$ 为示性函数，可以表示为

$$\alpha = \begin{cases} 1, & g_{ij} \geq k_{ij}(t) \\ 0, & g_{ij} < k_{ij}(t) \end{cases} \quad (j=1,2,3,\cdots,m) \quad (4\text{-}59)$$

式（4-58）中，ϕ 表示系统的结构函数。相比于 Model Ⅰ 和 Model Ⅱ，Model Ⅲ 的定义同时考虑了单个组件的性能和所有组件的累积性能。当满足 $k_{ij}(t)=0$ 和 $\sum_{i=1}^{n} g_{ij} \geq K_j$ 时，Model Ⅲ 和 Model Ⅰ 定义相同，当满足 $g_{ij}(t) \geq k_{ij}(t)=K_j$ 时，组件可为系统性能做出贡献，在这种情况下，Model Ⅲ 和 Model Ⅱ 的定义相同。因此，Model Ⅲ 通过对传统的多状态权重 k-out-of-n 系统进行了拓展，使其可在更多领域得到应用。

1）多状态组件建模

下面应用连续时间离散状态的马尔可夫过程来构建多状态组件模型，并通过求解得到可修组件的状态概率分布。可修组件的马尔可夫状态转移模型如图 4.40 所示，组件在 t 时刻处于状态 j 的瞬时状态概率可表示为

$$p_{ij}(t) = P\{G_i(t) = g_{ij}\} \quad (4\text{-}60)$$

组件 i 的状态概率 $p_{ij}(t)$ 可通过以下微分方程计算：

$$\frac{\mathrm{d}P}{\mathrm{d}t} = P(t) \cdot \Lambda_i \quad (4\text{-}61)$$

组件 i 的状态转移率矩阵 Λ_i 为：

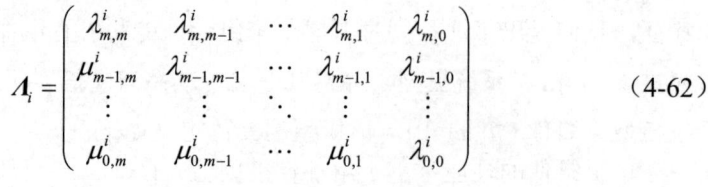

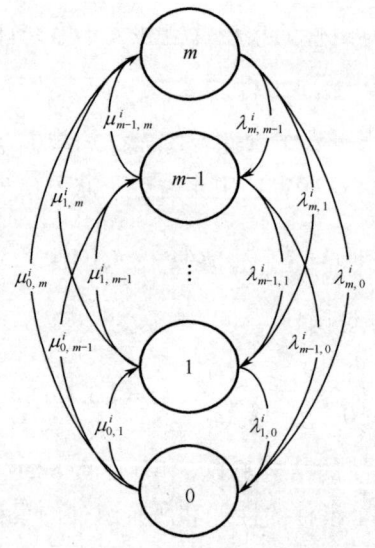

$$\Lambda_i = \begin{pmatrix} \lambda_{m,m}^i & \lambda_{m,m-1}^i & \cdots & \lambda_{m,1}^i & \lambda_{m,0}^i \\ \mu_{m-1,m}^i & \lambda_{m-1,m-1}^i & \cdots & \lambda_{m-1,1}^i & \lambda_{m-1,0}^i \\ \vdots & \vdots & \ddots & \vdots & \vdots \\ \mu_{0,m}^i & \mu_{0,m-1}^i & \cdots & \mu_{0,1}^i & \lambda_{0,0}^i \end{pmatrix} \quad (4\text{-}62)$$

图 4.40 可修组件的马尔可夫状态转移模型

各个组件的状态概率之和为

$$\sum_{j=0}^{m} p_{ij}(t) = 1 \quad (4\text{-}63)$$

当单个组件的输出性能不小于组件性能阈值 $k_{ij}(t)$ 时，组件为系统贡献性能，即当 $g_{ij} < k_{ij}(t)$ 时，有 $g_{ij}=g_{i0}=0\,(j=0,1,\cdots,w)$。当 $g_{ij} \geq k_{ij}(t)$ 时，有 $g_{ij}=g_{ij}\,(j=w+1,\cdots,m)$，组件对系统的性能贡献保持不变。示性函数 α 的值可由式（4-59）计算获得，则考虑组件性能阈值 $k_{ij}(t)$ 的可修组件 i 的通用生成函数 $u_i(z,t)$ 可以表示为

$$u_i(z,t) = \sum_{j=0}^{m} p_{ij}(t) z^{g_{ij}\alpha}, \quad g_{ij} \geq k_{ij}(t) \quad (4\text{-}64)$$

2）多状态系统建模

组合运算符表示具有性能阈值组件的通用生成函数及其组成结构关系，则 t 时刻的多状态系统输出性能分布的通用生成函数可表示为

第4章 装备体系韧性建模分析

$$U_s(z,t) = \Omega[u_1(z,t), u_2(z,t), \cdots, u_{n-1}(z,t), u_n(z,t)]$$
$$= \sum_{j_1=0}^{m}\sum_{j_2=0}^{m}\cdots\sum_{j_{n-1}=0}^{m}\sum_{j_n=0}^{m}\left(\prod_{i=1}^{n}p_{ij_i}(t)z^{\phi(g_{1j_1},g_{2j_2},\cdots,g_{nj_n})}\right) \quad (4\text{-}65)$$
$$= \sum_{j=0}^{m}p_{s,j}(t)z^{g_{sj}}$$

式中，Ω 是组合算子，也可以表示为 $\underset{\phi}{\otimes}$，$\phi(\cdot)$ 是多状态系统的结构函数，其计算方法由系统结构决定。例如，串联系统为 $X = \phi(X_1, X_2, \cdots, X_n) = \min\{X_1, X_2, \cdots, X_n\}$，并联系统为 $X = \phi(X_1, X_2, \cdots, X_n) = \max\{X_1, X_2, \cdots, X_n\}$，式（4-65）中的表决系统结构函数可表示为

$$\phi(g_{1j_1}, g_{2j_2}, \cdots, g_{nj_n}) = \sum_{i=1}^{n} g_{ij_i} \quad (4\text{-}66)$$

由此可以计算得到系统在各个状态的性能及其状态概率，则考虑系统性能阈值 $K_j(t)$ 的多状态权重 k-out-of-n 系统在 t 时刻的可用度为

$$A(t) = P\{\phi(g_{1j_1}, g_{2j_2}, \cdots, g_{nj_n}) - K_j(t) \geq 0\}$$
$$= \sum_{j=0}^{M} p_{s,j}(t)\alpha[G_{sj} - K_j(t)] \quad (4\text{-}67)$$

式中，$\alpha[G_{sj} - K_j(t)]$ 为系统示性函数，其定义为

$$\alpha = \begin{cases} 1, & G_{sj} \geq K_j(t) \\ 0, & G_{sj} < K_j(t) \end{cases} \quad (j = 1, 2, 3, \cdots, m) \quad (4\text{-}68)$$

在任意时刻 t，系统的平均状态性能为

$$\overline{G_s}(t) = \sum_{j=0}^{M} \alpha p_{s,j}(t) G_{sj}(t) \quad (4\text{-}69)$$

根据式（4-1），可得武器系统的韧性累积损失量为

$$\mathcal{R}_1 = \int_0^t [G_0 - \max(\overline{G_s}(t), K_j)] \mathrm{d}t \quad (4\text{-}70)$$

根据式（4-2），可得武器系统的韧性裕度为

$$\mathcal{R}_{\text{limit}} = (G_0 - K_j)t \quad (4\text{-}71)$$

根据式（4-5），可得系统韧性为

$$\mathcal{R} = 1 - \frac{\int_0^t [G_0 - \overline{G_s}(t)] \mathrm{d}t}{(G_0 - K_j)t} \quad (4\text{-}72)$$

4. 案例研究

下面以典型的 5 节点编队作战体系为例，对由 4 个舰载武器系统组成的火力网性能进行韧性分析。在 5 节点编队作战体系中，指控系统可以根据作战需求统筹各个舰船平台的火力资源，使其发挥整体作战效能。在作战任务过程中，随着各舰载武器系统弹药的消耗增加，火力网剩余性能降级，同时，武器系统也会遭受不同强度的外部干扰和冲击，导致武器系统性能降级或失效，因此可以认为火力网性能为连续时间离散状态的变量。假设每个武器系统都有 4 种状态，分别为状态 3、状态 2、状态 1 和状态 0。状态 3 表示武器系统处于完美运行状态，状态 2 表示武器系统处于良好运行状态，状态 1 表示武器系统处于一般运行状态，状态 0 表示武器系统处于完全失效状态。各平台和系统间的通信链路可靠度为 1，且各平台武器系统只有在状态 0 时才会进行修复或重构。在某次作战任务过程中，某型驱逐舰和护卫舰武器系统的最低性能需求为恒定常数，分别为 15、15、10 和 10，当武器系统火力指数低于阈值时，需要对其进行修复或火力补给，甚至系统会退出编队作战体系。整个编队作战体系火力网的性能阈值也会随着作战需求和时间的变化而变化。

根据上述假设，同时考虑武器系统性能阈值 $k_{ij}(t)$ 和装备体系火力网性能阈值 $K_j(t)$，该编队作战体系火力网为典型的双阈值多状态权重 k-out-of-4 系统模型。假设各个武器系统的状态概率变化服从指数分布，可使用双阈值多状态权重 k-out-of-n 系统模型（Model Ⅲ）对装备体系火力网进行可用性与韧性分析。

1）模型构建

根据调研对不同类型舰船的火力打击能力及其状态转移率进行近似假设，该装备体系 4 个舰载平台武器系统的状态转移率和状态性能如表 4.7 所示。

第4章 装备体系韧性建模分析

表4.7 4个舰载平台武器系统的状态转移率和状态性能

舰船类别	状态水平	状态转移率(1/d)				状态性能（火力指数）
		S_3	S_2	S_1	S_0	
武器系统1	S_3	0	1.8	1.4	0.8	35
	S_2	0	0	1.1	0.6	26
	S_1	0	0	0	0.3	18
	S_0	5	0	0	0	0
武器系统2	S_3	0	1.6	1.2	0.7	33
	S_2	0	0	0.9	0.6	23
	S_1	0	0	0	0.4	14
	S_0	4.1	0	0	0	0
武器系统3	S_3	0	1.4	1.0	0.7	23
	S_2	0	0	0.8	0.5	15
	S_1	0	0	0	0.2	10
	S_0	3.5	0	0	0	0
武器系统4	S_3	0	1.3	1.0	0.7	23
	S_2	0	0	0.7	0.4	15
	S_1	0	0	0	0.1	8
	S_0	3.5	0	0	0	0

根据式（4-61）和式（4-62），可以得到以下微分方程组：

$$\begin{aligned}
\frac{dP_{i3}(t)}{dt} &= -(\lambda_{3,2}^i + \lambda_{3,1}^i + \lambda_{3,0}^i)P_{i3}(t) + \mu_{0,3}^i P_{i0}(t) \\
\frac{dP_{i2}(t)}{dt} &= \lambda_{3,2}^i P_{i3}(t) - (\lambda_{2,1}^i + \lambda_{2,0}^i)P_{i2}(t) \\
\frac{dP_{i1}(t)}{dt} &= \lambda_{3,1}^i P_{i3}(t) + \lambda_{2,1}^i P_{i2}(t) - \lambda_{1,0}^i P_{i1}(t) \\
\frac{dP_{i0}(t)}{dt} &= -\mu_{0,3}^i P_{i0}(t) + \lambda_{3,0}^i P_{i3}(t) + \lambda_{2,0}^i P_{i2}(t) + \lambda_{1,0}^i P_{i1}(t)
\end{aligned} \quad (4\text{-}73)$$

各个舰载平台武器系统在任务开始时都未处于完美运行状态，可得各武器系统的初始状态概率如下：

$$P_{i3}(0) = 1, \ P_{i2}(0) = 0, \ P_{i1}(0) = 0, \ P_{i0}(0) = 0$$

$$P_{i3}(t) + P_{i2}(t) + P_{i1}(t) + P_{i0}(t) = 1$$

将表 4.7 中的数据代入式（4-73）的微分方程组，并利用 Runge-Kutta 算法的 ODE45 函数对 4 个舰载平台武器系统的状态概率分布进行求解，得出各舰载平台武器系统的状态概率分布图，如图 4.41 所示，任意舰载平台在任意时刻的各状态概率之和都为 1。

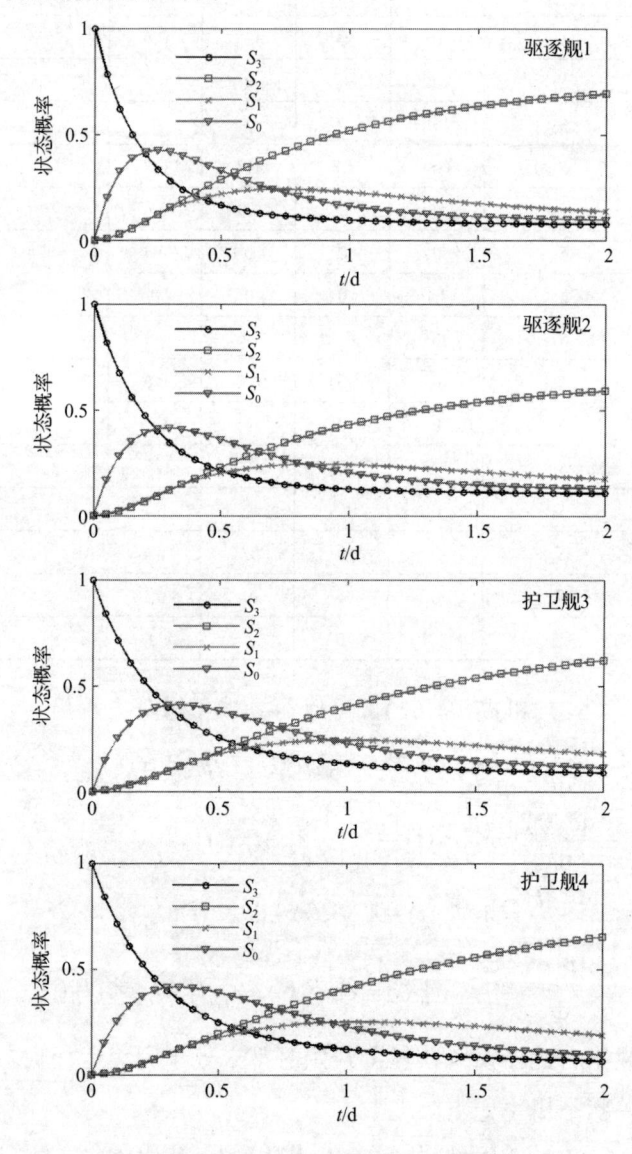

图 4.41　各舰载平台武器系统的状态概率分布图

第4章 装备体系韧性建模分析

根据式（4-64），4个舰载平台武器系统性能的通用生成函数可以表示为：

$$u_1(z,t) = P_{13}(t)z^{35\alpha} + P_{12}(t)z^{26\alpha} + P_{11}(t)z^{18\alpha} + P_{10}(t)$$

$$u_2(z,t) = P_{23}(t)z^{33\alpha} + P_{22}(t)z^{23\alpha} + P_{21}(t)z^{15\alpha} + P_{20}(t)$$

$$u_3(z,t) = P_{33}(t)z^{33\alpha} + P_{32}(t)z^{15\alpha} + P_{31}(t)z^{12\alpha} + P_{30}(t)$$

$$u_4(z,t) = P_{33}(t)z^{23\alpha} + P_{32}(t)z^{15\alpha} + P_{31}(t)z^{10\alpha} + P_{30}(t)$$

根据式（4-65），4个舰载平台组成火力网的通用生成函数可以表示为

$$U_s(z,t) = \mathop{\otimes}\limits_{\phi}[u_1(z,t), u_2(z,t), u_3(z,t), u_4(z,t)]$$

$$= \mathop{\otimes}\limits_{\phi}\begin{pmatrix} P_{13}(t)z^{35\alpha} + P_{12}(t)z^{26\alpha} + P_{11}(t)z^{18\alpha} + P_{10}(t), \\ P_{23}(t)z^{33\alpha} + P_{22}(t)z^{23\alpha} + P_{21}(t)z^{15\alpha} + P_{20}(t), \\ P_{33}(t)z^{33\alpha} + P_{32}(t)z^{15\alpha} + P_{31}(t)z^{12\alpha} + P_{30}(t), \\ P_{33}(t)z^{23\alpha} + P_{32}(t)z^{15\alpha} + P_{31}(t)z^{10\alpha} + P_{30}(t) \end{pmatrix}$$

2）结果与分析

下面分别在性能阈值为恒定常数、随时间变化和动态变化的三种情况下对装备体系火力网相关参数进行分析。

（1）恒定阈值分析

首先考虑在性能阈值 $k_{ij}(t)$ 和 $K_j(t)$ 为恒定常数的情况下，装备体系火力网相关参数随时间变化的情况。在装备体系火力网中，各个武器系统的性能阈值为 $k_{1j}=k_{2j}=15$ 和 $k_{3j}=k_{4j}=10$，其整体的性能阈值为 $K_j=40$。根据式（4-67）至式（4-72），可以得到恒定阈值条件下的火力网的可用度、平均状态性能、韧性损失量和韧性损失率随时间的变化情况，如图 4.42 所示。从图中可以看出，火力网的可用度随着时间的变化为先减小后增大，当 $t=0.45$ 时可用度到达最小值 0.4631；火力网的平均状态性能随时间的变化为先减小后增大；火力网的韧性损失量在初始阶段迅速增大后又缓慢减小，并逐渐达到稳定状态，当 $t=0.5$ 时火力网的韧性损失量达到最大值 3.692；火力网的韧性损失率 $\mathcal{R}_{lr}$ 随时间变化情况如图 4.42（d）所示，可以看出韧性损失率随着时间的增加而不断增大。

装备体系韧性分析理论与技术

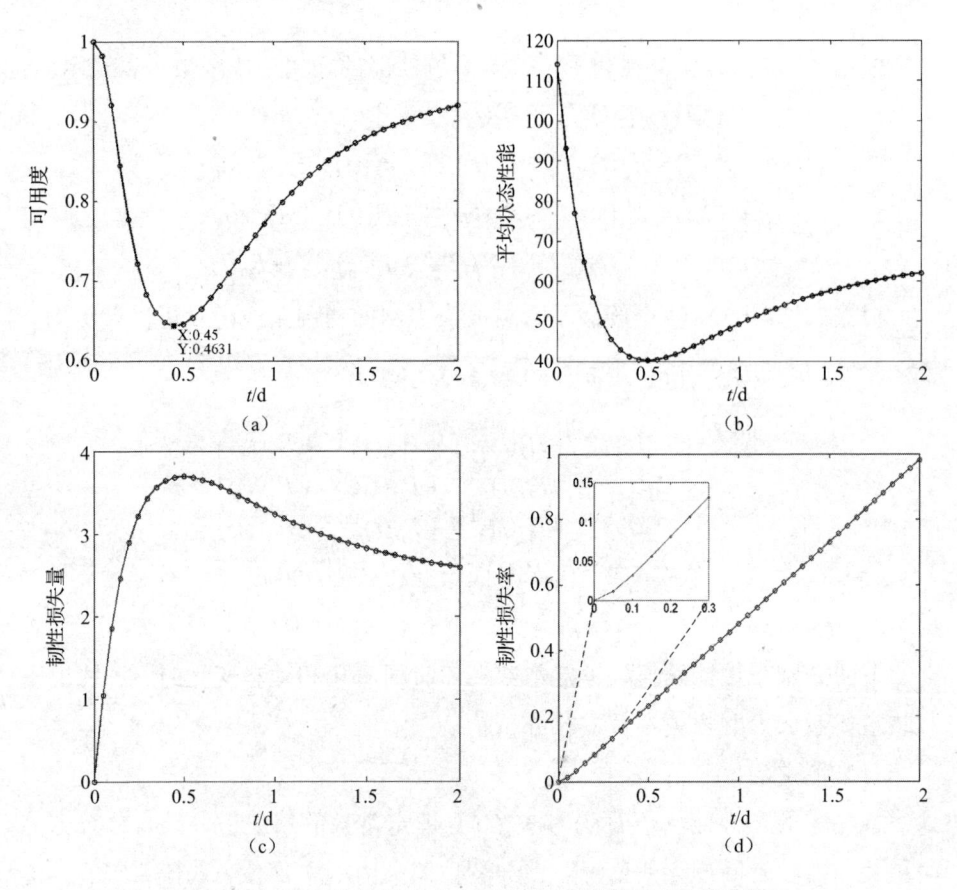

图 4.42 恒定阈值条件下火力网相关参数随时间的变化情况

（2）阈值随时间变化分析

在任务过程中，随着作战时间的推移，作战双方都会产生一定的火力损耗，所以编队作战体系对火力网的最低性能需求也会逐渐降低。假设火力网性能阈值随着时间的推移而逐渐减小，即 $K_j(t)=50-5t$，在性能阈值随时间变化的情况下，火力网相关参数随时间和性能阈值的变化情况如图4.43所示。其中，火力网可用度在初始阶段减小较快，由于火力网可以进行动态重构，在 $t=0.4$ 后可用度开始缓慢增大；火力网的韧性损失量和韧性损失率在初始阶段增长较快，在 $t=0.4$ 后单位时间内的韧性损失量和韧性损失率的变化逐渐趋于平稳。当 $t=2$ 时，火力网韧性值为 0.1193。

第4章 装备体系韧性建模分析

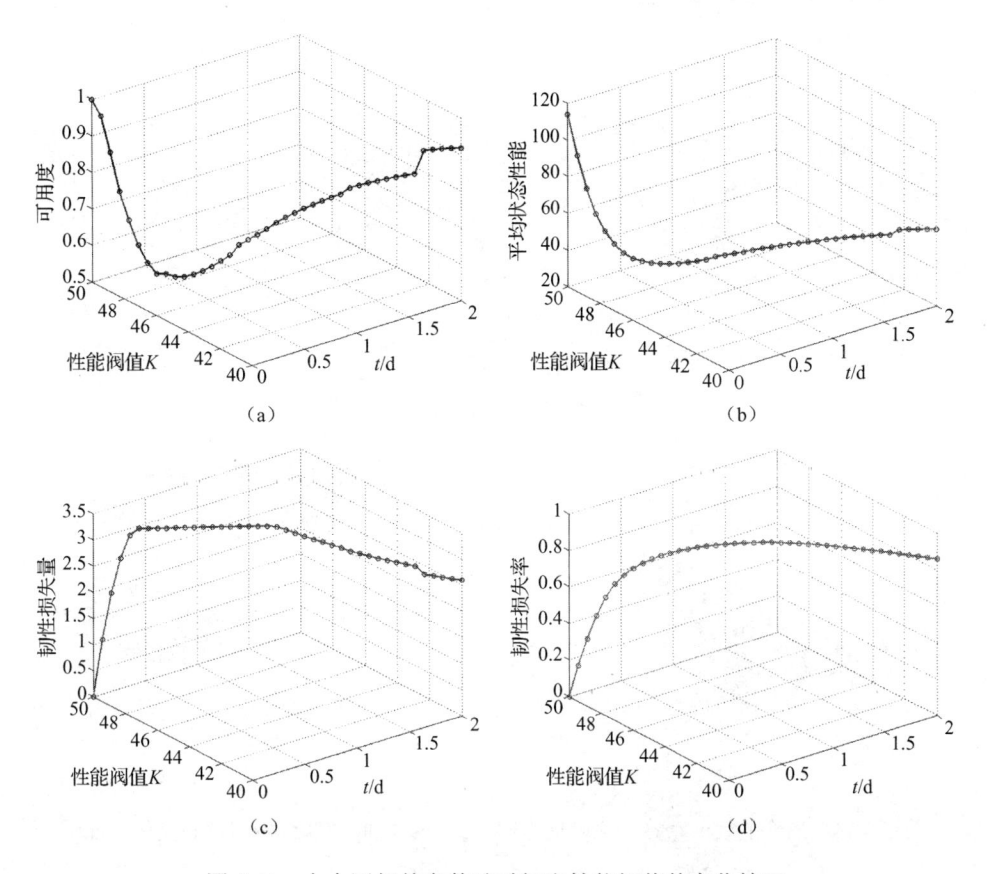

图 4.43 火力网相关参数随时间和性能阈值的变化情况

（3）阈值动态变化分析

当性能阈值动态变化时，火力网相关参数随时间和性能阈值的变化情况如图 4.44 所示。由图 4.44（a）可见，火力网可用度在不同阈值情况下的变化趋势大致相同，当 $t=0.5$ 且 $K_j=50$ 时，可用度为 0.4575，当 $t=0.45$ 且 $K_j=40$ 时，可用度为 0.66431，其总体上呈现出性能阈值越大可用度越低、下降越快的趋势。由图 4.44（c）和图 4.44（d）可见，随着时间的推移，火力网的韧性损失量逐渐增大，韧性逐渐降低，当 $t=0.5$ 且 $K_j=40$ 时，单位时间内的韧性损失量达到最大值 3.692，当 $t=1.15$ 且 $K_j=40$ 时，火力网韧性降到最低值 0.171，在图 4.44（d）中有一个平面区域，表明在该区域内的时间和阈值条件下火力网韧性保持不变。

175

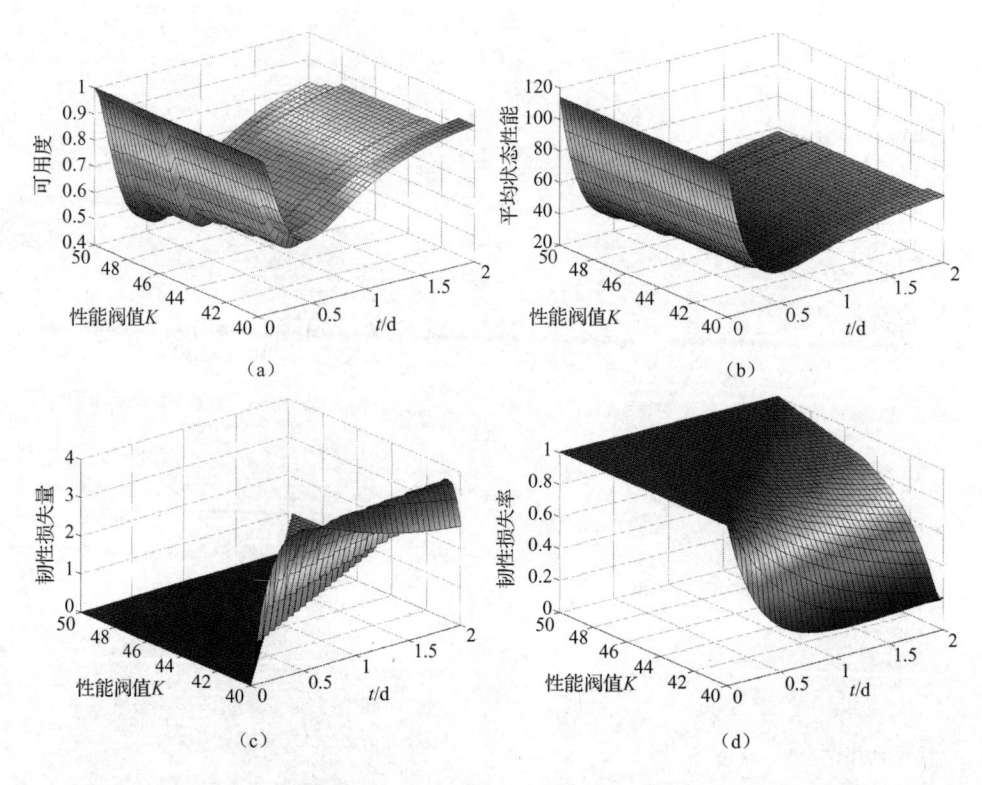

图 4.44 当性能阈值动态变化时火力网相关参数随时间和性能阈值的变化情况

4.4 装备体系韧性综合分析

韧性理论为装备体系的分析评价与优化设计提供了一个新的视角。装备体系韧性综合评价的根本目的在于要更加科学、合理和全面地反映出装备体系的韧性能力,为装备体系的使用和优化设计提供依据。

装备体系韧性综合评价是对其装备要素的物质资源和性能韧性的综合考量,需要从统计学、管理学和系统科学等多学科角度去分析和研究装备体系韧性综合评价方法。装备体系层次化结构复杂,各种性能及评价指标较多,本书 4.2 节和 4.3 节对装备体系的资源层和能力层进行了韧性分析,构建了基于要素的装备体系韧性指标框架,本节将对装备体系韧性进行综合分析,并提出各级指标权重确定方法。

4.4.1 装备体系韧性指标分析

根据装备体系韧性多层级分析，对装备体系韧性的评价总体上也分为三个步骤：一是对装备体系组成系统能力层进行韧性分析；二是对各平台物理资源进行韧性分析与评估；三是根据前两层分析的结果对装备体系总体进行韧性评价。这三个步骤相互关联，前两层评价为第三层评价提供基础，它们之间形成了互补关系。

装备体系韧性的综合评价旨在衡量装备体系在遭受内外部干扰后，通过动态重构仍能维持执行任务能力的程度，根据作战任务和装备体系结构的不同，评估方法也会有差异。为此，我们根据装备体系的层次结构，对其韧性指标进行分解，构建装备体系韧性指标框架。考虑到装备体系内各舰载平台拥有相似的组成系统，且各组成系统具有繁多的性能指标，为了简化评价过程并确保评价的有效性，我们选择对装备体系韧性影响较大，作用较明显的指标进行评价。在评价过程中，剔除对韧性评价影响较弱和相关性较强的指标，并考虑装备体系动态重构的影响。根据基于要素的体系层次结构对装备体系的能力层与资源层进行韧性指标分解，具体如下。

1) 能力层指标

装备体系的能力层指标主要包括侦察探测要素、指控要素和火力要素三个方面的性能指标。

(1) 侦察探测要素 s_1 主要对各个舰载雷达性能进行分析，其主要性能指标包括发现敌情概率、最大探测面积、抗干扰能力、分辨力与精度（包括测速、测角和测距）等。

(2) 指控要素 s_2 主要对指控系统及其指控回路的传输性能进行分析，其主要性能指标包括指令响应时延、信息处理时延（决策时延）、网络传输时延和丢包率等。

(3) 火力要素 s_3 主要对装备体系武器系统具有的作战能力指标进行分

装备体系韧性分析理论与技术

析，其主要性能指标包括导弹射程、命中精度、弹药数量和弹药威力等。

2）资源层指标

通信要素 s_4 是装备体系形成的基础，通信网络不只是单一的通信链路，而是形成整个数据链通信网络，将装备体系内的物理资源协同起来。它为编队作战体系实现资源实时共享、信息实时融合、传感器协同探测、武器协同控制作战和编队自动化指挥提供了高速实时数据传输保障。用来表征物理资源和通信链路的演化网络指标主要包括网络连通性、网络全局效率和网络规模等。

通过对以上韧性要素的指标分析与分解，我们能够更细致地了解影响装备体系韧性的指标，本节构建了装备体系韧性指标框架，如图 4.45 所示。

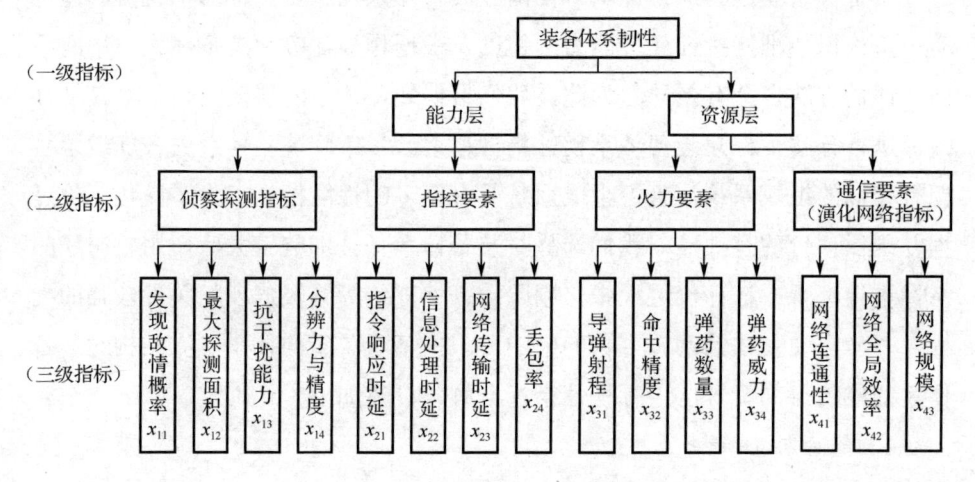

装备体系韧性
├─ 能力层（一级指标）
│ ├─ 侦察探测指标（二级指标）
│ │ ├─ 发现敌情概率 x_{11}
│ │ ├─ 最大探测面积 x_{12}
│ │ ├─ 抗干扰能力 x_{13}
│ │ └─ 分辨力与精度 x_{14}
│ ├─ 指控要素（二级指标）
│ │ ├─ 指令响应时延 x_{21}
│ │ ├─ 信息处理时延 x_{22}
│ │ ├─ 网络传输时延 x_{23}
│ │ └─ 丢包率 x_{24}
│ └─ 火力要素（二级指标）
│   ├─ 导弹射程 x_{31}
│   ├─ 命中精度 x_{32}
│   ├─ 弹药数量 x_{33}
│   └─ 弹药威力 x_{34}
└─ 资源层
   └─ 通信要素（演化网络指标）（二级指标）
      ├─ 网络连通性 x_{41}
      ├─ 网络全局效率 x_{42}
      └─ 网络规模 x_{43}

图 4.45 装备体系韧性指标框架

通过装备体系韧性指标框架，将基于性能指标的装备体系韧性评价分为三级，自下向上对装备体系韧性进行综合评价。根据三级指标对二级指标进行评价，主要包括两种方法：一是利用基于性能阈值的韧性量化模型计算得到各三级韧性指标，并确定各个三级韧性指标的权重，求解得出二级韧性指标；二是先根据韧性要素的各三级指标性能计算得出二级指标总体的性能变化值，然后利用基于性能阈值的韧性量化模型计算得出该二级韧性指标，即可得到各二级韧性指标。最后，对各二级韧性指标进行加权求和，从而得到装备体系韧性的综合评价。

第 4 章 装备体系韧性建模分析

由于装备体系具有非线性的涌现特征，各韧性要素在装备体系中的地位和影响也是不均衡的，各级韧性指标也有着不同的权重，权重代表了同一级指标之间的相对重要性或对上一级指标影响的比重，权重大的指标对上级指标的评价结果影响较大，因此，需要对装备体系韧性指标权重系数的确定方法进行研究。

4.4.2 ADE 组合赋权法

确定指标权重的方法主要包括主观赋权法和客观赋权法两种。从严格意义上讲，没有绝对客观的赋权方法，主观与客观赋权法的区分是根据权重是否由专家确定来进行的。而实际上，即使是一些客观赋权法，在赋权的整个过程中也往往会存在一些主观因素。

主观赋权法根据决策者或专家的经验以及每个指标的主观重要性来赋予指标权重，它反映了决策者的经验积累情况与主观判断，同时，环境的可变性要求我们在做出决定时要清晰地把握好每个指标的重要性。主观赋权法主要包括层次分析法（Analytic Hierarchy Process，AHP）、属性重要度排序法、点估计法、二项式系数法、判断矩阵法、决策实验室分析法（Decision Making Trial and Evaluation Laboratory，DEMATEL）等。通过主观赋权法确定权重可以利用决策者的经验和知识，但是它的灵活性和可变性也带来了更多的主观随机性。因此，在发挥其优势的同时降低其主观随机性是非常重要的，但有时候也无法对赋权的结果给出清晰明确的解释。

客观赋权法利用每个指标的信息来确定其权重，分配的权重值不取决于决策者的主观判断，而是通过数学方法直接把权重分配给相应指标，主要包括熵权法（The Entropy Weight Method，EWM）、主成分分析法、基于方案的相似性尺度法、目标规划法、质心法、替代品满意度法、两阶段法、基于案例的推理法、遗传算法、粗糙集和模糊偏好等。客观赋权法的赋权结果有时与指标的实际重要性不一致，因为它没有考虑决策者的主观意愿。

不同的主观与客观赋权的方法都具有各自的优势与局限性。AHP 主要根

装备体系韧性分析理论与技术

据同级指标相对于上级指标或顶层指标的重要性权重进行排序,并未考虑同级指标之间的相互影响关系;DEMATEL 主要针对同级指标之间的逻辑关系,以及每个指标对其他同级指标的直接和间接的影响程度以及被影响程度,从而确定各级指标权重;EWM 可以在一定程度上克服决策者的主观臆断,提高了权重系数确定的客观性,但在客观数据匮乏或难以获取的情况下,EWM 无法很好地给出指标权重,或与实际的指标重要性出现较大的偏差。因此,本节将利用 AHP、DEMATEL 和 EWM 三类赋权法各自的优势,并通过有效的组合建立 ADE 组合赋权法,从而确定装备体系各级指标的权重。

1. 主观与客观赋权法确权

通过对各类主观赋权法的调研与分析,我们分别应用 AHP、DEMATEL 和 EWM 计算装备体系各级指标权重。设 $S=\{s_1,s_2,s_3,\cdots,s_m\}$ 为装备体系韧性评价的二级指标,各二级指标权重集合为 $W=\{w_1,w_2,w_3,\cdots,w_m\}$,$s_i=\{f_{i1},f_{i2},f_{i3},\cdots,f_{in}\}$,$f_{in}$ 为二级指标 s_i 对应的三级指标,其权重集合为 $w_i=\{w_{i1},w_{i2},w_{i3},\cdots,w_{in}\}$,二级指标 s_i 对应的三级指标评价值为 x_{ij},$i\in M$,$j\in N$,其中 M 代表二级指标的个数,N 代表三级指标的个数,且有 $N=\{1,2,\cdots,n\}$,$M=\{1,2,\cdots,m\}$。

1)层次分析法(AHP)

AHP 是最为经典也最为常用的主观赋权法,由于装备体系结构及其任务过程极其复杂,在不同任务中,即使相同的性能指标在同一数值范围内,也会对装备体系韧性带来不同影响,因此,应用 AHP 中的层次化与两两对比的量化思路,对各三级韧性指标进行赋权和整合,从而得到上一级指标值。首先通过相应领域专家打分,对各指标进行相互比较,从而确定各级韧性指标的相对重要性,然后进行归一化,确定各级韧性指标的权重值,具体步骤如下。

(1)建立判断矩阵。

由多位决策者或领域专家利用 1-9 比例标度法分别对各级韧性指标的相对重要性进行量化打分,分值取其加权平均值,建立判断矩阵 S,且其为方阵,则有:

第4章 装备体系韧性建模分析

$$S = \begin{pmatrix} 1 & \beta_{12} & \cdots & \beta_{1B} \\ \beta_{21} & 1 & \cdots & \beta_{2B} \\ \vdots & \vdots & \ddots & \vdots \\ \beta_{A1} & \beta_{A2} & \cdots & 1 \end{pmatrix} \tag{4-74}$$

式中，$\beta_{ab}(a=1,2,\cdots,A, b=1,2,\cdots,B)$ 为专家打分值，A 和 B 分别代表判断矩阵的行数和列数，且 $A=B$。以数字 1~9 及其倒数作为标度，数字越大代表两元素间前者比后者越重要，建立的二级指标判断矩阵如表 4.8 所示。

表 4.8 二级指标判断矩阵

S	s_1	s_2	s_3	s_4
s_1	1	β_{12}	β_{13}	β_{14}
s_2	β_{21}	1	β_{23}	β_{24}
s_3	β_{31}	β_{32}	1	β_{34}
s_4	β_{41}	β_{42}	β_{43}	1

（2）层次单排序。

层次单排序是指应用判断矩阵得出该级指标相对于上一级指标的重要程度的排序，并采用特征值法来求解，具体步骤如下：

① 将判断矩阵 S 的每一列向量进行归一化处理，得到 $\alpha_{ab} = \beta_{ab} \Big/ \sum\limits_{a=1}^{A} \beta_{ab}$。

② 对 $\boldsymbol{\alpha}$ 的行向量求和（$\boldsymbol{\alpha}$ 为由 α_{ab} 构成的矩阵），可得 $\alpha_a = \sum\limits_{b=1}^{B} \alpha_{ab}$。

③ 将 α_a 进行归一化处理，可得 $u_m^1 = \alpha_a \Big/ \sum\limits_{a=1}^{A} \alpha_a$。

$u^1 = (u_1^1, u_2^1, \cdots, u_m^1)$ 为该级指标的权重集合。

（3）一致性检验。

为预防在同级指标两两比较的过程中出现相互矛盾和不一致的情况，采用一致性比例 CR 的方法来检验判断矩阵的一致性，具体步骤如下：

① 计算一致性指标 $\text{CI} = \lambda_{\max} - A/(A-1)$，其中 A 为判断矩阵的阶数。

② 确定平均随机一致性指标 RI。

③ 计算一致性比例 CR，即

$$\text{CR} = \frac{\text{CI}}{\text{RI}} \tag{4-75}$$

当 $CR<0.1$ 时,认为原判断矩阵满足一致性检验标准,且 CR 值越小,原判断矩阵越符合实际情况;否则需对原判断矩阵重新打分,直至其满足一致性比例要求为止。

按上述步骤可得基于 AHP 的三级指标的权重为

$$u_i^1 = (u_{i1}^1, u_{i2}^1, \cdots, u_{im}^1) \tag{4-76}$$

同理,可利用 AHP 计算装备体系各级指标的权重值。

2）决策实验室分析法（DEMATEL）

20 世纪 70 年代初,美国科学家 Fontela 和 Gabus 提出了决策实验室分析法（DEMATEL）。DEMATEL 将图论与矩阵理论相结合,分析计算每个元素的中心度和原因度,并定量计算出各个元素之间的逻辑关系和直接影响关系,从而判断其在系统中的重要程度。这一方法被广泛应用于商业、工业、教育、环保和交通等领域。但 DEMATEL 也有其局限性,如主观性较强,在评价各指标间关系时容易忽略指标自身强度等。具体分析步骤如下:

（1）构建直接影响矩阵。

$$\boldsymbol{Q} = \begin{pmatrix} 0 & \beta_{12} & \cdots & \beta_{1B} \\ \beta_{21} & 0 & \cdots & \beta_{2B} \\ \vdots & \vdots & \ddots & \vdots \\ \beta_{A1} & \beta_{A2} & \cdots & 0 \end{pmatrix} \tag{4-77}$$

式中,$\beta_{ab}(a=1,2,\cdots,A,\ b=1,2,\cdots,B)$ 表示指标 a 对指标 b 的直接影响,且 $\boldsymbol{Q}$ 为方阵,$a=b$,将各指标之间的影响强度分为 5 类,并以 0、1、2、3、4 分别表示其影响强度,数值越大表示影响强度越高,0 表示毫无影响。

（2）标准化。

选择尺度因子 λ 对直接影响矩阵进行规范化,保证运算的收敛性。

$$\lambda = 1 / \max_{1 \leq a \leq A} \sum_{b=1}^{B} |\beta_{ab}| \tag{4-78}$$

$$\boldsymbol{G} = \lambda \boldsymbol{Q}$$

（3）计算综合影响矩阵 $\boldsymbol{H}$:

$$\boldsymbol{H} = \boldsymbol{G}(\boldsymbol{I} - \boldsymbol{G})^{-1} \tag{4-79}$$

式中,$\boldsymbol{I}$ 为单位矩阵。

第4章　装备体系韧性建模分析

（4）计算指标的影响度与被影响度。

令 h_{ab} 为综合影响矩阵 H 中的元素，h_{ab} 表示指标 a 对指标 b 的综合影响程度。影响度 D_a 表示各行对应元素对其他所有元素的综合影响值，D_a 为矩阵的行向量和；被影响度 R_b 表示各列对应元素对其他所有元素的综合影响值，R_b 为矩阵的列向量和，则有：

$$D_a = \sum_{b=1}^{B} h_{ab}(a=1,2,\cdots,A) \tag{4-80}$$

$$R_b = \sum_{a=1}^{A} h_{ab}(b=1,2,\cdots,B) \tag{4-81}$$

（5）计算指标的中心度与原因度。

中心度 M^+ 表示该指标在整个系统或体系中的重要性及其作用大小，其值越大，代表重要性越高。原因度 M^- 为 D_a 与 R_b 之差，$M^->0$ 表示该要素对其他指标有影响，该要素为原因要素；$M^-<0$ 则表示该要素主要受其他要素影响，该要素为结果要素。

$$M_a^+ = D_a + R_b \tag{4-82}$$

$$M_a^- = D_a - R_b \tag{4-83}$$

式中，$a,b=1,2,\cdots,A$，且 a 和 b 必须相同。

（6）计算指标要素权重：

$$u_a^2 = \frac{M_a^+}{\sum_{a=1}^{M} M_a^+} \tag{4-84}$$

即可得到基于 DEMATEL 的三级指标的权重集合为

$$u_i^2 = (u_{i1}^2, u_{i2}^2, \cdots, u_{im}^2) \tag{4-85}$$

同理，可利用 DEMATEL 计算装备体系各级指标的权重值。

3）熵权法

下面应用客观赋权法——熵权法对装备体系的各级指标权重进行赋值。熵最早是一个物理学概念，是对混乱程度的度量，信息熵是借用热力学熵的概念，用来明确信息的不确定和混乱程度。EWM 根据各指标的变异程度或离散程度，利用信息熵来计算出各指标的权重。某个指标的信息熵越小，说明该指标的离散程度越大，提供的信息量也就越大，则其在韧性指标评价中的影响越大，因此，认为其权重越大；反之，某个指标信息熵越大，说明该指标的离散程度越小，提供的信息量也就越小，则其在韧性指标评价中的影响也越小，因此，认为其权重越小；若有某项指标的值相等，那么该指标在 EWM 赋权时不起作用。同时，在应用 EWM 给各级指标赋权时，对原数据有一定的要求，即需要有同类或相似产品在同一指标下的数据，因此，EWM 较适用于对底层指标的赋权，具体赋权步骤如下。

（1）数据的标准化，对原数据进行非负化、无量纲化和归一化处理；

$$\boldsymbol{\beta} = \begin{pmatrix} \beta_{11} & \beta_{12} & \cdots & \beta_{1n} \\ \beta_{12} & \beta_{22} & \cdots & \beta_{2n} \\ \vdots & \vdots & \ddots & \vdots \\ \beta_{m1} & \beta_{m2} & \cdots & \beta_{mn} \end{pmatrix}, \quad i=1,2,\cdots,m; j=1,2,\cdots,n \tag{4-86}$$

其中，β_{ij} 为第 i 个要素在第 j 类指标下的评价值。

（2）计算第 i 个要素在第 j 类指标下占总性能的比重为

$$\alpha_{ij} = \beta_{ij} \bigg/ \sum_{i=1}^{m} \beta_{ij} \tag{4-87}$$

（3）计算第 j 个指标的信息熵值 e_j：

$$e_j = -K \sum_{i=1}^{m} \alpha_{ij} \ln \alpha_{ij} \tag{4-88}$$

式中，K 为常数，在 EWM 中取 $K = 1/\ln n$。

（4）计算第 j 个指标的权重为

$$v_{ij}^3 = (1 - e_j) \bigg/ \sum_{j=1}^{n} (1 - e_j) \tag{4-89}$$

可得基于 EWM 的三级指标的权重为

$$v_i^3 = (v_{i1}^3, v_{i2}^3, \cdots, v_{in}^3) \tag{4-90}$$

EWM 虽然能有效剔除对评价结果影响较小的指标，且算法简单，但它未考虑指标之间的直接和间接影响，同时对样本的依赖性较大，且性能数据的变化也会导致权重发生一定的变化。此外，EWM 赋权有时可能会出现失真的情况，因此，为了更好地利用 EWM 的优点并发挥其优势，需要结合其他主观赋权法进行修正。尤其是在上级或顶层指标数据缺失或离散程度过大时，更需要结合主观赋权法来构建权重，而在评价最底层指标时，由于性能

第4章 装备体系韧性建模分析

指标划分比较细且数据可靠性更高，利用 EWM 确定权重更为合适。

2. 组合赋权法确权

考虑到主观与客观赋权法的优缺点，一些学者提出了综合赋权法、交互分配法和组合赋权法（TOPSIS）等方法。通过上述分析，将不同赋权方法适度结合可以有效克服主观或客观赋权法本身存在的不足。AHP 和 DEMTEL 都是主观赋权法，这两种主观赋权法的组合，在赋权时可以同时考虑各指标对上级指标的相对重要性，以及对同级指标的直接和间接影响程度，而 EWM 作为客观赋权法，增加了权重系数确定过程中的客观性。因此，本节将 AHP、DEMATEL 和 EWM 三类赋权法进行有效组合，以发挥不同赋权方法的优势，构建 ADE 组合赋权法，从而更全面、有效地对装备体系各级指标进行赋权。本节基于参考文献[193]提出的主客观综合赋权法来确定各指标权重，具体过程如下。

（1）主观赋权法。

用主观赋权法（AHP 和 DEMATEL）确定装备体系的三级指标权重，总共选用 p 种主观赋权法对各韧性指标进行赋权，可得各三级指标的权重：

$$u_{ij}^k = (u_{i1}^k, u_{i2}^k, u_{i3}^k, \cdots, u_{in}^k), \quad k=1,2,\cdots,p \tag{4-91}$$

式中，$\sum_{j=1}^{n} u_{ij}^k = 1$，$u_{ij}^k \geq 0$ 表示用第 k 种主观赋权法确定指标 f_{ij} 的权重，本节取 $p=2$。

（2）客观赋权法。

共选用 $q-p$ 种客观赋权法（EWM）对装备体系的三级指标进行赋权（q 为所采用的赋权法的总数），可得各三级指标权重：

$$v_{ij}^k = (v_{i1}^k, v_{i2}^k, v_{i3}^k, \cdots, v_{in}^k), \quad k=p+1, p+2, \cdots, q \tag{4-92}$$

式中，$\sum_{j=1}^{n} v_{ij}^k = 1$，$v_{ij}^k \geq 0$ 表示用第 k 种客观赋权法确定指标 f_{ij} 的权重，本节取 $q=3$。

（3）赋权法重要度。

由决策者来确定各种主观和客观赋权法的重要度，设各种赋权法的重要

度为

$$a_k(k=1,2,\cdots,p,p+1,\cdots,q) \tag{4-93}$$

其中，$\sum_{k=1}^{p}a_k=1$，$\sum_{k=p+1}^{q}a_k=1$。设 $\mu(0\leq\mu\leq1)$ 为主观与客观赋权法的偏好因子，若 $0<\mu<0.5$，说明决策者希望客观赋权法比主观赋权法更重要；若 $0.5<\mu<1$，说明决策者希望主观赋权法比客观赋权法更重要；若 $\mu=0.5$，说明决策者认为主观赋权法和客观赋权法一样重要。

（4）组合赋权法权重确定。

设组合赋权后各三级指标的权重为

$$w_i = \{w_{i1}, w_{i2}, w_{i3}, \cdots, w_{in}\} \tag{4-94}$$

式中，$\sum_{j=1}^{n} w_{ij}=1$，$w_{ij}\geq 0$，则有：

$$\begin{cases} w_{i1} = \mu\sum_{k=1}^{p}a_k u_{i1}^k + (1-\mu)\sum_{k=p+1}^{q}a_k v_{i1}^k \\ w_{i2} = \mu\sum_{k=1}^{p}a_k u_{i2}^k + (1-\mu)\sum_{k=p+1}^{q}a_k v_{i2}^k \\ \vdots \\ w_{in} = \mu\sum_{k=1}^{p}a_k u_{in}^k + (1-\mu)\sum_{k=p+1}^{q}a_k v_{in}^k \end{cases} \tag{4-95}$$

式中，$\sum_{k=1}^{p}a_k u_{in}^k$ 表示 p 种主观赋权法对韧性指标 f_{ij} 所确定权重的加权平均值；$\sum_{k=p+1}^{q}a_k v_{in}^k$ 表示 $q-p$ 种客观赋权法对韧性指标 f_{ij} 所确定权重的加权平均值；w_{ij} 表示 q 种赋权法确定的综合权重，也就是 ADE 组合赋权法给出的组合权重值，其中 $p=2$，$q=3$。

（5）综合评价值确定。

综上可知，ADE 组合赋权法对各二级指标 s_i 赋权后的综合评价值为

$$\mathcal{R}_i = \sum_{j=1}^{n} w_{ij} x_{ij} \tag{4-96}$$

同理可得装备体系韧性的综合评价值为

$$\mathcal{R}_{\text{SoS}} = \sum_{i=1}^{m}\left(w_i \sum_{j=1}^{n} w_{ij} x_{ij}\right) \tag{4-97}$$

4.4.3 案例研究

本节以典型的装备体系——5 节点编队作战体系为对象进行韧性综合评价与优化设计。根据图 4.45 所示的装备体系韧性指标框架，装备体系韧性综合评价值可由底层指标逐层定量计算得出。通常情况下，装备体系底层指标的类型与量纲不同，各指标也分为极大型、适中型和极小型指标，因此对底层指标的评估也需要进行一致化和无量纲化的处理。本节对装备体系韧性进行综合评价，并选取韧性作为统一的评价指标，根据基于性能阈值的韧性量化模型，可以求得各级指标的韧性或韧性损失率，其值为归一化且无量纲化的指标，接下来应用上述 ADE 组合赋权法对各级韧性指标进行赋权，进而完成对装备体系韧性的综合评价。

1．赋权法确定权重

应用所建立的 ADE 组合赋权法确定装备体系韧性各级指标权重。

1）层次分析法（AHP）

根据韧性指标框架，经多位专家讨论打分，给出各级指标判断矩阵，如表 4.9 至表 4.13 所示。

表 4.9　5 节点编队作战体系的二级指标判断矩阵 S

S	s_1	s_2	s_3	s_4
s_1	1	1/3	2	1/3
s_2	3	1	4	1
s_3	1/2	1/4	1	1/3
s_4	3	1	3	1

表 4.10　侦察探测要素三级指标判断矩阵 s_1

s_1	f_{11}	f_{12}	f_{13}	f_{14}
f_{11}	1	1/2	3	3
f_{12}	2	1	5	5
f_{13}	1/3	1/5	1	1
f_{14}	1/3	1/5	1	1

表 4.11　指控要素三级指标判断矩阵 s_2

s_2	f_{21}	f_{22}	f_{23}	f_{24}
f_{21}	1	1/5	3	1/2
f_{22}	5	1	7	2
f_{23}	1/3	1/7	1	1/3
f_{24}	2	1/2	3	1

表 4.12　火力要素三级指标判断矩阵 s_3

s_3	f_{31}	f_{32}	f_{33}	f_{34}
f_{31}	1	1/3	3	1/2
f_{32}	3	1	5	2
f_{33}	1/3	1/5	1	1/4
f_{34}	2	1/2	4	1

表 4.13　演化网络三级指标判断矩阵 s_4

s_4	f_{41}	f_{42}	f_{43}
f_{41}	1	5	3
f_{42}	1/5	1	1/3
f_{43}	1/3	3	1

1-9 阶判断矩阵的平均随机一致性指标 RI 为
$$RI = [0\ \ 0\ \ 0.52\ \ 0.89\ \ 1.12\ \ 1.26\ \ 1.36\ \ 1.41\ \ 1.46]$$

通过对各级判断矩阵进行层次单排序和一致性检验，可以得出一致性比例、特征值和各级指标的权重，具体如下。

装备体系韧性二级指标权重的一致性比例 CR = 0.01716 < 0.1，通过一致性检验，特征值为 4.046，基于 AHP 的装备体系四个韧性要素的权重为

第4章 装备体系韧性建模分析

$$u_i^1 = (0.1461 \quad 0.39073 \quad 0.096214 \quad 0.36695)$$

则基于 AHP 的装备体系三级指标权重值如表 4.14 所示。

表 4.14 基于 AHP 的装备体系三级指标权重值

	二级指标权重 u_i^1	三级指标（u_{ij}^1）	权重值（w_{ij}）
能力层	侦察探测韧性（u_1^1 =0.1461） 一致性比例 CR：0.0015573 特征值：4.0042	发现敌情概率 u_{11}^1	0.28385
		最大探测面积 u_{12}^1	0.51829
		抗干扰能力 u_{13}^1	0.09893
		分辨力与精度 u_{14}^1	0.09893
	指控韧性（u_2^1 =0.39073） 一致性比例 CR：0.026839 特征值：4.0717	指令响应时延 u_{21}^1	0.14146
		信息处理时延 u_{22}^1	0.54451
		网络传输时延 u_{23}^1	0.067436
		丢包率 u_{24}^1	0.2466
	火力韧性（u_3^1 =0.096214） 一致性比例 CR：0.019142 特征值：4.0511	导弹射程 u_{31}^1	0.1699
		命中精度 u_{32}^1	0.47286
		弹药数量 u_{33}^1	0.072859
		弹药威力 u_{34}^1	0.28438
资源层	演化网络韧性（u_4^1 =0.36695） 一致性比例 CR：0.03703 特征值：3.0385	网络连通性 u_{41}^1	0.63699
		网络全局效率 u_{42}^1	0.10473
		网络规模 u_{43}^1	0.25828

2）决策实验室分析法（DEMATEL）

AHP 只考虑了各指标的重要程度，没有考虑各指标之间的直接和间接影响，而 DEMATEL 模型则很好地考虑了同级指标之间的相互影响。根据装备体系韧性指标框架，并与多位专家进行论证，我们给出装备体系各级指标的直接影响矩阵，具体如表 4.15 至表 4.19 所示。

表 4.15 侦察探测要素三级指标的直接影响矩阵 Q_1

Q_1	Q_{11}	Q_{12}	Q_{13}	Q_{14}
Q_{11}	0	1	0	2
Q_{12}	3	0	1	4
Q_{13}	4	1	0	2
Q_{14}	2	2	0	0

侦察探测要素四个三级指标的中心度为

$$M^+ = [2.6252\ 2.8413\ 1.7607\ 2.8413]$$

侦察探测要素四个三级指标的原因度为

$$M^- = [-1.1239\ 0.6664\ 1.2968\ -0.8393]$$

基于 DEMATEL 的侦察探测要素的三级指标权重为

$$u_1^2 = (0.2607\ 0.2822\ 0.1749\ 0.2822)$$

表 4.16　指控要素三级指标的直接影响矩阵 Q_2

Q_2	Q_{21}	Q_{22}	Q_{23}	Q_{24}
Q_{21}	0	3	1	1
Q_{22}	0	0	0	1
Q_{23}	1	1	0	1
Q_{24}	2	2	1	0

指控要素四个三级指标的中心度为

$$M^+ = [2.5015\ 2.4189\ 1.7876\ 2.7788]$$

指控要素四个三级指标的原因度为

$$M^- = [0.5369\ -1.5280\ 0.4248\ 0.5664]$$

基于 DEMATEL 的指控要素的三级指标权重为

$$u_2^2 = (0.2637\ 0.2550\ 0.1884\ 0.2929)$$

表 4.17　火力要素三级指标值的直接影响矩阵 Q_3

Q_3	Q_{31}	Q_{32}	Q_{33}	Q_{34}
Q_{31}	0	4	1	2
Q_{32}	3	0	0	3
Q_{33}	1	0	0	2
Q_{34}	2	3	1	0

火力要素四个三级指标的中心度为

$$M^+ = [2.7845\ 13.4885\ 5.1408\ 12.3218]$$

火力要素四个三级指标的原因度为

$$M^- = [0.5833\ -1.0057\ 0.9856\ -0.5632]$$

第4章 装备体系韧性建模分析

基于 DEMATEL 的火力要素的三级指标权重为

$$u_3^2 = (0.2923 \quad 0.3084 \quad 0.1175 \quad 0.2817)$$

表 4.18 演化网络三级指标值的直接影响矩阵 Q_4

Q_4	Q_{41}	Q_{42}	Q_{43}
Q_{41}	0	1	3
Q_{42}	1	0	1
Q_{43}	4	2	0

演化网络四个三级指标的中心度为

$$M^+ = [11.0000 \quad 6.5000 \quad 11.5000]$$

演化网络四个三级指标的原因度为

$$M^- = [-0.50 \quad -1.00 \quad 1.50]$$

基于 DEMATEL 的演化网络的三级指标权重为

$$u_4^2 = (0.3793 \quad 0.2241 \quad 0.3966)$$

表 4.19 二级指标的直接影响矩阵 Q

Q	Q_1	Q_2	Q_3	Q_4
Q_1	0	3	2	0
Q_2	3	0	4	1
Q_3	0	2	0	0
Q_4	3	4	4	0

装备体系韧性四个二级指标的中心度为

$$M^+ = [2.2880 \quad 3.3409 \quad 2.5828 \quad 2.5222]$$

装备体系韧性四个二级指标的原因度为

$$M^- = [-0.1553 \quad -0.2448 \quad -1.5636 \quad 1.9637]$$

基于 DEMATEL 的装备体系二级指标的权重为

$$u^2 = (0.2132 \quad 0.3112 \quad 0.2406 \quad 0.2350)$$

3）熵权法（EWM）

应用 EWM 给各级指标赋权对数据有一定的要求。由于装备体系上层数据匮乏，EWM 无法给出较为合理的权值。然而，在底层的三级指标评价

装备体系韧性分析理论与技术

上,性能指标划分较细,数据可靠性更高。因此,本节利用 EWM 计算得出装备体系的侦察探测系统、指控系统和武器系统的三级韧性指标权重,具体如下:

根据参考文献[185]、[186]及相关公开数据,可获得 4 种型号雷达的模糊化指标数据。侦察探测要素三级指标值如表 4.20 所示,计算可得侦察探测要素三级指标的信息熵值为

$$e_{1j} = [0.99646191 \ 0.98771585 \ 0.98998509 \ 0.99753997]$$

侦察探测要素三级指标权重值为

$$v_1^1 = [0.12503318 \ 0.43411215 \ 0.35391901 \ 0.08693566]$$

表 4.20 侦察探测要素三级指标值

型　号	发现敌情概率/%	最大探测面积/km²	抗干扰能力/dB	分辨力与精度/%
A 型雷达	86	1963	165	90
B 型雷达	79	1520	142	82
C 型雷达	67	707	123	77
D 型雷达	70	1134	105	72

表 4.21 所示为指控要素三级指标值,根据表 4.21 计算可得指控要素三级指标的信息熵值为

$$e_{2j} = [0.99455639 \ 0.99139713 \ 0.99876603 \ 0.98758055]$$

指控要素三级指标权重值为

$$v_2^1 = [0.19652089 \ 0.31057412 \ 0.04454773 \ 0.44835725]$$

表 4.21 指控要素三级指标值

型　号	指令响应时延 τ_{dc}/s	信息处理时延 τ_{cc}/s	网络传输时延 τ_{cw}/s	丢包率(1/10000)
A 型指控	2.123	2.524	0.015	2.12
B 型指控	2.486	1.634	0.014	2.63
C 型指控	1.784	1.983	0.015	1.82
D 型指控	1.964	2.124	0.013	1.61

表 4.22 所示为火力要素三级指标值,根据表 4.22 计算可得火力要素三级指标的信息熵值为

第 4 章 装备体系韧性建模分析

$$e_{3j} = [0.92451774\ 0.96246127\ 0.95610046\ 0.98117172]$$

火力要素三级指标权重值为

$$v_3^1 = [0.42948942\ 0.21359307\ 0.24978572\ 0.10713178]$$

表 4.22 火力要素三级指标值

型　号	导弹射程/km	命中精度/%	弹药数量	弹药威力/t TNT
A 型武器	58	32	12	128
B 型武器	42	43	32	92
C 型武器	28	63	25	68
D 型武器	15	76	18	87

表 4.23 所示为演化网络三级指标值，根据表 4.23 计算可得演化网络三级指标的信息熵值为

$$e_{4j} = [0.95698337\ 0.99012805\ 0.97818608]$$

演化网络三级指标权重值为

$$v_4^1 = [0.57583918\ 0.13215023\ 0.29201059]$$

表 4.23 演化网络三级指标值

型　号	网络连通性/%	网络全局效率	网络规模
A 型通信网络	85	0.72	62
B 型通信网络	94	0.66	42
C 型通信网络	58	0.52	72
D 型通信网络	36	0.48	85

2. ADE 组合赋权

前面通过 AHP、DEMATEL 和 EWM 分别给出了各指标的权重。下面应用 ADE 组合赋权法，结合各赋权方法所得的权重值，来确定装备体系各级韧性指标权重。本例假设 AHP 和 DEMATEL 具有相同的重要性，并且主观与客观赋权法也具有相同的重要性，取 $\mu = a_1 = a_2 = 0.5$。由于二级指标数据匮乏，EWM 无法给出较为合理的权值，因此，二级指标权重由两种主观赋

权法综合计算得出，其权重值为

$$W = [0.17965\ \ 0.350965\ \ 0.168407\ \ 0.300975]$$

根据式（4-95）可得基于 ADE 组合赋权法的韧性指标权重值，如表 4.24 所示。

表 4.24 基于 ADE 组合赋权法的韧性指标权重值

二级指标	三级指标	权重值（w_{ij}）
侦察探测韧性 $w_1 = 0.17965$	发现敌情概率	0.19865
	最大探测面积	0.41718
	抗干扰能力	0.24542
	分辨力与精度	0.13875
指控韧性 $w_2 = 0.350965$	指令响应时延	0.19955
	信息处理时延	0.35516
	网络传输时延	0.08623
	丢包率	0.35905
火力韧性 $w_3 = 0.168407$	导弹射程	0.33029
	命中精度	0.30211
	弹药数量	0.17248
	弹药威力	0.19509
演化网络韧性 $w_4 = 0.300975$	网络连通性	0.54199
	网络全局效率	0.14828
	网络规模	0.30973

注：能力层包含侦察探测韧性、指控韧性、火力韧性；资源层包含演化网络韧性。

综上，在已知各底层指标的韧性值情况下，可得出装备体系韧性综合评价值。

4.5 本章小结

本章首先介绍了装备体系顶层结构与韧性建模相关知识；接着分别从装备体系的资源层和能力层进行韧性分析；最后给出了韧性综合分析方法。

第 5 章

装备体系韧性优化设计

第 5 章 装备体系韧性优化设计

韧性优化的本质是对装备体系韧性设计的决策问题。装备体系的韧性得益于其资源共享特性,即体系中各个平台的系统资源通过数据链共享,可以同时支持各个平台的功能。这种架构使得体系能够使用相同的资源实现更强大的功能,从而节约了设计费用。同时,由于装备体系各平台之间的系统资源可以进行动态重构,这种架构也提高了在任务执行过程中,当系统资源失效时的鲁棒性和韧性。

本章通过将韧性与装备体系设计的各个环节进行协同关联,考虑装备体系的韧性要素、新研及改进设备费用和韧性成本等因素,提出了一种以韧性为驱动的装备体系优化设计框架,并利用求解算法进行优化求解。大多数可靠性或韧性的优化和设计问题都涉及系统可靠性或韧性与成本之间的权衡。装备体系韧性优化设计本质上是一个多目标优化问题,旨在最大限度地提高体系韧性的同时尽量降低成本,以确保装备体系能够发挥其最大的作战效能。

5.1 面向装备体系的韧性因子与韧性要素分析

5.1.1 装备体系韧性因子分析

韧性因子被定义为韧性的基本组成因素。依据装备体系结构及其韧性内涵,根据经典的韧性三角形模型、韧性三阶段模型和装备体系韧性的定义,可以将装备体系韧性因子分解为抵御因子、适应因子和恢复因子,如图 5.1 所示。每个因子都代表了对各种韧性特性的具体表达。

1)抵御因子(Resistance factor)

抵御因子主要用来描述装备体系自身预防或抵御内外部干扰和冲击影响的能力,该能力可确保装备体系的作战效能保持在一定水平之上。在图 5.1 中,0 到 t_0 时刻表征干扰事件发生前的抵御阶段,装备体系在作战任务过程中可能遭遇的干扰事件主要来自内部干扰和外部干扰两方面。

装备体系韧性分析理论与技术

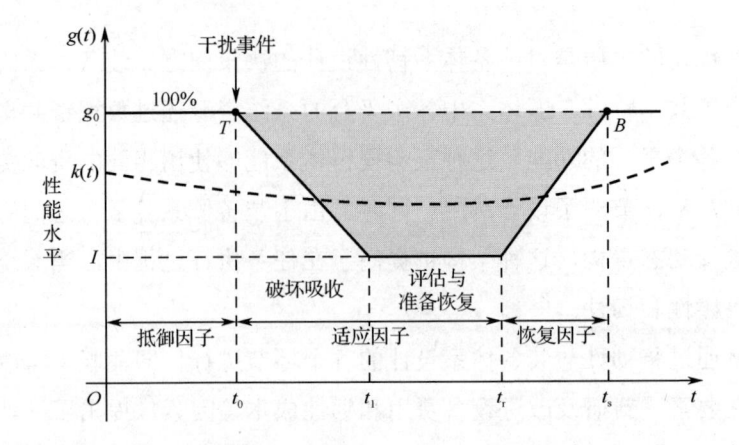

图 5.1 装备体系韧性因子

（1）内部干扰：一方面指体系内系统或设备自身的软硬件故障或失效，如体系内设备的自然退化导致的失效等。另一方面，指体系内组成系统或设备之间相对位置或结构变化带来的影响，如各平台之间的相对距离对装备体系雷达探测范围的影响等。

（2）外部干扰：指体系遭受到的人为、有目的性的恶意攻击，主要包括敌军对指控系统发动的病毒攻击、对侦察探测系统发动的电磁脉冲干扰和对各平台发动的直接火力打击等。

因此，可通过提升装备体系应对内外部干扰的能力来提高其抵御能力。例如，提高装备自身的可靠性水平或增加冗余备份的数量来避免设备失效；应用增强的防火墙和密码协议来提升指控系统的软件可靠性；提升体系自身防空反导能力，以应对敌军的火力打击等。

在武器装备领域，可通过可靠性和抗毁性等概率性指标来表征其抵御能力。因此，抵御因子可用概率性参数 d_i 进行度量，表示对冲击失效影响的抵御率，从而表征体系内外部干扰的抵御能力。某韧性因子 i 的抵御因子统计计算公式为

$$d_i = \frac{N_{\text{shock}} - N_{\text{f}}}{N_{\text{shock}}} \tag{5-1}$$

式中，N_{shock} 表示任务时间内装备体系遭受有效冲击的系统数量，N_{f} 表示任务时间内实际失效的系统数量。

第 5 章 装备体系韧性优化设计

2)适应因子(Adaptability factor)

适应因子主要表征装备体系在抵御干扰失败后,对后续冲击和扰动影响的缓冲能力,该能力使得体系能够在较低性能水平下运行,从而避免直接崩溃。在图 5.1 中,t_0 到 t_r 阶段表征干扰事件发生后的适应阶段,I 表示在干扰事件发生后体系达到的最低性能水平。其中,t_0 到 t_1 阶段表征干扰事件发生后装备体系对破坏的吸收过程,在此过程中装备体系减少干扰事件的不利影响并保持较高的剩余性能,其概念与鲁棒性相近;t_1 到 t_r 阶段表征装备体系在受干扰状态下持续稳定运行,且对损失进行评估并准备恢复的过程,该阶段装备体系不一定能达到体系作战任务的最低性能需求,因此该阶段性能水平表征了在内外部干扰影响下体系可以进行韧性恢复的极限。

就装备体系而言,也可以用鲁棒性和耐受力等指标来表征其适应能力。因此,适应因子可用概率性参数 s_i 进行度量,以表征体系对内外部干扰影响的适应能力。某装备体系要素 i 的适应因子统计计算公式为

$$s_i = \frac{N - N_f}{N} \tag{5-2}$$

式中,N 表示作战任务过程中装备体系组成系统的数量。

3)恢复因子(Recovery factor)

恢复因子主要体现在装备体系在适应内外部干扰后,有效恢复作战效能的能力。在图 5.1 中,t_r 到 t_s 阶段表征装备体系在适应干扰后的恢复阶段,装备体系的韧性恢复主要通过动态重构策略完成。在降级使用的重构策略下,当平台内的系统节点发生失效时,各平台组成的系统功能可以相互补充、替代,从而保持以较低的性能水平运行。此外,失效的系统能够在最少外部支持下快速修复,以达到比失效状态更高的性能水平。而在结构重组的重构策略下,当平台节点发生失效时,则需要通过剔除失效平台节点或增加新的、已修复的平台节点来重新组织装备体系网络和重构通信协议,以形成新的编队协同作战网。此外,恢复因子也是韧性区别于其他工程领域通用特性的主要因素。

就装备体系而言,也可以用维修性和保障性等指标来表征其恢复能力。因此,恢复因子可用概率性参数 h_i 进行度量,以表征其装备体系在适应干扰

后的恢复能力。某装备体系要素 i 的恢复因子统计计算公式为

$$h_i = \frac{N_r}{N_f} \quad (5\text{-}3)$$

式中，N_r 表示任务时间内恢复运行组成系统的数量。

5.1.2 装备体系韧性要素分析

本章将装备体系韧性要素定义为装备体系内影响其韧性能力的主要组成系统或设备。影响装备体系韧性的组成系统或设备的种类繁多，因此，在基于韧性的装备体系要素识别中，不必覆盖所有平台系统的每一个组成部分。在对装备体系进行分析或指标构建时，需要简化或者忽略对装备体系韧性影响较小的因素，只考虑对装备体系韧性影响较大的系统或设备，将其作为装备体系韧性的关键要素。

根据装备体系结构及其韧性内涵，对武器装备在设计、运行及执行任务过程中的各个阶段进行评估，识别影响其韧性的关键能力，并从中得出四个影响装备体系韧性的关键要素：

（1）侦察探测系统。

在装备体系作战任务过程中，侦察探测系统如同装备体系的"眼睛"，肩负发现敌情、识别敌情等重要职责。每个舰载平台都有多台各司其职的雷达协同工作。因此，侦察探测系统被确认为影响装备体系韧性的关键要素之一。

（2）指控系统。

在装备体系作战任务过程中，指控系统如同装备体系的"大脑"，肩负处理敌情、下达作战指令等重要职责。每个舰载平台都配有编队指控设备和本舰作战指控设备，其中某一指控系统作为主指控系统，负责下达所有作战指令，其他指控系统则互为备份。因此，指控系统也是影响装备体系韧性的关键要素之一。

（3）武器系统。

武器系统又称火力系统，如同装备体系的"四肢"，肩负火力打击、防空反导等重要职责。不同舰载平台装载不同型号的武器和独立的武器系统，因

此装备体系的每个平台都具有不同的火力打击能力。作为最终执行作战任务的机构，武器系统也被确认为影响装备体系韧性的关键要素之一。

（4）通信系统。

在装备体系执行作战任务的过程中，通信系统如同装备体系的"神经"，肩负联合组网、信息传递等重要职责。每个舰载平台通过内部的有线局域网和平台间的无线数据链，实现编队内各水面舰船及空中预警机之间侦察探测信息、指挥控制信息、协同火控信息的实时传输和交换，从而使编队作战体系实现资源实时共享、信息实时融合、传感器协同探测、武器协同控制作战。通信网络因此被确定为影响装备体系韧性的关键要素之一。

上述四个关键要素是实现作战活动 OODA 过程的基础，其他辅助系统对装备体系韧性与效能的影响程度较低，故本章将侦察探测系统、指控系统、武器系统和通信系统确定为装备体系韧性要素，并针对它们的资源与能力特性进行韧性分析。

5.2 以韧性为驱动的装备体系优化设计

通过将韧性与装备体系的设计环节进行协同关联，研究形成以韧性为驱动的装备体系优化设计框架，构建以韧性为驱动的装备体系多目标优化方法，并应用启发式优化算法 NSGA-II 对其进行优化求解，为装备体系优化设计提供理论支撑，提升装备体系作战效能。

5.2.1 基于韧性因子的装备体系韧性量化

1. 基于韧性因子的装备体系韧性量化模型

基于韧性因子的装备体系韧性量化模型从物理资源角度出发，通过对抵御因子、适应因子和恢复因子的量化，实现对各韧性因子和装备体系韧性的

装备体系韧性分析理论与技术

量化。该模型能够衡量装备体系在内外部干扰情况下,仍能有效发挥作战效能并完成任务使命的概率水平。根据装备体系韧性要素和韧性三阶段模型,对装备体系韧性的量化就是对其抵御、适应和恢复能力的综合度量。假设装备体系的抵御、适应和恢复过程相互独立,根据抵御因子、适应因子和恢复因子的概率度量可形成基于韧性因子的装备体系韧性量化模型:

$$\mathcal{R}_{SoS} = \Phi(d_i, s_i, h_i) \tag{5-4}$$

式中,$\mathcal{R}_{SoS}$ 为装备体系韧性量化值,Φ 为结构算子,根据具体装备体系结构和各韧性因子之间的关联关系来定义运算规则。根据装备体系结构框架和失效判据,给出编队作战体系的韧性量化公式:

$$\mathcal{R}_{SoS} = \sum_{i=1}^{n} w_i \mathcal{R}_i \tag{5-5}$$

$$\mathcal{R}_i = \varphi_i(d_i, s_i, h_i)$$

各韧性因子对装备体系韧性的贡献不同,w_i 为韧性因子 i 的权重,且 $\sum_{i=1}^{n} w_i = 1$。$\mathcal{R}_i$ 为装备体系韧性因子 $i(i=1,2,\cdots,n)$ 的韧性,φ_i 是装备体系韧性因子 i 的结构函数,这也意味着当装备体系具备其中任意一种能力时,即表明体系具有韧性。

2. 基于韧性因子的装备体系韧性评估算法

装备体系更加注重平台或系统之间的协调能力。当系统或平台出现故障时,动态重构可以调整装备体系架构。我们提出了一种基于 OODA 环和复杂网络理论的基于韧性因子的体系韧性评估算法。该算法可以分析装备体系的抵御因子、适应因子和恢复因子和韧性。本研究以典型的 5 节点编队作战体系为例进行分析,研究随机攻击和当前度最大攻击对装备体系韧性的影响。在随机攻击和当前度最大攻击下装备体系平台和系统节点失效算法伪代码如表 5.1 所示。

第 5 章　装备体系韧性优化设计

表 5.1　在随机攻击和当前度最大攻击下装备体系平台和系统节点失效算法伪代码

1: **Input:** 初始装备体系演化网络 $V_i = \{s_i, c_i, w_i, t_i\}$； λ_s， λ_c， λ_w， λ_t， μ_s， μ_c， μ_w， μ_t， λ_{e1}，λ_{e2} 及其分布函数
2: **Output:** 移除列表、t 时刻装备体系演化网络拓扑 $V'(t)$

3: 通过蒙特卡罗仿真来确定平台和系统的失效时间及数量
　　确定攻击模式，包括随机攻击和当前度最大攻击
　　　　Switch (攻击模式)
　　　　　　case 0: 随机攻击，根据采样结果随机删除失效系统节点及其连边；
　　　　　　default: 当前度最大攻击；当前网络中的系统按当前节点度降序排列，并删除相应数量的失效系统节点.
　　Switch (故障节点类型)
　　　　　　case 0: 平台 V_i；删除 V_i 及其连边；
　　　　　　case 1: 系统 t_i；删除 t_i 及其连边；
　　　　　　case 2: 系统 s_i；删除 s_i 及其连边；
　　　　　　case 3: 系统 w_i；删除 w_i 及其连边；
　　　　　　default: 系统 c_i；删除 c_i 及其连边；
　　for each in 平台 list V_i
　　　　if 平台 V_i 中的系统 s_i、w_i 和 c_i 失效 then
　　　　　　移除 V_i 和它的连边；
　　　　end if
　　end for

4: 通过蒙特卡罗模拟，确定并移除失效系统节点连边
5: 移除孤立系统节点
6: 将删除列表平台和系统状态设置为失效
7: **Return** 移除列表和一个新的 $V'(t)$

装备体系韧性分析理论与技术

装备体系可以采用不同的重构策略来应对不同类型的干扰。装备体系整合了多个组成系统，主要包括四个要素：侦察探测要素、指控要素、武器要素和通信要素，它们可以形成一个 OODA 环。根据编队协同防空体系的特点，采用如图 5.2 所示的三种编队协同防空体系重构策略。

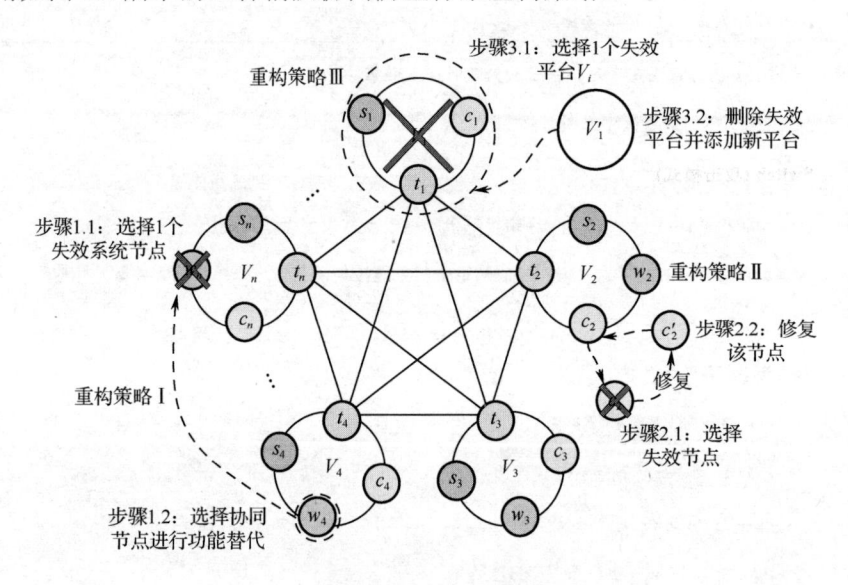

图 5.2　三种编队协同防空体系重构策略

每个平台中相同的系统（要素）在系统节点无法正常工作时可以相互替换。重构策略Ⅰ在协作条件下，尽管会降低装备体系的性能，但能够保持其在任务基线以上的工作，并保留装备体系的基本任务能力。当通信节点失效或平台被摧毁时，系统和平台失去协作能力并退出装备体系结构。在这种情况下，可以通过添加新的系统或修复故障系统节点来重构装备体系。重构策略Ⅱ会修复故障系统，重构策略Ⅲ则会添加新平台。重构策略Ⅱ和重构策略Ⅲ可以将装备体系的性能恢复到完美状态，但需要投入额外的资源和成本。此外，重构策略Ⅱ和重构策略Ⅲ的优先级低于重构策略Ⅰ。编队协同防空体系重构策略算法伪代码如表 5.2 所示。

第 5 章　装备体系韧性优化设计

表 5.2　编队协同防空体系重构策略算法伪代码

1: **Input:** $V'(t)$；删除列表，μ_s，μ_c，μ_w，μ_t 及它们的分布函数
2: **Output:** 重构后体系演化网络拓扑 $V''(t)$

3: **for each in** 移除列表
　　通过重构策略和蒙特卡罗仿真添加新节点或修复失效节点
　　Switch (added or repair node type)
　　　　case 0: 平台 V_i；设置平台 V_i 为状态 1 并连接到其他平台；
　　　　case 1: 节点 t_i；设置节点 t_i 为状态 1 并连接 V_i 和其他 t_i；
　　　　case 2: 节点 s_i；设置节点 s_i 为状态 1 并连接 V_i；
　　　　case 3: 节点 w_i；设置节点 w_i 为状态 1 并连接 V_i；
　　　　default: 节点 c_i；设置节点 c_i 为状态 1 并连接 V_i；
end for
if 生成或修复的平台和系统为孤立节点 **then**
　　移除该孤立节点
end if

4: **for each in** 平台列表 $[V_1,V_2,V_3,\cdots,V_n]$
　if 平台 V_i 中具有 s_i、w_i 和 c_i，而 t_i 失效 **then**
　　　移除 s_i、w_i、c_i 及其连边
　end if
end for

5: **Return** $V''(t)$

基于韧性因子的可重构装备体系的韧性评估算法如图 5.3 所示。图中分析并展示了在不同攻击策略下，装备体系的抵御因子、适应因子、恢复因子和韧性度量的变化及影响。

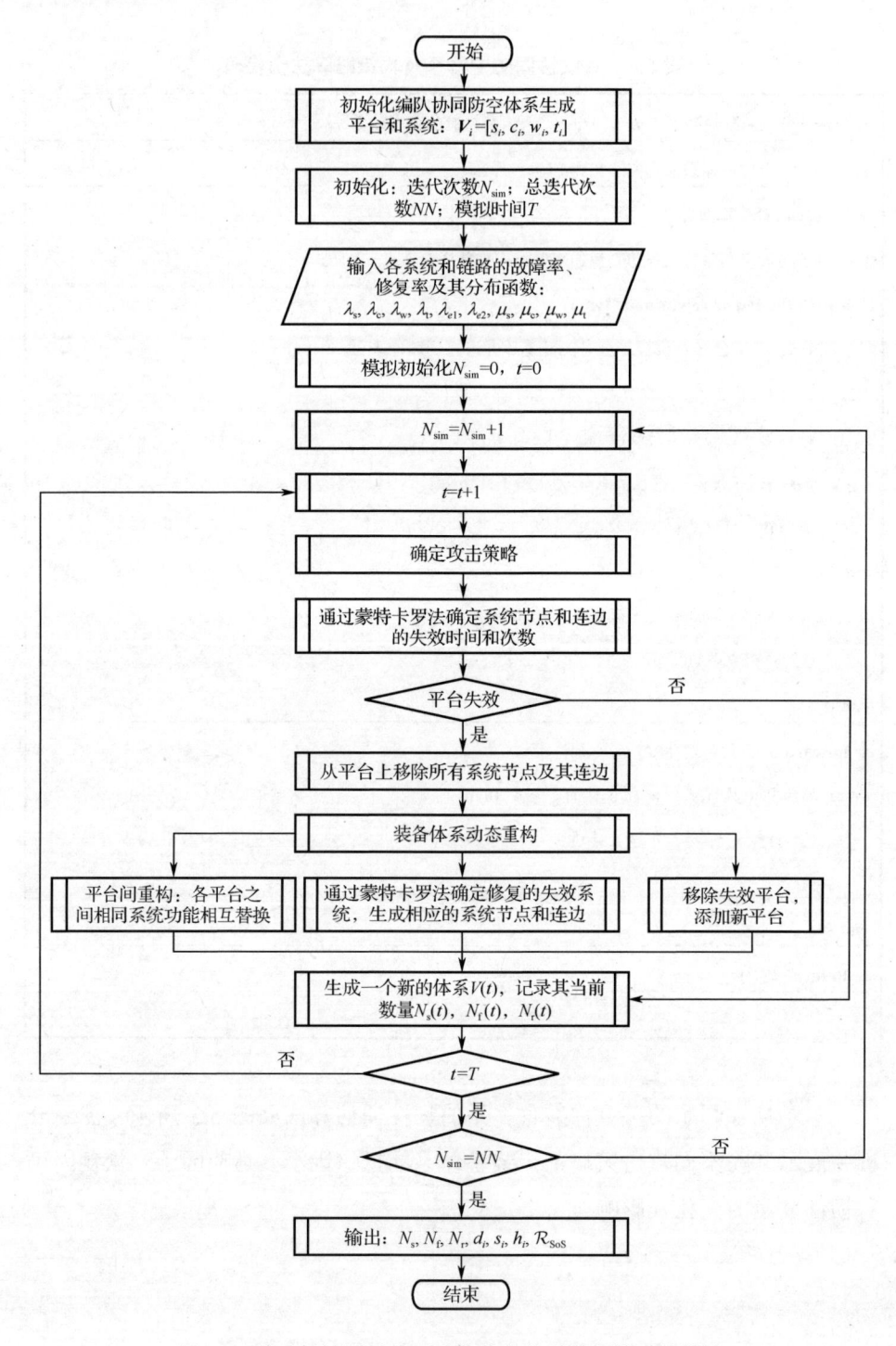

图 5.3 基于韧性因子的可重构装备体系的韧性评估算法

5.2.2 面向韧性的装备体系费用模型

对于装备体系而言,不同的装备要素都由其组成系统或设备的资源交互与共享而来,研究者们根据韧性要素、韧性因子和可靠性/韧性—费用函数建立装备体系费用模型。很多研究者认为系统的预期总成本为所有组件成本与系统失效预期成本之和,Mettas 建立了组件性能与可靠性相关的费用函数,Li 和 Zuo 假设每个设备的费用由性能相关费用和可用性相关费用两部分组成,并提出了相应的计算模型。此外,Youn 等人提出了复杂装备系统的韧性优化设计框架,他们基于寿命周期费用构建了组件费用函数,考虑了初始开发成本、PHM 费用、预防性维修费用和修复性维修费用等因素。综合调研显示,在可靠性优化设计领域,研究主要集中在两类问题上:第一类是根据已知需求设备的质量特性(如成本、性能、可靠性和韧性等)对独立设备进行选型,其目的是确定最适合的设备选用方案;第二类是将设备或系统的性能及其质量特性(包括可靠性、维修性和韧性等)视为设计变量,将系统成本作为设备性能和质量特性的预定义函数,这种优化设计问题已经得到了广泛的研究和应用。

根据装备体系的结构特征、韧性要素和寿命周期函数,开发装备体系的费用主要包括新研设备费用 c^y、改进设备费用 c^g 与韧性相关费用 c^r。其中,新研设备费用 c^y 和改进设备费用 c^g 主要由性能相关费用组成,韧性相关费用则指为提高装备体系韧性而额外支出的费用,主要指包括与韧性的抵御因子、适应因子和恢复因子相关的费用。

(1)新研设备费用是指构建编队作战体系所需新研设备的设计和生产费用,记为 c^y,具体计算公式为

$$c^y = \sum_{i}^{m}\sum_{j}^{n} m_{ij} c_{ij}^u \ (i=1,2,\cdots,m; j=1,2,\cdots,n) \quad (5\text{-}6)$$

式中,m 为装备体系要素总数,n 为各类要素包含的设备总数,i 为装备体系第 i 种类型的要素,j 为形成装备体系要素 i 所包含设备的种类数。m_{ij} 代表装备体系要素 i 中第 j 类相似或备份设备数。c_{ij}^u 为装备体系要素 i 中第 j 类设备的研制生产费用,c_{ij}^u 由性能相关费用决定,具体计算公式如下:

$$c_{ij}^u = g_{ij} \exp[u_{ij} - u_{ij_{\min}}] \quad (5\text{-}7)$$

式中，u_{ij} 为装备体系要素 i 中第 j 类设备的性能参数，$u_{ij_{\min}}$ 为设备的最低性能值。g_{ij} 为增加设备性能所具有的可行性参量，通常是一个常数，表示相对于体系中其他设备而言，提升该设备或系统性能的困难程度，其值的大小主要取决于设备的复杂性和技术限制等，体系中某些设备常常难以改进。

（2）改进设备费用是指为使原产品具有资源与信息的共享能力，对原有设备进行升级改造所需的费用，记为 c^{g}。改进设备费用的具体计算公式如下：

$$c^{\mathrm{g}} = \sum_{i}^{m} \sum_{j}^{n} m_{ij}(\alpha_{ij} c_{ij}^{\mathrm{u}}) \tag{5-8}$$

式中，α_{ij} 为改进设备费用占原设备设计和生产费用的比例，且 $0 < \alpha_{ij} < 1$，其值可通过工程估算法、类比估算法和专家判断估算法得出。

（3）韧性相关费用是指在任务执行过程中维持和提高装备体系抵御、适应及恢复能力所产生的额外费用 c^{d}、c^{s}、c^{h} 之和，记为 c^{r}，其具体计算公式如下：

$$c^{\mathrm{r}} = c^{\mathrm{d}} + c^{\mathrm{s}} + c^{\mathrm{h}} \tag{5-9}$$

根据参考文献[192]，通常认为设备的可靠性等通用质量特性相关费用函数与可靠度或恢复成功率等成幂指数或逆幂律关系，进而根据装备体系特性给出装备体系各韧性要素的相关费用函数。可得抵御能力相关费用函数为

$$c^{\mathrm{d}} = \sum_{i=1}^{m} c_i^{\mathrm{d}} \times \exp\left(\frac{n_i}{4}\right) \tag{5-10}$$

$$c_i^{\mathrm{d}} = \exp\left[(1 - f_i^{\mathrm{d}}) \frac{d_i - d_{i_{\min}}}{d_{i_{\max}} - d_i}\right] \tag{5-11}$$

式（5-10）和式（5-11）中，n_i 表示装备体系要素 i 中包含的相似或互为备份的系统数，c_i^{d} 表示维持装备体系要素 i 抵御能力所需费用，f_i^{d} 为正常数，表示提高装备体系要素 i 的抵御能力的可行性与困难程度，$d_{i_{\min}}$ 表示装备体系要素 i 可接受的最小抵御能力值，$d_{i_{\max}}$ 表示装备体系要素 i 可实现的最大抵御能力值，$\exp\left(\frac{n_i}{4}\right)$ 表示为使各组成系统进行关联（指资源共享与信息融合）所产生的费用，主要包括额外通信线路架构费用和动态重构管理功能开发等费用。

适应能力相关费用函数为

$$c^{\mathrm{s}} = \sum_{i=1}^{m} \exp\left[(1 - f_i^{\mathrm{s}}) \frac{s_i - s_{i_{\min}}}{s_{i_{\max}} - s_i}\right] \times \exp\left(\frac{n_i}{4}\right) \tag{5-12}$$

恢复能力相关费用函数为

$$c^h = \sum_{i=1}^{m} \exp\left[(1-f_i^h)\frac{h_i - h_{i_{\min}}}{h_{i_{\max}} - h_i}\right] \times \exp\left(\frac{n_i}{4}\right) \quad (5\text{-}13)$$

式（5-12）和式（5-13）中，f_i^s 和 f_i^h 分别表示提高装备体系要素 i 的适应能力和恢复能力的可行性与困难程度，$s_{i_{\min}}$ 和 $h_{i_{\min}}$ 分别表示适应能力和恢复能力的最小可接受值，$s_{i_{\max}}$ 和 $h_{i_{\max}}$ 分别表示装备体系要素 i 可实现的最大适应能力和最大恢复能力值。

根据上述分析，式（5-6）和式（5-7）忽略了装备体系韧性对其成本的影响，而式（5-9）忽略了系统性能对成本的影响，每个费用函数仅考虑一个因素，并将成本的趋势与该因素的变化相关联。显而易见，通过将各因素成本相加来构建装备体系费用函数是一种更为合理的方式。根据上述分析研究，给出考虑装备体系要素的装备体系费用模型如下：

$$C_{\text{SoS}} = c^y + c^g + c^r \quad (5\text{-}14)$$

5.2.3 装备体系韧性优化模型

韧性驱动的装备体系优化涉及对与韧性相关的多目标问题进行优化，需要考虑韧性能力设计的主要影响因素，即抵御能力、适应能力和恢复能力，同时还要考虑提升装备体系韧性所需的费用。因此，韧性驱动的装备体系优化设计旨在费用约束条件下，重新配置物理资源，并对各装备体系的韧性因子 (d_i, s_i, h_i) 与性能参数 u_{ij} 进行优化分配。

本节通过基于韧性因子的韧性量化模型和装备体系费用模型构建基于韧性的装备体系多目标优化模型，具体如下。

$$\begin{aligned}\min: \quad & C_{\text{SoS}} = c^y + c^g + c^r \\ \max: \quad & \mathcal{R}_{\text{SoS}} = \Phi(d_i, s_i, h_i)\end{aligned} \quad (5\text{-}15)$$

根据式（5-5），给出具有 n 个关键要素的编队作战体系的韧性量化公式为

$$\mathcal{R}_{\text{SoS}} = \sum_{i=1}^{n} w_i[\varphi_i(d_i, s_i, h_i)] \quad (5\text{-}16)$$

约束条件如下：

$$\mathcal{R}_{\mathrm{SoS}} \geqslant \tilde{\mathcal{R}}_{\mathrm{SoS}}$$
$$C_{\mathrm{SoS}} \leqslant \tilde{C}_{\mathrm{SoS}}$$
$$d_{i_{\min}} \leqslant d_i \leqslant d_{i_{\max}}$$
$$s_{i_{\min}} \leqslant s_i \leqslant s_{i_{\max}} \quad (5\text{-}17)$$
$$h_{i_{\min}} \leqslant h_i \leqslant h_{i_{\max}}$$
$$0 \leqslant \mathcal{R}_i \leqslant 1$$
$$\sum_{i=0}^{n} w_i = 1$$

其中，$\tilde{\mathcal{R}}_{\mathrm{SoS}}$ 为装备体系所需最小韧性值，$\tilde{C}_{\mathrm{SoS}}$ 为装备体系总成本上限。通过对上述多目标优化模型的优化求解，可得到装备体系韧性优化设计的帕累托最优集 $\eta^* = (d_i^*, s_i^*, h_i^*, u_i^*)$。

5.3 典型装备体系的韧性优化示例

本节以典型装备体系——5 节点编队作战体系（其网络中心拓扑模型参考图 4.2）为对象进行面向韧性的武器装备体系优化设计。

5.3.1 编队作战体系韧性优化模型

对于 5 节点的编队作战体系，在装备体系各关键要素的韧性值未知的情况下，我们需要对不同的韧性设计方案进行评估，并找出最佳方案。根据 5 节点编队作战体系结构给出基于韧性的装备体系多目标优化模型，其设计参数为 d_i, s_i, h_i, u_{ij}，并使用 NSGA-II 求解该多目标优化问题，具体如下。

min：
$$C_{\mathrm{SoS}} = c^y + c^g + c^r$$

max：
$$\mathcal{R}_{\mathrm{SoS}} = \Phi(d_i, s_i, h_i)$$

第5章　装备体系韧性优化设计

约束条件：

$$\mathcal{R}_{\text{SoS}} \geq \tilde{\mathcal{R}}_{\text{SoS}}$$
$$C_{\text{SoS}} \leq \tilde{C}_{\text{SoS}}$$
$$0.8 \leq d_i \leq 0.9999$$
$$0.7 \leq s_i \leq 0.9999 \quad (5\text{-}18)$$
$$0.6 \leq h_i \leq 0.9999$$
$$0 \leq \mathcal{R}_i \leq 1$$
$$\sum_{i=0}^{n} w_i = 1$$

编队作战体系为使各舰载平台可以进行资源共享和信息融合，需要在原舰载平台设备的基础上进行新设备的研发（新研）和旧设备的改进。根据某舰载平台的组成结构，侦察探测系统新研设备包括某型雷达协同控制与处理设备 u_{11}；指控系统新研设备包括编队协同作战指控设备 u_{22}，适应和改进设备包括原编队指控设备 u_{21} 和本舰指控设备 u_{23}；武器系统适应和改进设备包括 A 型导弹武器控制设备 u_{31}；通信系统包括协同定位设备 u_{41} 和舰载增强数据链 u_{42} 两个新研设备，且数据链作为关键设备每个舰载平台都有两套设备互为备份，编队作战体系内有 4 个同型号的舰载平台。本例采用式（5-6）至式（5-14）给出的装备体系费用函数，并对相关参数进行设定。设 u_{ij} 为各设备的性能参数，为一无量纲量，表示设备性能的相对值；设 $u_{ij_{\min}}$=[1 1 2 1 1 1 2]，n_i=[4 4 4 8]；对于控制类设备设定 g_{ij}=1，对于其他设备设定 g_{4j}=0.85，其中 i=1,2,3,4；令 $\mu = a_1 = a_2 = 0.5$，$p = 2$ 和 $q = 3$。根据 ADE 组合赋权法得到各体系要素权重为 0.1796、0.3510、0.1684 和 0.3010。以韧性为驱动的优化函数其他参数值如表 5.3 所示。

表 5.3　以韧性为驱动的优化函数其他参数值

$\tilde{C}_{\text{SoS}}$	$d_{i_{\min}}$	$s_{i_{\min}}$	$h_{i_{\min}}$	m_{ij}	f_i^{d}	f_i^{h}
200	0.8	0.7	0.6	4	0.8	0.99
$\tilde{\mathcal{R}}_{\text{SoS}}$	$d_{i_{\max}}$	$s_{i_{\max}}$	$h_{i_{\max}}$	α_{ij}	f_i^{s}	g_{ij}
0.8	0.9999	0.9999	0.9999	0.5	0.9	1

5.3.2 数值解算与结果分析

通过上述分析，选用 NSGA-II 算法对基于韧性的装备体系多目标优化模型进行求解。为方便求解，将优化模型表示为罚函数的形式，具体如下：

min:
$$C_{SoS} + \eta \max(C_{SoS} - \tilde{C}_{SoS}, 0) + \eta \max(\tilde{\mathcal{R}}_{SoS} - \mathcal{R}_{SoS}, 0) - \mathcal{R}_{SoS} + \eta \max(\tilde{\mathcal{R}}_{SoS} - \mathcal{R}_{SoS}, 0) + \eta \max(C_{SoS} - \tilde{C}_{SoS}, 0) \quad (5\text{-}19)$$

式中，η 为目标函数的惩罚因子，为求解前给定的较大的常数，在本例中取 $\eta = 10000$。

在本例的 NSGA-II 算法程序中，具体参数设置如下：种群数量为 60，每个染色体具有 19 位编码，最大遗传代数为 200，染色体交叉比例为 0.8，变异概率为 0.3，变异比例为 0.5。我们使用具有 1.60GHz 主频的 IntelCore(TM)i5 处理器和 8GB 处理内存的计算机，在 MATLAB R2014a 中运行 NSGA-II 算法程序对目标函数进行求解，计算用时为 109.09s，得出装备体系优化设计的 Pareto 界如图 5.4 所示。剔除韧性相同而费用较高的优化结果，计算得到的 Pareto 最优解集如表 5.4 所示。由于装备体系的优化设计通常旨在找到"令人满意"的解决方案，因此，其结果并不具有唯一性。优化过程中可能会产生多个满足设定条件的有效设计方案。在选择最终方案时，需要根据决策者和利益相关方的偏好进行考量。

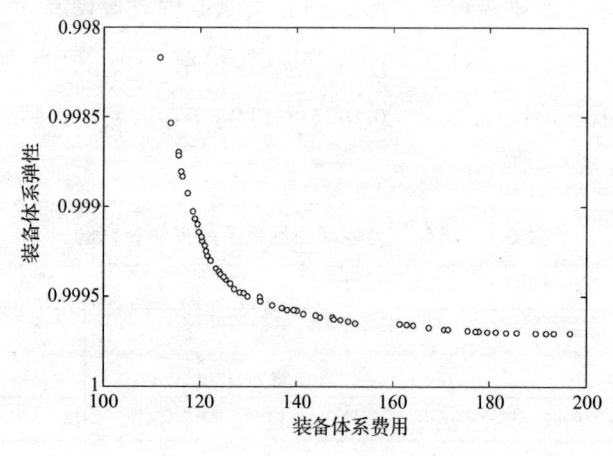

图 5.4 装备体系优化设计的 Pareto 界

第 5 章 装备体系韧性优化设计

表 5.4 Pareto 最优解集

	d_1	d_2	d_3	d_4	s_1	s_2	s_3	s_4	h_1	h_2	h_3	h_4	u_{11}	u_{21}	u_{22}	u_{23}	u_{31}	u_{41}	u_{42}	C_{SoS}	$\mathcal{R}_{SoS}$
1	0.96	0.96	0.96	0.90	0.85	0.98	0.90	0.91	0.96	0.82	0.87	0.96	1.38	1.03	3.13	1.40	3.05	2.68	3.20	191.72	0.999706
2	0.95	0.96	0.96	0.90	0.86	0.98	0.90	0.91	0.96	0.83	0.87	0.96	1.38	1.05	3.13	1.40	3.05	2.66	3.18	179.54	0.999697
3	0.95	0.96	0.96	0.90	0.86	0.97	0.90	0.91	0.96	0.83	0.87	0.96	1.38	1.10	3.13	1.40	3.05	2.63	3.16	171.43	0.999685
4	0.95	0.96	0.96	0.90	0.86	0.97	0.90	0.91	0.96	0.83	0.87	0.96	1.38	1.10	3.13	1.40	3.04	2.62	3.15	170.65	0.999683
5	0.95	0.96	0.96	0.90	0.86	0.97	0.90	0.91	0.96	0.83	0.87	0.96	1.38	1.13	3.13	1.39	3.03	2.60	3.13	167.39	0.999674
6	0.95	0.96	0.96	0.91	0.86	0.96	0.90	0.90	0.96	0.84	0.87	0.96	1.38	1.19	3.12	1.39	3.02	2.55	3.09	162.85	0.999657
7	0.93	0.96	0.96	0.92	0.93	0.83	0.90	0.91	0.99	0.94	0.87	0.96	1.38	2.19	3.13	1.24	3.05	1.87	2.45	152.18	0.999651
8	0.93	0.96	0.96	0.92	0.93	0.83	0.90	0.91	0.99	0.94	0.87	0.96	1.39	2.18	3.13	1.25	3.04	1.87	2.45	150.79	0.999639
9	0.93	0.96	0.96	0.92	0.93	0.83	0.90	0.90	0.99	0.94	0.87	0.96	1.39	2.16	3.11	1.26	2.99	1.87	2.45	147.83	0.999627
10	0.93	0.95	0.96	0.92	0.92	0.84	0.90	0.90	0.99	0.93	0.87	0.96	1.40	2.13	3.10	1.28	2.92	1.87	2.44	144.00	0.999605
11	0.93	0.95	0.96	0.92	0.92	0.84	0.90	0.89	0.99	0.93	0.87	0.96	1.41	2.11	3.08	1.29	2.84	1.88	2.44	141.38	0.999597
12	0.94	0.95	0.95	0.92	0.92	0.85	0.89	0.88	0.98	0.93	0.87	0.95	1.42	2.07	3.06	1.31	2.74	1.88	2.42	137.00	0.999565
13	0.94	0.95	0.95	0.92	0.92	0.86	0.89	0.88	0.98	0.93	0.87	0.95	1.43	2.04	3.04	1.32	2.68	1.88	2.42	135.03	0.99955
14	0.94	0.95	0.95	0.92	0.91	0.86	0.89	0.87	0.98	0.93	0.87	0.95	1.44	2.01	3.02	1.34	2.59	1.89	2.41	132.58	0.999528

续表

	d_1	d_2	d_3	d_4	s_1	s_2	s_3	s_4	h_1	h_2	h_3	h_4	u_{11}	u_{21}	u_{22}	u_{23}	u_{31}	u_{41}	u_{42}	C_{SoS}	R_{SoS}
15	0.95	0.95	0.95	0.92	0.91	0.87	0.89	0.86	0.98	0.92	0.88	0.95	1.46	1.96	2.99	1.36	2.47	1.90	2.40	129.84	0.999501
16	0.95	0.94	0.94	0.91	0.90	0.89	0.88	0.84	0.98	0.92	0.88	0.95	1.48	1.89	2.95	1.40	2.30	1.91	2.39	127.00	0.999458
17	0.95	0.94	0.94	0.91	0.90	0.88	0.88	0.85	0.97	0.91	0.88	0.95	1.48	1.91	2.93	1.40	2.36	1.89	2.39	126.19	0.999431
18	0.95	0.94	0.94	0.91	0.90	0.89	0.88	0.84	0.96	0.90	0.88	0.95	1.50	1.88	2.87	1.42	2.29	1.89	2.39	124.13	0.999378
19	0.95	0.94	0.94	0.91	0.90	0.89	0.88	0.84	0.95	0.90	0.88	0.95	1.50	1.87	2.83	1.43	2.29	1.89	2.39	123.20	0.999344
20	0.95	0.94	0.94	0.91	0.90	0.89	0.88	0.83	0.94	0.88	0.88	0.95	1.51	1.85	2.80	1.44	2.31	1.88	2.40	122.17	0.999297
21	0.95	0.94	0.94	0.92	0.90	0.88	0.88	0.83	0.93	0.88	0.88	0.95	1.52	1.87	2.72	1.44	2.35	1.87	2.40	121.17	0.999246
22	0.94	0.94	0.94	0.92	0.89	0.88	0.88	0.83	0.91	0.87	0.88	0.94	1.52	1.87	2.66	1.44	2.38	1.86	2.41	120.40	0.999192
23	0.94	0.94	0.94	0.92	0.89	0.88	0.88	0.84	0.90	0.84	0.88	0.94	1.52	1.87	2.58	1.46	2.29	1.86	2.41	119.00	0.999068
24	0.94	0.94	0.94	0.92	0.89	0.88	0.88	0.84	0.90	0.82	0.88	0.94	1.52	1.87	2.56	1.47	2.24	1.86	2.41	118.52	0.999027
25	0.94	0.94	0.94	0.92	0.89	0.88	0.88	0.84	0.89	0.80	0.88	0.93	1.52	1.87	2.49	1.49	2.12	1.86	2.42	117.43	0.998925
26	0.94	0.94	0.94	0.92	0.89	0.88	0.88	0.84	0.87	0.78	0.88	0.93	1.52	1.87	2.42	1.50	2.08	1.86	2.42	116.43	0.99883
27	0.95	0.94	0.94	0.92	0.89	0.88	0.89	0.84	0.87	0.74	0.88	0.92	1.51	1.87	2.35	1.53	1.85	1.87	2.40	115.62	0.998717
28	0.94	0.94	0.94	0.92	0.89	0.87	0.89	0.84	0.84	0.71	0.88	0.91	1.52	1.87	2.22	1.55	1.80	1.86	2.41	113.93	0.998534
29	0.94	0.94	0.94	0.92	0.89	0.87	0.89	0.84	0.81	0.62	0.88	0.89	1.52	1.87	1.98	1.61	1.47	1.86	2.41	111.76	0.998169

5.4 本章小结

本章通过将韧性与装备体系设计各个环节协同关联，首先分析了面向装备体系的韧性因子和韧性要素。接着以体现装备体系韧性能力的因子参数和组成系统性能为基本变量，以装备体系韧性和费用为目标，构建了基于韧性的装备体系多目标优化模型，并通过 NSGA-Ⅱ算法对目标函数进行数值解算，形成了以韧性为驱动的装备体系优化设计方法。最后，介绍了典型装备体系的韧性优化示例，为实现装备体系韧性参数分配和资源结构配置优化提供了理论依据与技术支持。

第6章

发展建议

第6章 发展建议

在大数据时代,以数据和信息技术为代表的高新技术的广泛应用,使得系统之间的联系和交互变得越来越频繁和紧密。体系内组成系统或设备之间的联系多以信息为介质、以网络为载体,并通过互联、互通和互操作实现系统间的交互与协同,从而完成共同的使命,实现共同的目标。同时,装备体系可以在遭受内外部干扰的情况下,通过动态重构调整体系资源使用和配置模式,保持其继续完成任务使命的韧性能力。在这一背景下,装备体系韧性已成为国内外共同关注的研究热点。

本书针对装备体系韧性领域尚存的一些问题,如"装备体系韧性机理与识别方法尚不明确""装备体系韧性度量指标框架与评价方法尚不完善""以韧性为驱动的装备体系优化配置缺乏很好的工程技术实践"等,以编队作战体系为典型研究对象,开展了深入的装备体系韧性分析与优化方法研究。在此过程中,梳理了装备体系的韧性机理,建立了装备体系韧性多层级评价框架,提出了复杂装备系统与装备体系建模分析及优化设计方法。这些研究成果为装备体系韧性分析与优化配置工作提供了重要的理论依据和技术支持。

本书就装备体系韧性技术的研究及其在军事领域工程应用的落地提出以下发展建议:

1)规划装备体系韧性发展总体布局

在战略规划和需求层面进行总体设计,形成装备体系韧性的顶层作战概念。建议制定统一的形式化体系结构框架,确保单装信息化、兼容化建设的落实。重点突破任务协同规划、可重构快速组网和韧性分析评价等关键技术,以此推动装备体系韧性的全面发展。

2)加速推动装备体系韧性基础研究

强调在实际应用中发现的基础研究问题和不足,持续加强装备体系韧性的理论研究与创新。提倡产学研协同,加强基础研究成果向实际应用的转化,同时注重人才队伍建设。完善装备体系韧性评价体系,进而加快装备体系韧性技术成果应用落地,为型号试验鉴定等工作提供新的技术方法和支持。

3)集中攻关装备体系韧性关键技术

装备体系要求通信网络具备自监测、自感知、自重构的能力,通信资源应根据需求进行动态分配。建议以大规模集群协同作战需求为牵引,集中攻克集群在线协同任务规划与智能决策技术、高动态/高抗毁自组织网络技术、体系韧性评价与优化等关键技术。逐步形成较为完善的技术发展体系，为推动装备体系韧性建设及应用奠定坚实基础。

4）持续推进体系韧性建设与演示验证

在推动体系级和系统级装备软硬件建设的同时，结合当前正在开展的体系攻防、装备实战化考核等，逐步实现韧性体系架构的建设、定制化作战流程、灵活的指挥控制替代以及异构装备的兼容性等，从而推动体系韧性建设与演示验证。

装备体系是国防军工领域发展的战略需要，已被确定为军事装备发展的重要方向。这不仅对装备体系提出了新的实战化"硬要求"，还要求装备体系在持续变化的作战环境以及潜在的故障风险面前具有足够的韧性"软实力"。装备体系韧性指体系应对多任务变化、突发扰动、面临攻击甚至失效等问题，通过特定策略机制进行抵御、适应和恢复，从而保持其原有性能或产生积极效果的一种能力，是衡量装备体系优劣的重要特征。开展装备体系韧性的研究可以更好地保障装备体系安全有效地运行，加快装备体系韧性建设可有力提升我军实战化和体系化作战水平。因此，对装备体系韧性技术的研究与建设，不仅对工业部门装备体系韧性工程的发展建设提出了新的挑战，也为学术领域在装备体系韧性研究上带来了新的机遇。

参 考 文 献

请扫描下方二维码获取本书参考文献资料。

图 4-12

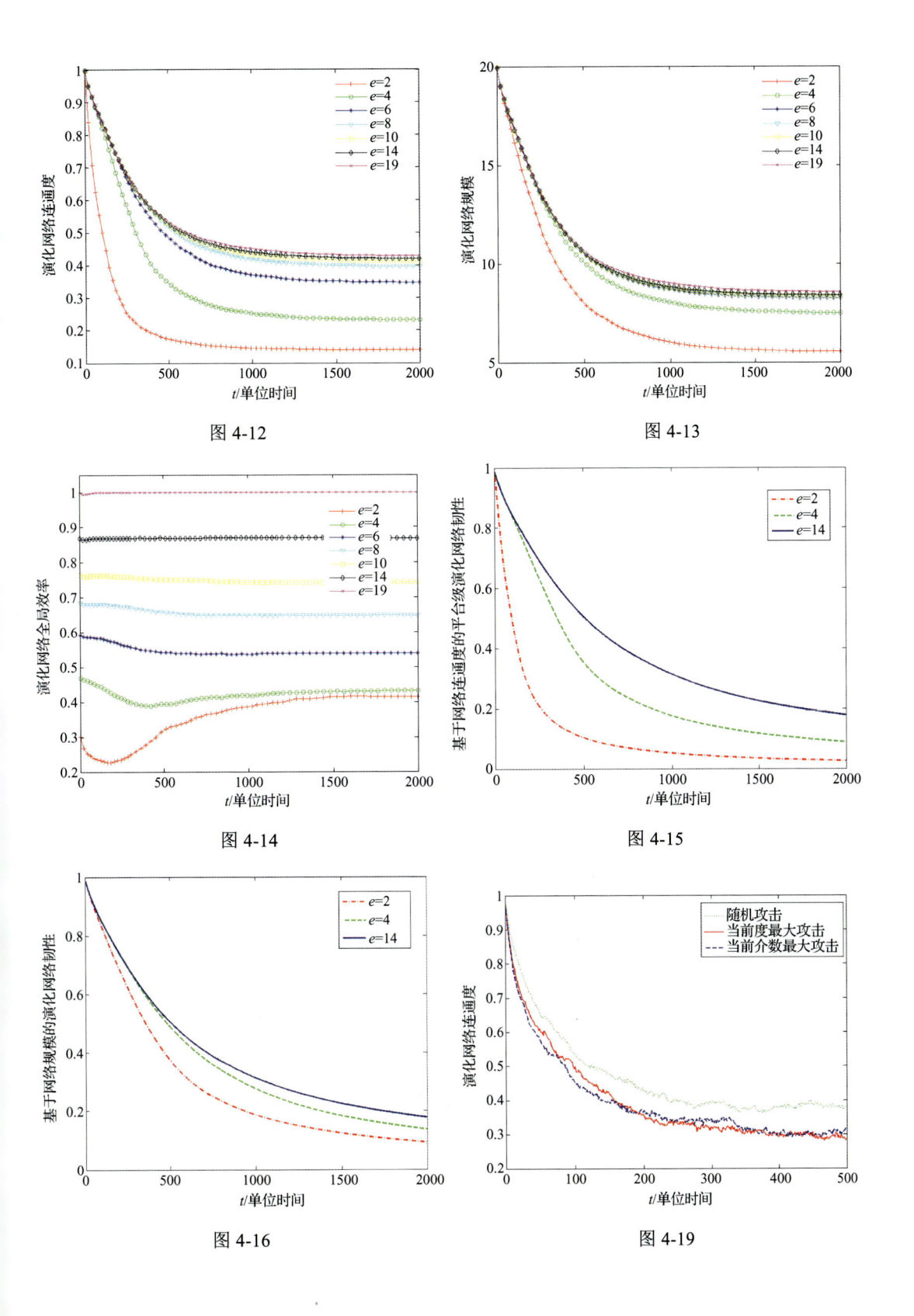

图 4-13

图 4-14

图 4-15

图 4-16

图 4-19

图 4-20

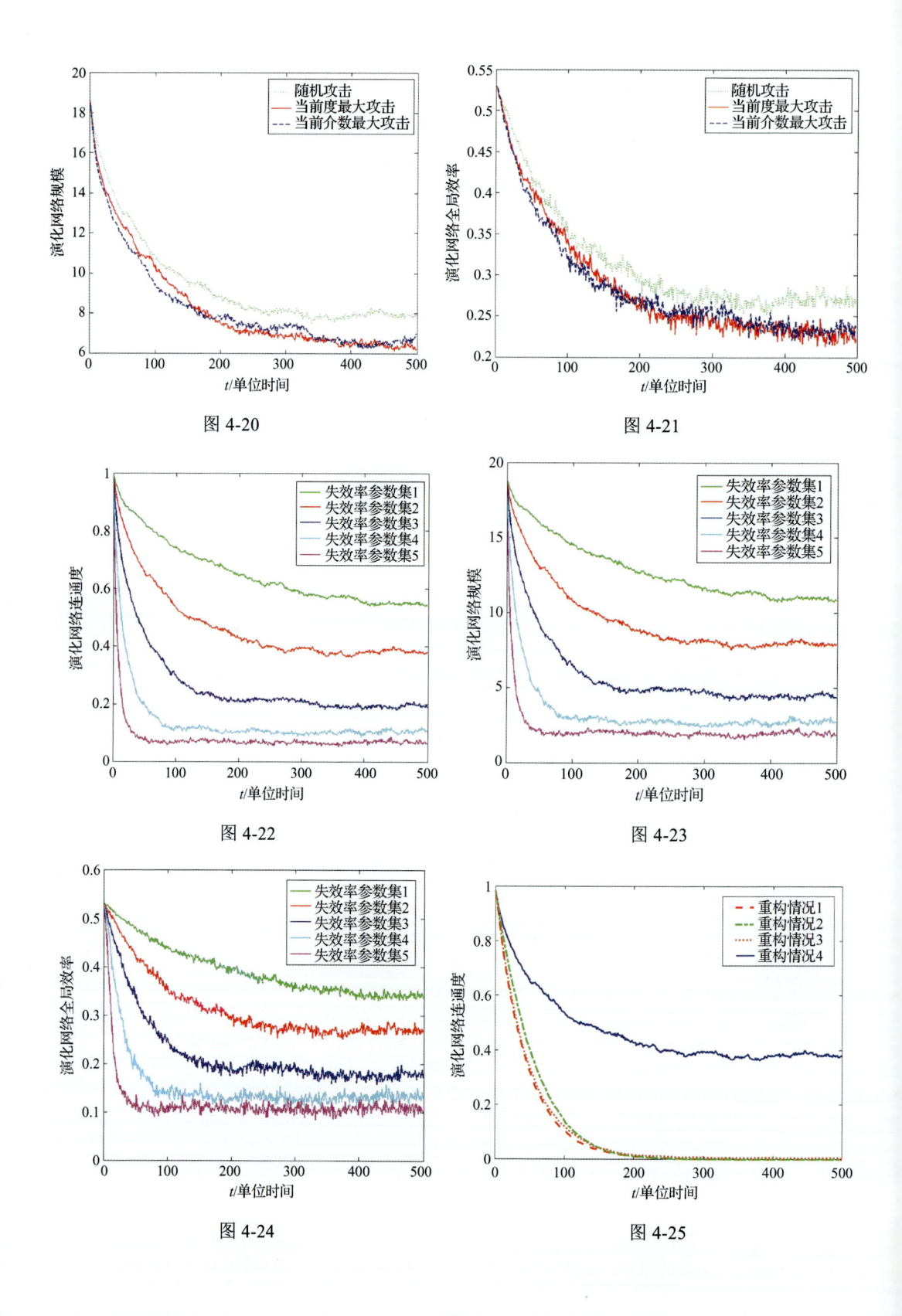

图 4-21

图 4-22

图 4-23

图 4-24

图 4-25

图 4-26

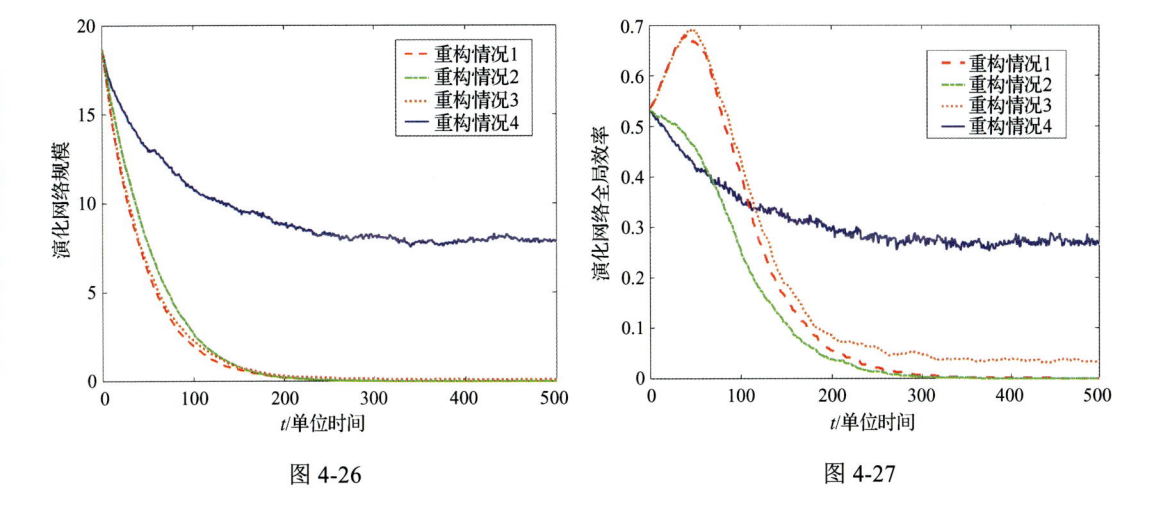

图 4-27